실무 개발자가 풀어 쓴

아이폰 프로그래밍

iPhone Programming

| 만든 사람들 |

기획 _ IT · CG기획부
진행 _ 양종엽
집필 _ (주)트루모바일 아이폰 개발팀
편집디자인 _ 이기숙
표지디자인 _ 이기숙

| 책 내용 문의 |

도서의 내용에 대한 궁금한 사항이 있으시면,
저자의 이메일이나 디지털북스 홈페이지의 게시판을 통해서 해결하실 수 있습니다.
• 디지털북스 홈페이지 _ www.digitalbooks.co.kr
• 저자의 이메일 _ trueapp@truemobile.com

| 각종 문의 |

영업 관련 _ digital@digitalbooks.co.kr
기획 관련 _ digital@digitalbooks.co.kr
Tel _ 02-447-3157~8

아이폰
프로그래밍

Prologue

2009년 WIPI 의무화 폐지 이후 한국의 아이폰3GS 출시를 계기로 불지펴진 우리나라의 스마트폰 혁명은 현재 산업 전반에 걸쳐 영향력을 펼치고 있습니다. 아이폰과 더불어 구글의 안드로이드 또한 스마트폰의 양대 산맥으로 막대한 영향력을 끼치고 있습니다. 2011년 현재 한국의 스마트폰 사용 인구는 천만 명을 넘어섰으며 스마트TV 또한 여러 제조업체에서 출시되고 있습니다. 마이크로소프트사도 또한 기존의 윈도모바일 OS가 아닌 완전히 새로운 윈도폰7 OS를 개발하여 스마트폰 시장에서 각축을 벌이고 있습니다.

아이폰 발매 이후 우리나라의 통신시장은 많은 변화가 있었습니다. 통신사들의 경쟁으로 인해 데이터 무제한 요금제가 생겨났고 데이터 트래픽이 폭발적으로 증가하였습니다. 또한 윈도모바일 일색이었던 스마트폰 시장이 아이폰과 안드로이드, 블랙베리 등으로 다양해져 소비자들의 선택의 폭이 매우 넓어졌습니다. 전국 곳곳에 무료 와이파이 망이 개방되었고 급기야는 SKT에서 아이폰을 도입하기로 결정하기도 했습니다.

많은 스마트폰들 중 특히 아이폰은 대중에게 특별한 존재로 각인되고 있습니다. 미국의 한 기자가 어떤 학교에 강연을 하러 갔는데 부모님들 중에 스마트폰을 쓰는 사람이 있으면 손을 들어보라고 했더니 아무도 손을 들지 않았으나, 부모님이 아이폰을 쓰는 사람이 있으면 손을 들어보라고 했더니 3분의 2정도가 손을 들었다는 일화가 있습니다. 이렇듯 아이폰은 이제 하나의 아이콘으로 자리매김하고 있습니다.

아이폰의 성공 요소중 하나로 빼놓을 수 없는 것이 앱스토어입니다. 아이폰이 발매되기 이전의 스마트폰들은 애플리케이션 설치 과정이 복잡하고 가격 또한 비싼 편이었습니다. 애플의 앱스토어는 사용자들이 폰에서 애플리케이션을 간단하게 내려받아 설치할 수 있게 만들었으며, 유료 애플리케이션의 구매 또한 저렴한 가격과 더불어 앱스토어 아이디의 비밀번호만 입력하면 되는 간단한 절차로 사용자들에게 소프트웨어를 정당하게 비용을 지불하고 구매할 수 있도록 유도하였습니다. 2011년 3월 현재 애플 앱스토어에는 35만개 이상의 애플리케이션이 등록되어 있으며 누적 다운로드 수는 100억건이 넘었다고 합니다.

이러한 아이폰의 인기와 더불어 여러 가지 개발서도 많이 출시되고 있습니다. 그 중에서도 본 교재는 아이폰이 한국에 발매되기 전인 2008년부터 아이폰 및 아이팟 터치용 애플리케이션을 전문적으로 개발해온 (주)트루모바일 아이폰 개발팀원들이 그동안 쌓은 노하우를 집약한 서적입니다.

머리말

본 교재는 총 10개의 챕터와 2개의 부록으로 구성되어 있으며, 아이폰 애플리케이션을 처음 제작하는 사람도 쉽게 개발이 가능하도록 기초부터 다루고 있으며 Objective-C의 문법에 대해서도 핵심적인 내용을 쉽게 익힐 수 있도록 하였습니다. 또한 마지막 부록에는 iPad 애플리케이션 개발에 관한 내용과 XCode의 최신 4 버전의 특징에 대해서도 다루고 있습니다.

각 챕터에 대한 간략한 내용은 다음과 같습니다.

챕터 1에서는 아이폰 프로그래밍을 위해 필요한 사항에 대해 알아보고 준비할 수 있도록 합니다.

챕터 2에서는 C 언어를 경험한 사람이 Objective-C를 빠르게 습득할 수 있도록 Objective-C의 문법과 C언어와 다른 점에 대해 알아봅니다.

챕터 3에서는 아이폰 프로그래밍의 가장 기본이 되는 윈도우와 뷰에 대해 알아보며,

챕터 4에서는 뷰를 다루기 위한 뷰 컨트롤러에 대해 알아봅니다.

챕터 5에서는 아이폰에서 사용되는 각종 컨트롤들에 대해 기본적인 사용법을 알아보며,

챕터 6에서는 아이폰 애플리케이션에서 가장 많이 사용되는 테이블뷰에 대해 알아봅니다.

챕터 7과 8에서는 이벤트 핸들링과 네트워크 처리에 대해 알아보며, 여기까지 배운 내용을 바탕으로 챕터 9에서는 트위터 클라이언트를 직접 개발해 보면서 실전 경험을 쌓게 합니다.

챕터 10은 아이폰 개발시 유용하게 쓰이는 여러 가지 팁을 담았습니다.

마지막 부록에서는 iPad 개발 방법과 XCode 4에 대해 다루고 있습니다.

마지막으로 본 교재를 출판하기 위해 많은 도움을 주신 디지털북스 양종엽 과장님과 디지털북스 관계자 분들께 감사드리며 (주)트루모바일 정우진 대표이사님께도 깊이 감사드립니다.

2011년

(주)트루모바일 아이폰팀 일동

(박부영, 문재웅, 박윤석, 이광호, 백상현, 서경진, 장현준, 김용현, 김윤봉)

Contents

Chapter 05   기본 컨트롤들 사용하기 • 70

Contents

본문 예제 소스 코드는

http://truemobile.com/wordpress/?cat=52 에서 다운로드 받으실 수 있습니다.

아이폰 프로그래밍의 첫 걸음

Lesson 01   Revolution

2010년 모든 미디어에서 열광하고 있는 스마트폰. 그 스마트폰의 중심인 아이폰. 도대체 아이폰이 무엇이 길래 세계인들이 이렇게 열광하는지 알아봅시다.

아이폰! 왜 세계인들은 아이폰에 열광할까요? 왜 몇 일씩 줄을 서 가며 아이폰 구입에 혈안이 되어 있을까요? 도대체 이해가 가지 않나요? 한번이라도 아이폰을 사용해보지 않았다면 이해하기 어려울 것입니다. 반대로, 한번이라도 써봤다면 금방 이해할 수 있습니다. 아이폰은 2007년 처음으로 세상에 모습을 드러냈습니다. 애플은 자신들의 철학을 그대로 스마트폰으로 옮겼습니다.

❶ 첫 번째로 사용자들이 정말 쉽게 사용할 수 있도록 화면을 단순화 시켰습니다. 버튼을 하나로 축소시키고, 모든 것을 화면 터치로 해결하도록 하였습니다.

❷ 두 번째로 전화, 메일, 웹서핑, 아이팟 기능 등을 아이폰 하나로 사용할 수 있게 통합하였습니다.

❸ 세 번째로 개발자들에게 새로운 길을 만들어 주었습니다. 애플은 아이폰 애플리케이션을 개발할 수 있게 전 세계인들에게 아이폰 개발 API를 제공하였고, 전 세계의 IT기업과 개인 개발자들이 API를 이용하여 아이폰 애플리케이션을 만들기 위해 노력하고 있습니다. 그 결과 2010년 10월 현재, 30만개의 어마어마한 애플리케이션이 앱스토어에 등록되어 있습니다. 그리고 다운로드 수도 30억건을 훌쩍 넘었고, 그로 인해 소위 말하는 대박 개발자들이 속속 나타나고 있습니다.

어떻습니까? 편리한 사용성이며 최신 IT 기술이 집약된 스마트한 기술, 그리고 성공의 길까지 열어준 아이폰의 세계. 여러분도 한번 도전해보지 않겠습니까? 여러분도 노력과 아이디어만 있으면, 충분히 대박의 길을 걸을 수 있습니다.

Lesson 02 　모바일의 세계

앞에서 설명한 것처럼 많은 최신 기술을 적용해서 만든 아이폰이지만, 만능은 아닙니다. 모바일은 데스크톱처럼 모든 것이 완벽하게 지원되지 않습니다. 전원도 배터리를 사용하고 메모리도 한정적입니다. 즉, 모든 자원이 한정되어 있기 때문에 데스크톱의 애플리케이션처럼 화려하고 많은 기능이 지원되는 프로그램은 만들기에 부적합합니다. 그래서 모든 자원을 효율적으로 활용할 수 있는 범위 내에서 여러분의 상상의 나래를 펼쳐야합니다. 물론 쉬운 작업은 아닙니다만, 조금씩 천천히 따라 하시다보면, 여러분들이 원하는 기능들의 대부분은 구현할 수 있을 것입니다.

그럼 아이폰 자원의 제약에 대해서 알아보겠습니다.

❶ 화면 : 320×480(iPhone, iPhone 3, iPhone 3Gs), 640×960(iPhone 4), 768×1024(iPad)의 해상도를 가지고 있기 때문에 이 해상도에 맞춰서 개발을 진행해야만 합니다.

❷ 메모리 : iPhone 3Gs, iPad는 약 140MB, iPhone 4는 약 330MB의 메모리 내에서만 애플리케이션을 실행할 수 있습니다.

❸ 배터리 : 아이폰은 배터리를 교체할 수 없습니다. 아이폰의 단점 중 하나입니다. 아이폰 배터리를 최대한 적게 사용할 수 있도록 설계되어야 합니다.

❹ 네트워크 : 현대 사회에서의 네트워크의 사용은 반드시 필요하지만, 배터리를 빠르게 소모하는 주범이기도 합니다. 네트워크는 꼭 필요할 때만 사용하도록 설계되어야 합니다.

❺ 실행 속도 : CPU, 메모리 등이 한정되어 있기 때문에 이 모든 자원을 잘 활용하여, 최대한 빠르게 실행되는 것을 사용자에게 보여주어야 할 것입니다.

위의 사항을 기억한다면, 여러분은 이제 아이폰 개발을 할 준비가 되어 있는 것입니다.

Lesson 03 　준비물

이제 준비가 되셨다면 준비물을 살펴볼 차례입니다.
준비물은 크게 하드웨어와 소프트웨어로 나눌 수 있습니다.

하드웨어	컴퓨터	Intel 기반의 CPU가 장착된 매킨토시 컴퓨터
	디바이스	아이폰 / 아이팟터치 / 아이패드
소프트웨어	OS	Mac OSX Snow Leopard 버전 10.6 이상
	프로그램	iOS SDK / iOS Developer Program
	개발툴	Xcode

분류한 준비물들을 하나씩 살펴보도록 하겠습니다.

컴퓨터는 반드시 인텔 기반의 CPU가 장착된 매킨토시 컴퓨터여야 합니다. 인텔 CPU를 사용하지 않는 이전의 매킨토시 컴퓨터는 개발툴인 Xcode가 설치되지 않으니 유의하시기 바랍니다.

인텔 기반의 CPU를 사용하고 있는 매킨토시 컴퓨터라고 할지라도 1~2년 전의 매킨토시 컴퓨터라면 OS를 확인해 볼 필요가 있습니다. Xcode가 설치되는 매킨토시 컴퓨터의 OS는 10.6 버전 이상의 Snow Leopard 입니다. 이전 버전을 사용하시는 분은 OS를 필히 업그레이드 해 주시기 바랍니다.

디바이스는 아이폰 / 아이팟터치 / 아이패드 등 모두 지원되니 원하시는 디바이스를 구입하시면 됩니다. 하지만 아이팟터치와 아이패드는 전화 기능 / GPS 기능 등이 없기 때문에 그 점을 숙지하시고 자신에게 맞는 디바이스를 구입하시면 됩니다.

iOS SDK는 무료로 배포중이며 개발 사이트에 무료로 등록한 후 내려 받을 수 있습니다.
iOS 개발자 프로그램은 디바이스에서 개발을 하고, 앱스토어에서 자신이 만든 프로그램을 판매할 수 있도록 해주는 일종의 시스템입니다. 개발자 프로그램에 등록하지 않으면 개발은 시뮬레이터에서만 할 수 있으며 디바이스에 올려서 실행해 볼 수는 없습니다. iOS 개발자 프로그램은 애플스토어에서 구매할 수 있습니다. 구입비용은 2011년 1월 현재 1년에 $99입니다. 이 프로그램을 구입하게 되면 1년 동안 개발 및 판매를 할 수 있고, 그 이후는 1년에 $99씩 내며 계속 연장할 수 있습니다.

1 하드웨어 구매하기

❶ 매킨토시는 애플스토어(http://store.apple.com/kr/) 혹은 매킨토시를 수입하는 전문 매장 등에서 구입할 수 있습니다. 오픈마켓 등에서도 구입이 가능하니 참고하시기 바랍니다.

❷ 아이폰, 아이패드는 이동통신사를 통해 구입이 가능합니다. 아이팟터치는 매킨토시처럼 애플스토어나 애플 수입 전문 매장/오픈마켓 등에서 구입 가능 합니다.

2 소프트웨어 구입 및 설치하기

01 http://developer.apple.com 사이트에 접속하여 iOS Dev Center를 클릭합니다.

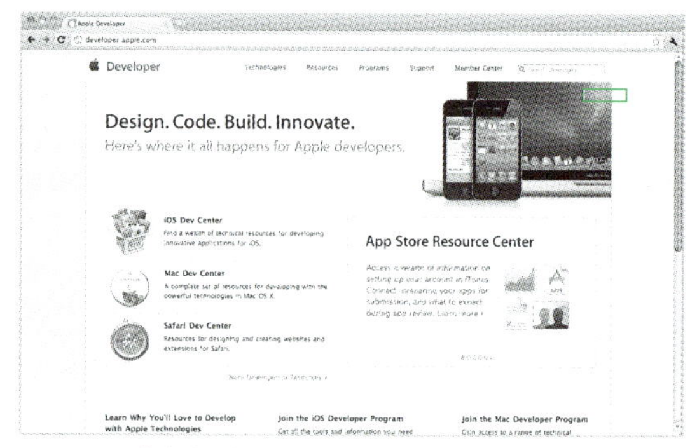

▲ iOS 개발자 사이트의 모습

02 오른쪽 위의 Register를 클릭하여 애플 사이트에 가입합니다.

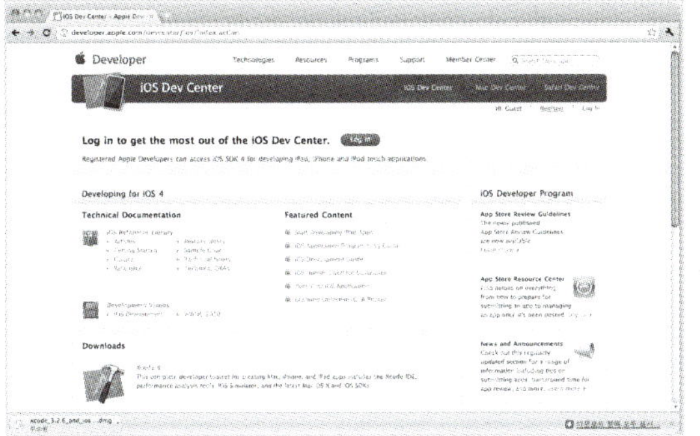

▲ 이 때 가입 정보는 자신의 정보와 정확히 일치해야 합니다. 특히, 이름과 집 주소는 영문으로 쓰되, 신용카드와 여권 등에 적혀 있는 영문명으로 정확히 기입하여야 합니다. iOS 개발자 프로그램을 구입할 때에 사용할 신용카드와 가입할 때 입력한 정보를 비교해서 두 개의 정보가 일치해야만 iOS 개발자 프로그램을 사용할 수 있도록 승인해주기 때문입니다. 만약 불일치한다면, 여권 등 자신임을 인증할 수 있는 정보를 애플에 팩스로 보내야하는 불상사가 일어날 수 있습니다.

03 가입이 끝났다면 로그인을 하고, 아래쪽에 있는 Downloads 란의 XCode 3.2.X and iOS SDK 4.X 링크를 선택해 SDK를 다운 받습니다.

▲ 링크의 이름은 SDK 버전이 증가함에 따라 바뀔 수 있습니다. 다운로드가 완료되면 다운받은 파일을 더블클릭하여 설치합니다. 기본 설치 위치는 /Developer입니다.

04 이제 iOS 개발자 프로그램을 구입해 봅시다. iOS 개발자 센터 사이트의 아래의 가운데에 Programs라는 리스트가 있습니다. iOS Developer Program을 클릭합니다. 혹은 http://developer.apple.com/programs/ios/로 직접 입력해서 들어갑니다.

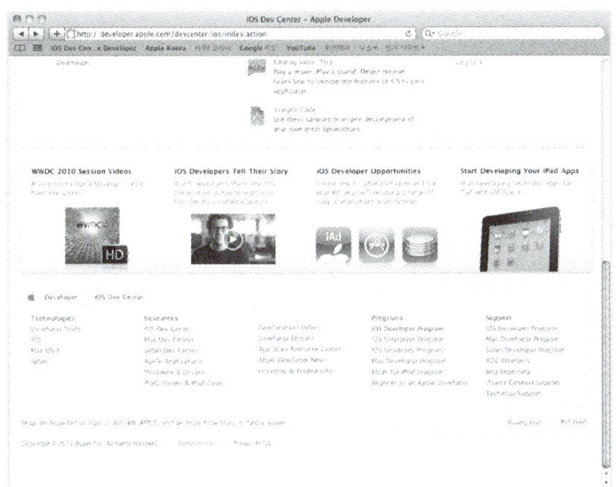

05 Enroll now 버튼을 클릭하면 구매를 시작합니다.

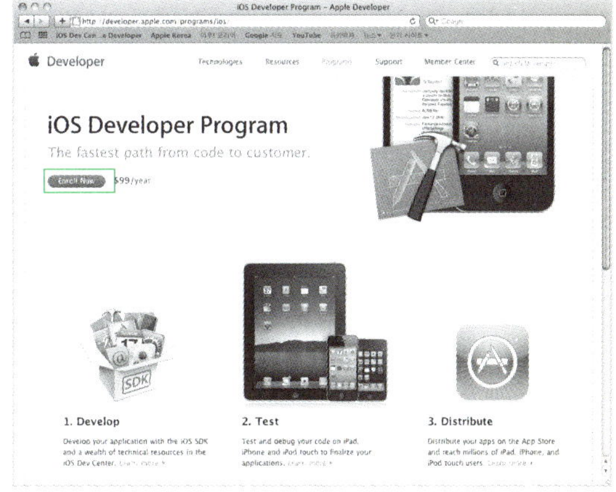

▲ 그림으로 친절히 설명되어 있으니 차근차근 읽고 따라하시면 됩니다.

06 결제를 하게 되면 애플사에서 주문 관련 메일이 오게 되고, 24시간 안에 Activation Code가 담긴 메일이 옵니다. 신용카드의 이름/주소 내용과 가입시 입력하신 내용이 동일하면 바로 승인이 나지만 그렇지 않으면 여권 등 자신을 입증할 수 있는 ID를 팩스로 요구합니다. 일단, 하루 정도 더 기다려 Activation Code를 클릭해서 여전히 대기중인 상태인지 확인한 후에 대기중일 경우에 여권을 스캔하여 애플에 팩스를 보냅니다. 자 이제 개발할 준비가 다 되었습니다.!

Lesson 04 맛보기

설치를 완료하셨으면, 개발툴을 실행해보겠습니다.

01 Xcode의 실행 파일은 /Developer/Applications에 있습니다. 파인더를 이용해서 찾아가보겠습니다.
마우스로 끌어서 Dock에 넣어놓으면 편하게 접근할 수 있습니다. Xcode 아이콘을 그대로 Dock에 끌어넣으세요.!

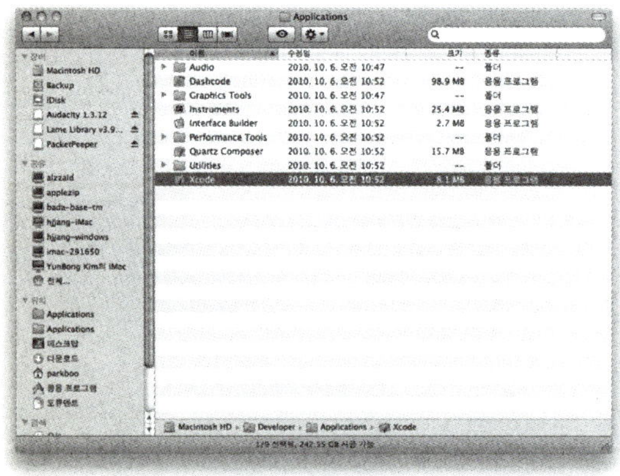

▲ Finder에서 찾아가는 방법

02 Xcode를 더블클릭해서(Dock은 한번 클릭!) 실행합니다.

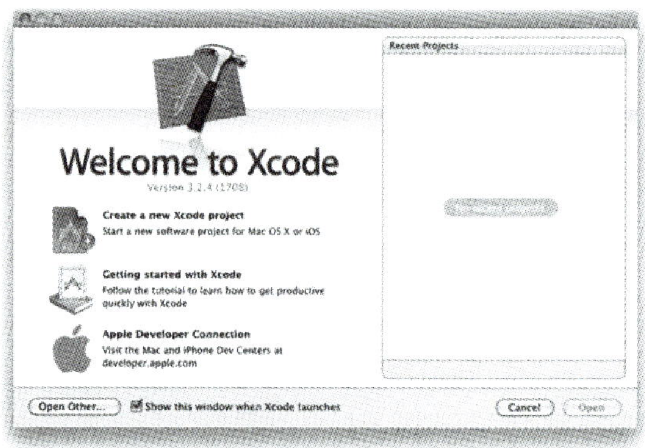

▲ Xcode를 실행한 모습

03 Create a new Xcode project를 눌러서 프로젝트 공간을 하나 생성합니다.

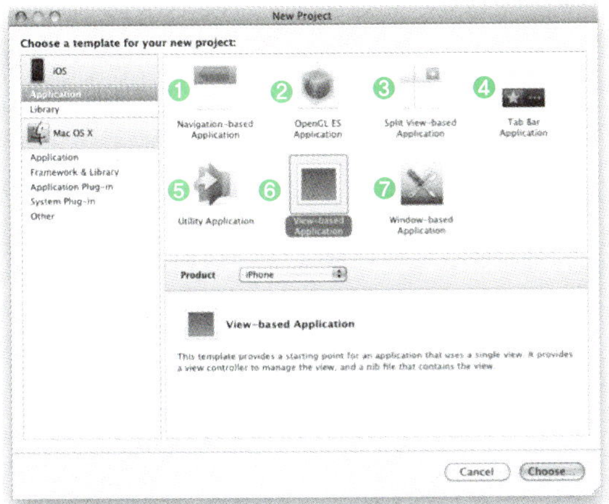

▲ 프로젝트 생성 과정

04 View-based Application을 선택하고 'Choose...' 버튼을 누릅니다. 프로젝트 명은 FirstApp 이라고 하고 'Save' 버튼을 클릭합니다.

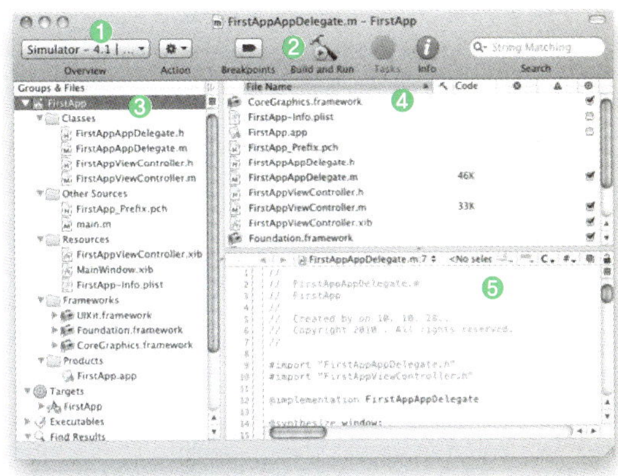

▲ 프로젝트 화면

❶ Navigation-based Application : 웹브라우저의 뒤로가기 등이 존재하는 바(bar)라고 이해하시면 됩니다. 뷰들을 관리하는 기능을 가지고 있습니다.

❷ OpenGL ES Application : 3D 가속을 사용하는 OpenGL ES 프로그래밍을 할 때 사용하는 프로젝트 템플릿입니다.

❸ Split View-based Application : 아이패드에서 한 화면에 뷰를 나눠서 사용하는 형태의 템플릿을 제공해줍니다. 아이패드용 애플리케이션에서만 사용 가능합니다.

❹ Tab Bar Application : 웹브라우저의 탭 형태를 생각하시면 됩니다. 탭바는 이러한 탭들을 관리하는 형태의 템플릿입니다.

❺ Utility Application : 유틸리티 애플리케이션은 두 화면이 회전하면서 교체되는 형태의 템플릿입니다. 아이폰용 애플리케이션에서만 사용 가능합니다.

❻ View-based Application : 기본으로 하나의 뷰를 제공하는 템플릿입니다.

❼ Window-based Application : 가장 기본적인 윈도우만 제공하는 템플릿입니다.

여기서 나오는 용어들은 뒤에 가서 자세히 살펴보도록 하고, 그냥 넘어가도록 합니다. 처음으로 생성할 프로젝트는 View-based Application입니다.

❶ 프로그램을 실행할 때, 시뮬레이터로 할 것인지, 디바이스로 할 것인지 결정하거나, 디버그/릴리즈/디스트리뷰션 모드를 결정할 때 사용합니다.

❷ 빌드/디버깅 등 자주 사용하는 메뉴를 올려놓을 수 있습니다.

❸ 프로그래밍에 사용될 클래스/리소스/라이브러리 등을 리스트로 관리하는 뷰입니다.

Classes	실제 프로그램에 사용될 헤더/클래스 파일들이 포함되어 있는 그룹입니다.
Other Sources	프로그램이 실행되는 main 함수가 존재하는 메인 파일과 프리컴파일 헤더 파일이 포함되어 있는 그룹입니다.
Resources	xib / img / sound / movie / plist 파일 등 리소스 등이 포함되어 있는 그룹입니다.
Frameworks	Mac / iOS에서 사용되는 라이브러리가 포함되어 있는 그룹입니다.
Products	Build를 하면 생성되는 생성물(실제로 실행되는 프로그램)이 포함되어 있는 그룹입니다.

❹ 소스 파일들과 라이브러리 파일들만 보여주는 뷰입니다.

❺ 소스 코드가 보이는 화면입니다. 이 화면에서 프로그래밍 합니다.

05 프로젝트 파일을 생성하였으면, 04번 그림의 ❷에 있는 Build and Run 버튼을 누르거나, 단축키 `Ctrl`+`R`키를 누릅니다. 다음 그림과 같은 화면이 나타나게 되는데 현재 아무런 작업을 하지 않았으므로 빈 화면이 나오게 됩니다.

▲ 기본 애플리케이션 실행 화면

07 먼저 Library에서 Label을 찾아서 마우스로 View 라는 창에 끌어넣습니다.
Label은 글자를 화면에 보여주는 뷰입니다. 적절한 위치에 배치하고 크기도 마우스로 정합니다. 그리고 Label을 더블클릭하면 글을 쓸 수 있습니다.

▲ Label에 글을 작성한 모습

06 이제 간단히 글자를 넣어보겠습니다. Resources 그룹에 있는 FirstAppViewController.xib 파일을 더블 클릭하면, Interface Builder가 실행됩니다.
Interface Builder란, 개발을 좀 더 편하게 하기 위해 코딩이 아닌 마우스를 사용하여 UI 배치 및 속성을 설정할 수 있게 하는 Tool입니다. 그림처럼 4개의 구성이 되지 않는 분은 프로그램 메뉴의 Tools 〉 Library 및 Tools 〉 Inspector를 실행하면 4개의 구성을 만들 수 있습니다.

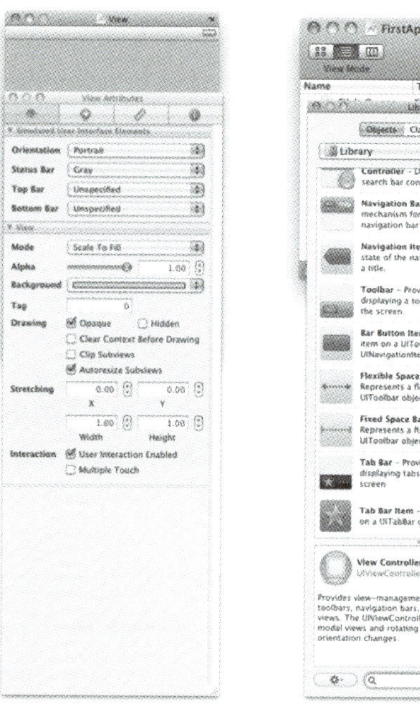

▲ Interfacd Builder 기본 구성

08 글 작성을 완료했으면 반드시 저장을 해야 합니다. 인터페이스 빌더의 '객체 목록' 창에서 File 〉 Save 또는 `⌘`+`S`를 눌러 저장합니다.

09 그리고 다시 Xcode로 돌아와서 Build And Run 을 실행합니다. 시뮬레이터가 다시 동작하면서 조금 전에 작성한 글이 시뮬레이터에서 보여지게 됩니다.

지금까지 잘 따라하셨지만, 이번의 예는 시뮬레이터에 한해서 동작을 합니다. 하지만 시뮬레이터는 GPS/ 가속센서 등 여러 가지 장치들을 사용할 수가 없고, 메모리 등의 환경이 디바이스와 다르기 때문에 시뮬레이터에서만 개발할 수는 없습니다. 그러면 디바이스에서 실행하는 방법을 한번 살펴보고자 합니다.

디바이스에서 개발을 하기 위해서는 반드시 iOS 개발자 계정이 필요합니다.
앞서 제가 설명했던 개발자 계정 결제하기를 하지 않으신 분은 혹은 디바이스가 없어서 이 부분이 필요 없으신 분은 다음 장으로 넘어가셔도 좋습니다.

디바이스 개발에서 반드시 필요한 부분은 인증 부분입니다. 디바이스에서 실행되는 애플리케이션은 반드시 개발자의 서명, 즉 코드사인(Codesign)이 되어 있어야만 실행이 가능합니다. 이제 코드사인을 하기 위한 절차를 알아보겠습니다.

Section 01 키 발급

01 키를 발급받기 위해서 파인더에서 응용 프로그램 〉 유틸리티 폴더에 있는 '키체인 접근' 프로그램을 실행합니다.

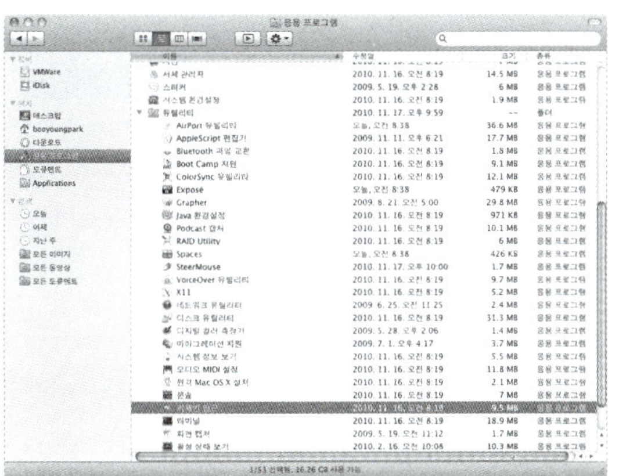

02 프로그램이 실행되었으면 메인 메뉴에서 키체인 접근 〉 인증 지원 〉 인증 기관에서 인증서 요청 메뉴를 클릭합니다.

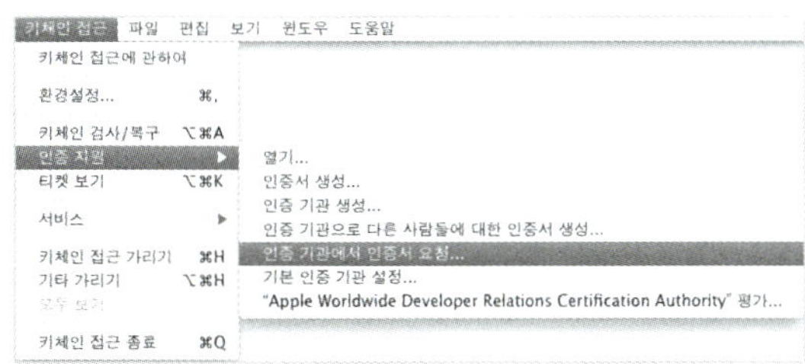

03 여기서 사용자 이메일 주소는 iOS 개발자 사이트에 가입한 이메일을 넣으면 되고, 일반 이름은 개발자 사이트에 가입한 이름을 넣으면 됩니다. 요청 항목은 '디스크에 저장됨'을 선택하고 '자신이 키페어 정보 지정' 항목을 체크합니다.

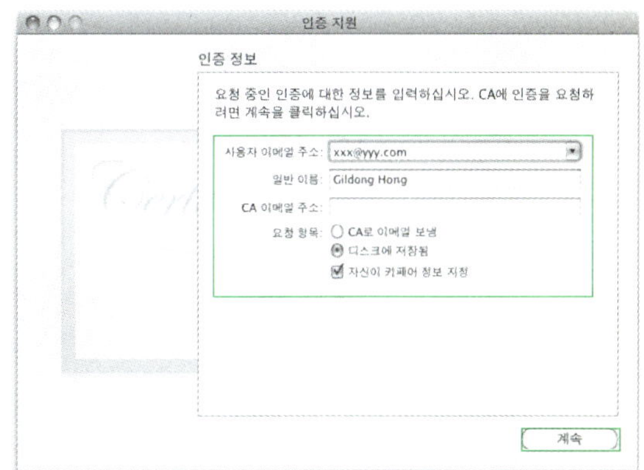

04 계속 버튼을 누른 후 저장할 위치 및 파일명을 확인한 후 '저장' 버튼을 누릅니다.

05 저장된 CertificateSigningRequest.certSigning Request 파일은 잘 보관하시고, 키페어 정보는 키 크기 : 2048 비트, 알고리즘 : RSA로 선택하고 '계속' 버튼을 클릭합니다.

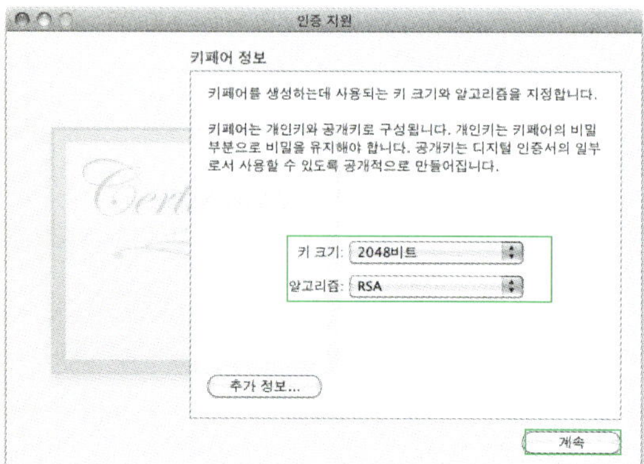

07 이제 키체인 프로그램에서 좌측 '키체인' 패널에 보면 '로그인' 항목이 있는데 이곳을 클릭해 보면 자신의 이름으로 된 키가 2개 발급되어 있을 것입니다.

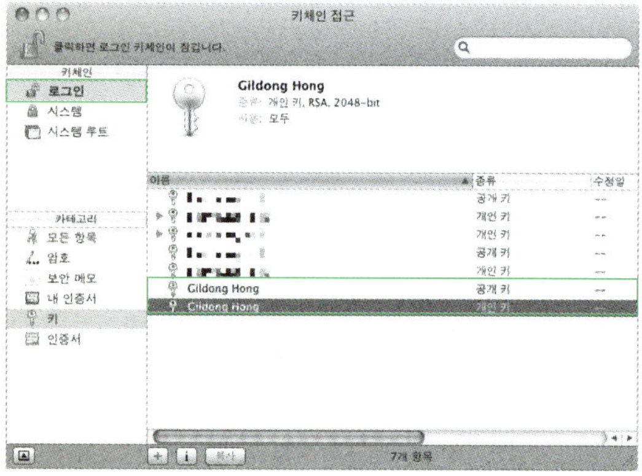

09 왼쪽의 Certificates로 들어가서 Your Certificate의 Request Certificate를 클릭합니다.

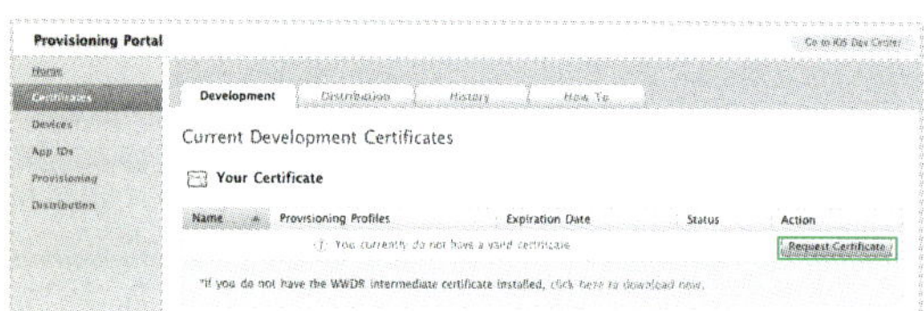

06 '완료' 버튼을 누르면 키 발급이 완료됩니다.

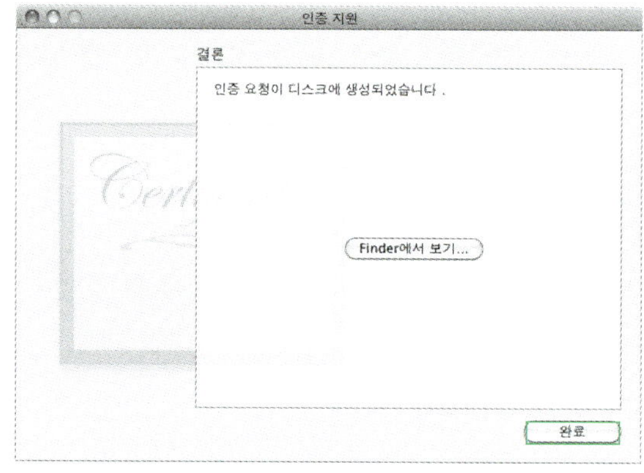

08 이제 이 키와 연결할 인증서를 만들 차례입니다. iOS 개발자 사이트(http://developer.apple.com)로 이동합니다. 로그인을 하고 오른쪽 메뉴의 iOS Provisioning Portal로 들어갑니다.

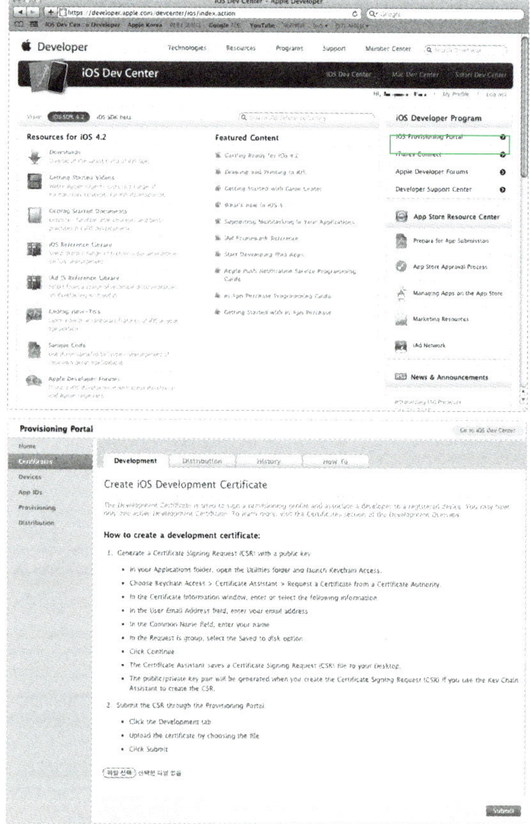

▲ Certificate 생성 방법이 설명된 페이지

10 아래의 파일 선택을 눌러 좀전에 키체인 접근에서 생성한 CertificateSigningRequest.certSigningRequest 파일을 선택하고 'submit'을 클릭합니다.

그러면 Status가 Pending 상태가 되고 잠시 기다렸다가 Development 탭을 다시 클릭하면 Issued 상태로 변경되고 Action에 'Download' 버튼이 생깁니다.

Downloa 버튼을 눌러서 인증서를 다운받습니다. 그리고 바로 아래에 있는 "click here to download now" 부분을 클릭해 AppleWWDRCA 인증서도 다운받습니다.

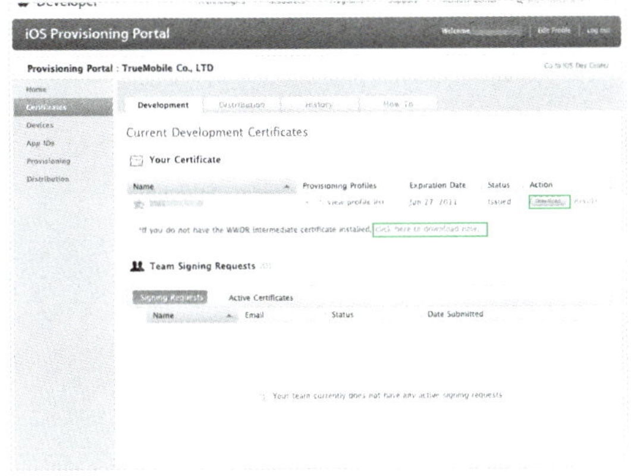

▲ Certificate가 생성된 화면

11 그리고 다운받은 두 파일을 더블클릭하여 실행시킨 후 키체인 프로그램에서 인증서와 연결되었는지 확인합니다.

그림과 같이 로그인 〉 인증서에서 iPhone Developer에 키가 연결되어 있으면 인증서와 키가 잘 연결된 것입니다.

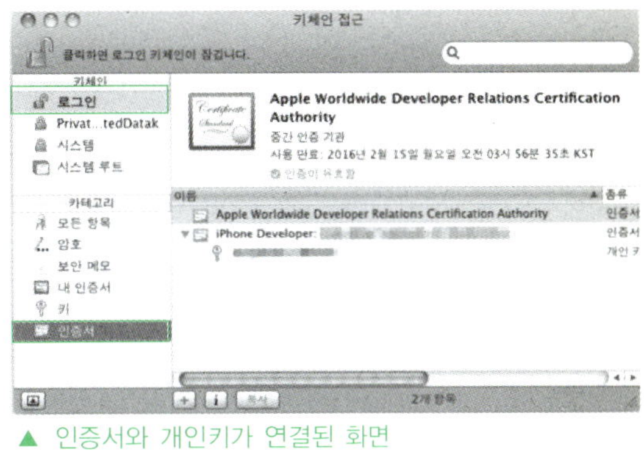

▲ 인증서와 개인키가 연결된 화면

13 일련번호를 한번 클릭하면 식별자(UDID)로 변경됩니다.

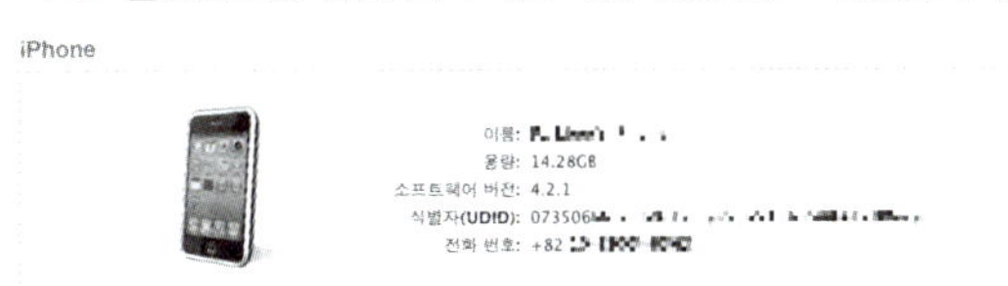

12 자신이 보유한 아이폰이나 아이팟터치에서 개발한 프로그램을 실행시키기 위해서는 고유 ID를 개발 사이트에 등록해야만 합니다.

디바이스 ID를 알아내는 방법은 디바이스를 컴퓨터와 연결하고, iTunes를 실행하면, 왼쪽에 나타나는 자신의 디바이스를 클릭합니다.

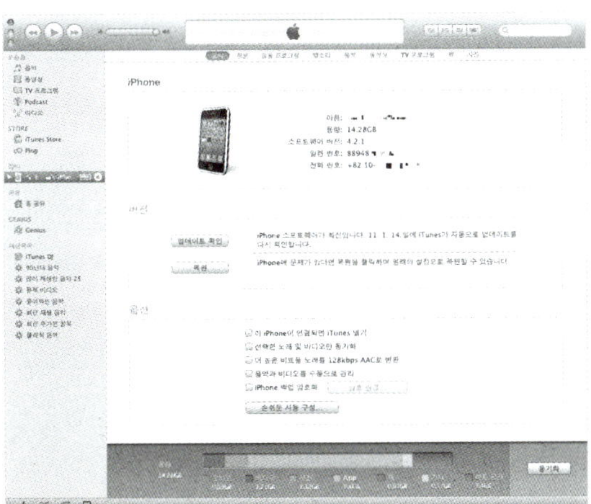

14 편집 〉 복사하기를 선택하여 식별자를 복사합니다. 그 숫자를 개발자 센터에 입력(붙여넣기)하고 등록합니다. Device Name은 임의로 입력해도 무관합니다.

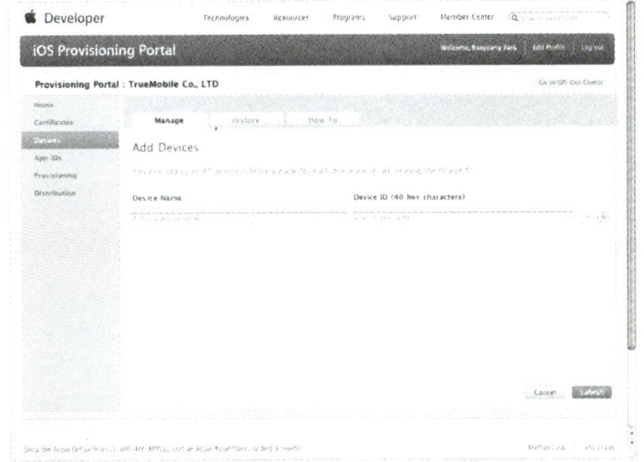

디바이스는 총 100개까지 등록이 가능하며 등록된 디바이스는 삭제를 해도 사이트에서 바로 제거되지 않고 개발 프로그램 갱신일(1년 단위)까지 유지됩니다.

15 왼쪽 메뉴의 App IDs에서 앱 아이디를 하나 만들어 봅니다. Push Notification과 Game Center 등 서비스에 사용되기도 하고 애플리케이션의 키체인 데이터를 공유하는 기능 등에 사용됩니다. New App ID를 눌러 생성해봅시다.

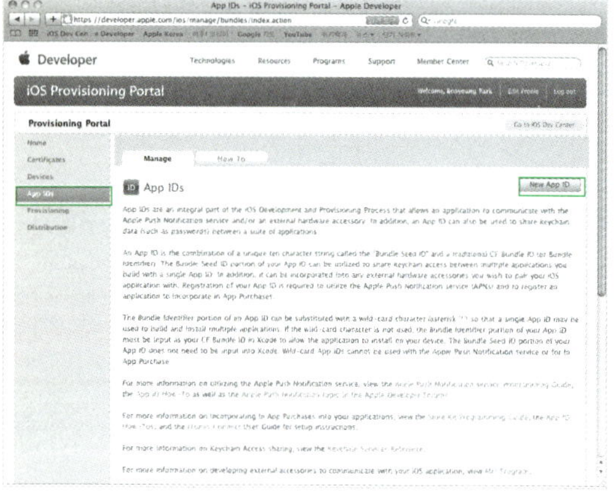

17 이제 Provisioning입니다. Provisioning profile은 개발중인 애플리케이션을 디바이스에서 실행할 수 있게 개발자와 디바이스에 대한 정보를 담은 파일입니다. 이 Provisoning profile이 없거나 만료되면 개발중인 애플리케이션을 장비에서 테스트해 볼 수 없게 됩니다.

그러면 새로운 Provisioning profile을 생성하기 위해 New Profile을 선택합니다. Profile name을 적고 적용하려는 Certificate를 선택합니다. Devices 항목은 이 Provisioning profile이 어느 디바이스에서 실행될 수 있는지 설정하는 부분입니다. 그리고 앞에서 추가했던 App ID를 선택합니다.

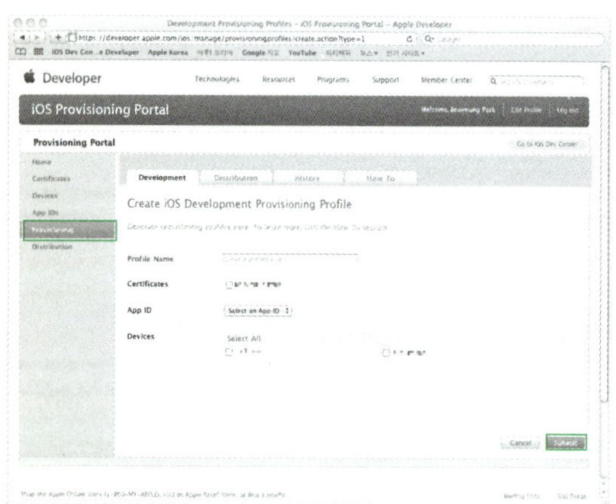

16 Description은 사용될 애플리케이션에 대한 설명을 적으면 됩니다.

Bundle Seed ID는 처음에는 아무 것도 없으니 Generate New로 둡니다. Bundle Identifier는 자신의 고유한 식별자를 Reverse DNS 형식으로 넣으시면 됩니다. 예를 들면, com.yourdomain.＊와 같은 형식입니다. ＊는 어떠한 문자도 받아들이겠다는 와일드카드의 의미입니다.

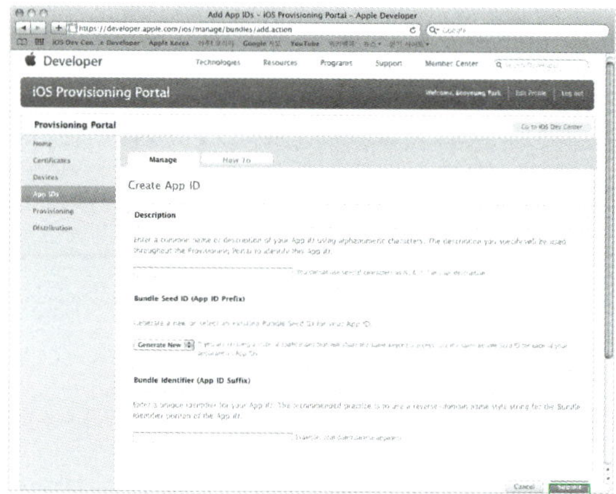

▲ 이 번들 아이디는 나중에 프로그램 설정 파일(plist)에서 다시 한번 더 사용될 것입니다. 단, Push Notification 이나, Game Center 등의 서비스를 사용하게 될 경우에는 ＊ 문자를 사용하면 안되고, 직접 넣어서 생성해야 합니다. 예) com.yourdomain.mobile

18 파일이 생성되고 상태가 Pending에서 Active로 변경되면 Download 버튼을 눌러 파일을 다운로드 받고 더블클릭하면 설치가 됩니다.

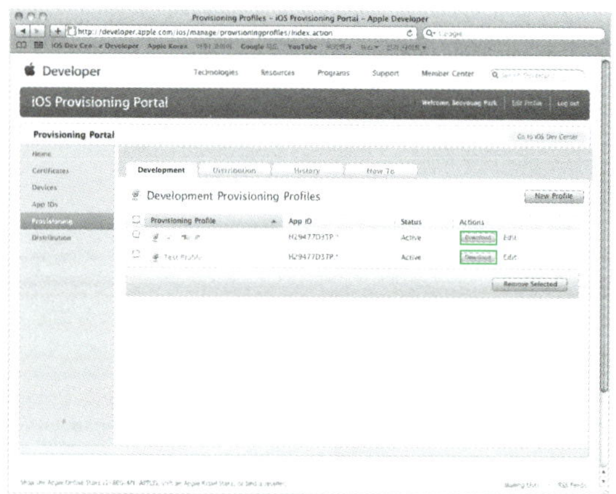

▲ 이 때, 아무런 메시지가 나오지 않으니 Xcode의 Window 〉 Organizer 〉 provisioning profiles에서 설치가 잘 되었는지 확인하시기 바랍니다.

19 이제 디바이스에 프로그램을 올려봅시다. 먼저 Xcode의 Window 〉 Organizer에서 자신의 디바이스를 선택한 다음 'Use for Development' 버튼을 클릭하여 디바이스를 개발에 사용할 수 있도록 만듭니다. 정상적이라면 아래 그림처럼 왼쪽 디바이스 리스트에 초록색 불이 들어오게 됩니다.

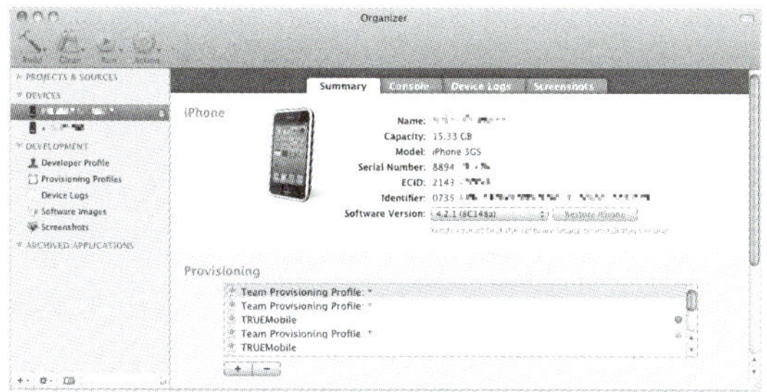

20 그리고 처음에 만들었던 FirstApp 프로젝트를 열고 Resource 그룹에 있는 FirstApp-info.plist를 선택합니다. 목록 중에 bundle identifier를 찾아서 수정을 하겠습니다.

기억하실지 모르겠지만 위에서 App ID를 만들 때 이미 bundle identifier를 만들었습니다. 그 때 만들었던 아이디를 그대로 사용하는데 * 부분만 제외하고 사용합니다.

다음 그림처럼 입력하면 * 부분은 자동으로 product name이 들어가게 됩니다. 그래서 하나의 App ID로 여러 개의 앱을 등록할 수 있습니다.

Push Notification과 Game Center를 사용하기 위한 App ID는 하나의 애플리케이션만 등록하셔야 합니다.

▲ bundle id 입력

21 이제 디바이스에 올려볼 차례입니다. 15페이지 04 그림의 ❶ 부분을 클릭하여 Simulator를 Device로 변경합니다. 그리고 Build And Run을 합니다. 서명화면이 나올 경우 '항상 허용'을 클릭합니다. 디바이스에서 동작하는 화면을 확인합니다.

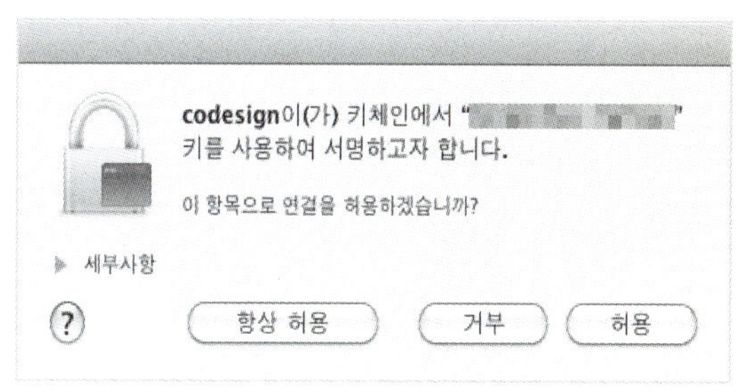

▲ 서명 화면

디바이스로 테스트 하는 과정이 조금 복잡하고 어려웠을 것입니다. 하지만 한 번 설정해 놓으면 계속해서 이용할 수 있습니다.

여러분은 방금 아주 간단하지만 훌륭하게 동작하는 프로그램을 만들었으며 디바이스에서도 테스트해 보았습니다. 이제 아이폰 애플리케이션 개발자의 첫 걸음을 내딛은 것입니다. 애플도 여러분이 훌륭한 애플리케이션을 개발할 수 있도록 많은 지원을 하고 있습니다. 다른 플랫폼의 개발보다 훨씬 쉽게 개발할 수 있도록 다양한 클래스를 제공합니다. 그러니 여러분들도 어렵다고 생각하지 마시고 도전하십시오!

Objective-C 기본 닦기

Objective-C는 1980년대에 C언어를 기반으로 SmallTalk의 객체지향적인 장점을 추가하여 만들어진 언어입니다. C언어를 기반으로 하였기 때문에 포인터와 같은 C언어의 문법을 그대로 사용할 수 있으면서 객체지향적인 프로그래밍이 가능합니다.

아이폰 프로그래밍은 반드시 Objective-C로만 해야 하는 것은 아니지만 Cocoa 프레임워크의 쉬운 사용을 위해서, 그리고 SDK 레퍼런스도 Objective-C를 기준으로 작성되어 있기 때문에 Objective-C를 사용하여 프로그래밍하는 것이 좋습니다.

Cocoa 프레임워크는 OSX의 객체지향 API로, 윈도우즈 프로그래밍에 사용되는 MFC나 .NET과 유사한 개념이라고 할 수 있습니다. 아이폰 SDK도 Cocoa를 기반으로 되어 있습니다.

본 장에서는 Objective-C의 기본적인 부분을 설명하여 아이폰 프로그래밍에 쉽게 접근할 수 있도록 할 것입니다.

Lesson 01   C언어와 다른 점

Objective-C가 기존 C언어와 가지는 다른 점은 아래와 같습니다.

1 소스 파일 확장자는 .m

Objective-C 소스 파일은 .c가 아닌 .m을 기본으로 사용합니다. 물론 .c로 된 C 소스 파일도 사용할 수 있습니다.

2 #import의 사용

#import는 #include와 유사하나, 같은 헤더 파일을 한 소스 파일에서 여러 번 가져올 경우 단 한번만 가져오는 점이 #include와 다릅니다. #include를 사용할 경우에도 #ifdef… #endif를 사용하여 중복정의에 대해 처리하고 있지만 #import를 사용하면 이런 방법을 굳이 사용하지 않아도 되므로 훨씬 편리합니다.

❸ 문자열은 @로 시작

Objective-C에서 기본적으로 사용하는 문자열은 유니코드 문자열이며, 따옴표로 묶인 문자열 앞에 @를 붙여 다음처럼 사용합니다.

```
@"Test"
```

아이폰 SDK에서 제공하는 클래스는 기본적으로 이러한 형식의 문자열을 사용하여야 하며, 예외적으로 C형식의 문자열을 받는 메소드에 한해서만 "Test" 형식의 문자열을 사용할 수 있습니다.
@"" 형식의 문자열을 사용해야 할 곳에 ""를 사용하면 컴파일시 경고가 발생하게 됩니다.

❹ id

Objective-C에는 id라는 생소한 타입이 있습니다. id는 클래스를 지칭하는 일종의 만능형 타입으로 굳이 C언어에서 비교되는 타입을 말하자면 'void *' 정도 된다고 할 수 있습니다. Objective-C의 모든 클래스는 이 id라는 타입으로 지정이 가능합니다. id 형태의 객체는 캐스팅을 통해 다른 클래스의 객체로 강제로 지정할 수도 있습니다.

```
id myObject = [myClass alloc];
```

❺ YES/NO

Objective-C에서는 boolean형 타입 값을 위해 고전적인 TRUE/FALSE보다 YES/NO를 더욱 자주 사용합니다. YES는 TRUE, NO는 FALSE로 생각하시면 됩니다.

❻ nil

nil은 C언어의 NULL과 유사한 개념입니다. 어떤 클래스의 객체를 생성하기 전에 nil값을 미리 대입하여 놓아 나중에 객체가 생성되었는지 아닌지 검사할 수 있습니다.

❼ %@

문자열을 출력하거나 처리할 때 C언어에서는 %s를 사용하지만 Objective-C의 @""로 시작하는 문자열은 %@를 사용하여 처리합니다. 물론 표준 C언어 형식의 문자열 처리는 %s를 사용하여 처리할 수 있습니다.

❽ super와 self

자신의 수퍼클래스는 super, 자신은 self를 사용해서 참조할 수 있습니다.
수퍼클래스의 메소드를 호출하려면

```
[super init];
```

자신의 메소드를 호출하려면

```
[self init];
```

과 같이 사용할 수 있습니다.

보통 어떤 클래스를 상속받은 클래스의 init 메소드 부분은 다음처럼 작성합니다.

```
- (id)init
{
      if( self = [super init] )
      {
        //초기화 루틴
      }

      return self;
}
```

Lesson 02   클래스와 객체, 그리고 메소드

Objective-C의 클래스(Class)는 C++과 Java에서 다루는 클래스와 같은 개념입니다. 프로그래머는 하나의 클래스를 정의하고, 이 클래스의 객체(인스턴스)를 생성하여 사용하는 것이 일반적입니다. 하나의 클래스로 여러 개의 객체를 생성하는 것도 물론 가능합니다. 클래스의 생성 및 객체의 생성에 관해서는 이번 장의 후반에 다루도록 하겠습니다.

Objective-C에서는 함수라는 명칭 대신 메소드(method)라는 명칭을 사용합니다. 또는 메시지(message)라는 용어를 사용하기도 하니 알아두시기 바랍니다. object라는 하나의 객체에 있는 method라는 이름의 메소드를 호출하는 방법은 다음과 같이 대괄호를 사용하여 표현합니다.

```
[object method];
```

메소드를 호출한다고 표현하기도 하며, 메시지를 객체로 전달(던짐)한다고 표현하기도 합니다. 가장 기본적이면서 중요한 문법이니 꼭 알아두셔야 합니다.

method라는 메소드가 리턴값이 있다면 다음처럼 사용할 수 있습니다.
method가 int 형태를 리턴한다고 하면,

```
int ret = [object method];
```

처럼 사용합니다.

위 예제는 인자(argument)가 없이 메소드만 호출하는 경우였습니다.
C언어의 함수 호출도 인자 없이 호출하는 경우와 인자를 주어서 호출하는 경우가 있듯이 Objective-C에서

도 메소드 호출시 인자를 줄 수 있습니다.

이번에는 myObject라는 객체에 있는 getFamilyName이라는 메소드에 name이라는 인자를 전달해 보겠습니다.

```
[myObject getFamilyName:name];
```

간단하지요? : 뒤에 인자를 붙여주면 됩니다.

이번에는 조금 더 복잡한 형태의 인자 전달 방식을 보겠습니다.

문자열 처리에 주로 사용되는 NSString에는 다음와 같은 메소드가 있습니다.

```
+ (id)stringWithCString:(const char *)cString encoding:(NSStringEncoding)enc
```

+ (id)와 같은 '+'로 시작하는 형식이 나오는데, 이에 대해서는 곧 다루게 될 것이므로 지금은 생각하지 않으셔도 좋습니다.

위 메소드는 NULL로 끝나는 C형식의 문자열을 받아서 주어진 인코딩으로 변환된 문자열을 가지는 NSString 객체를 돌려주는 클래스 메소드입니다.

이 메소드는 다음처럼 호출합니다. 클래스 메소드에 대한 설명도 아래에 다룰 것입니다.

```
[NSString stringWithCString:"test" encoding: NSUTF8StringEncoding];
```

(NSUTF8StringEncoding은 NSString.h 헤더에 값으로 정의되어 있음)

: 뒤에 인자가 온다는 점은 동일하지만 : 앞에 해당 인자가 어떤 것이 오는지 설명을 넣어서 해당 메소드 호출시 어떤 형태의 값이 들어가야 하는지 쉽게 알 수 있도록 해줍니다.

Lesson 03   중첩된 메소드 호출

중첩된 메소드 호출은 다음과 같이 사용합니다.

```
id myObject = [[myClass alloc] init];
```

myClass 클래스의 alloc이라는 메소드를 호출하고, 그 결과로 반환된 객체의 init이라는 메소드를 호출하게 됩니다.

Lesson 04   객체의 생성

Cocoa 프레임워크의 가장 기본이 되는 클래스로 NSObject라는 클래스가 있습니다. 다른 클래스들은 이 NSObject를 상속받아서 사용합니다. 여러분만의 새로운 클래스를 생성한다고 하면, 메모리 관리 등 여러 가지 이유로 이 NSObject를 상속하는 클래스를 생성하는 것이 좋습니다.
NSObject를 상속받은 클래스는 다음 형식처럼 객체를 생성합니다.

```
NSString  *string = [NSString alloc];
```

위 예제는 NSString 클래스의 객체를 하나 생성하게 됩니다. NSObject를 상속받은 클래스는 객체 생성 후 거의 반드시라고 해도 좋을 만큼 초기화 메소드를 보통 호출하게 됩니다. 따라서 위의 예제처럼 단독으로는 사용되지 않고 다음처럼 사용합니다.

```
NSString  *string = [[NSString alloc] init];
```

NSString 클래스의 경우 init 이외에 여러 가지 초기화 메소드가 있고 보통 이를 호출하게 됩니다.

Lesson 05   객체 메소드와 클래스 메소드

객체 메소드(Instance method)는 클래스의 인스턴스에서만 호출할 수 있고, 클래스 메소드는 인스턴스를 생성하지 않고 바로 호출할 수 있는 메소드입니다.
앞의 예제들에서 사용한 alloc은 클래스 메소드이며 init은 객체 메소드입니다.
클래스 메소드는 메소드 정의 부분을 보면 플러스(+)를 붙여 정의하며, 객체 메소드는 마이너스(−)를 붙여 정의합니다. 이 부분은 클래스 생성 부분에서 다시 다루게 될 것입니다.

Lesson 06   클래스 생성

클래스의 구현은 일반적으로 아래 형태처럼 구현합니다.

1 헤더 파일

```
#import 〈UIKit/UIKit.h〉
```

```
@interface myClass : NSObject //NSObject 클래스를 상속받는 myClass 선언
```

```
{
//인스턴스 변수 정의
        int var1;
        NSString *string;
}


//메소드 정의
+ (void)testMethod; // class method
- (NSString *)getFamilyName; // instance method
@end // 클래스 정의 끝
```

2 소스 파일

```
@implementation myCLass

+ (void)testMethod
{
        ...
}


- (NSString *)getFamilyName
{
...
}

@end
```

실제로 아이폰 프로그래밍을 할 경우에는 Cocoa 기반 클래스를 상속받아 구현하므로, Xcode에서 필요한 부분은 자동으로 생성해 줍니다.

Lesson 07   property

Objective-C 클래스의 변수는 기본적으로 protected로 설정되어 해당 클래스 또는 그 자식 클래스 내에서 만 접근이 가능합니다. 이 변수를 외부 클래스에서 접근할 수 있게 하려면 따로 메소드를 구현하여 사용할 수도 있지만 @property와 @synthesize 지시자를 사용하면 좀 더 간단하게 사용할 수 있습니다.

간단한 예를 들어 보겠습니다.

TestClass.h

```
#import 〈Foundation/Foundation.h〉


@interface TestClass : NSObject {
        NSInteger value;
}

@property (readwrite) NSInteger value;

@end

TestClass.m

#import "TestClass.h"


@implementation TestClass

@synthesize value;

@end
```

@property 지시자 뒤의 ( ) 안에는 해당 프로퍼티를 어떤 식으로 접근할 것인지 알려주는 키워드를 입력합니다. 이것에 대해서는 아래에 다시 설명하겠습니다. 그리고 ( ) 뒤에 해당 변수의 타입과 변수명을 써줍니다.

@property를 선언했다면 이 프로퍼티에 대한 값을 쓰거나 읽기 위한 메소드를 반드시 구현해 주어야 합니다. 또는 위의 예제처럼 @synthesize를 사용하여 이 메소드들을 자동으로 생성시켜주어도 됩니다.

사용 방법은 다음과 같습니다.

```
TestClass *t = [[TestClass alloc] init];
NSInteger a = [t value];
```

또는 다음과 같이 C언어에서 익히 보던 dot syntax를 사용해도 됩니다.

```
TestClass *t = [[TestClass alloc] init];
NSInteger a = t.value;
```

Property 생성시에는 아래와 같은 속성들을 줄 수 있습니다. 변수 타입이 int형이나 double 등 일반적인 C언어 타입이라면 옵션을 생략할 수 있지만 NSObject 클래스를 상속받은 객체 형태라면 반드시 아래 세터(Setter) 속성들 중 하나를 지정해 주어야 합니다.

❶ 쓰기 가능 여부

• readwrite : 해당 프로퍼티가 읽기/쓰기가 가능한 것으로 정의합니다. 아무 것도 지정하지 않으면 자동으로 이 속성이 지정됩니다.

• readonly : 해당 프로퍼티는 읽기만 가능하고 값을 쓰는 것은 불가능하게 합니다.

❷ 세터 속성

아래 속성들은 세터 메소드, 즉 해당 프로퍼티에 어떤 값을 넣으려고 할 때의 동작에 대한 것입니다.

• assign : 단순히 해당 값을 넣음을 의미합니다. Objective-C 객체에 대한 동작이라면 포인터 값을 대입함을 의미합니다.

• retain : 해당 객체를 retain 한 후에 assign합니다. 기존 값은 release를 호출 받게 됩니다. @property (retain) NSString * value; 이 코드로 생성되는 세터 메소드를 풀어 쓰면 아래처럼 쓸 수 있습니다.

```
- (NSString *)setValue:(NSString *)newValue
{
        if( value != newValue )
        {
                [valuerelease];
                value = [newValue retain];
        }
        returnvalue
}
```

retain을 사용하는 이유는 할당한 객체가 외부에서 release 되는 경우 메모리 참조 오류가 발생할 수 있기 때문입니다.

• copy : retain과 비슷하나 retain 대신 copy 메소드가 호출되어 객체의 복사본을 가지게 됩니다.(retain 이 하는 일은 Lesson 10을 참고하시기 바랍니다.)

아래 속성은 멀티쓰레드와 관련된 것입니다.

• atomic : 내부적으로 lock, unlock을 사용하여 접근합니다. 멀티쓰레드 환경에서는 이 방법이 안전합니다. 아무 속성도 지정하지 않으면 자동으로 atomic으로 지정됩니다.

• nonatomic : lock, unlock 과정 없이 해당 프로퍼티에 바로 접근합니다. 씽글쓰레드 프로그래밍 환경이라면 이 방법이 약간 더 빠릅니다.

Lesson 08   메모리 관리

Objective-C는 C언어 기반이므로 malloc(), free() 등의 C언어에서 사용하는 메모리 관리 함수들을 사용할 수 있습니다. 하지만 NSObject 클래스를 기반으로 하는 Cocoa 프레임워크에서는 조금 다른 방식을 사용하고 있습니다.

우선, 앞에서 클래스의 객체 생성시 alloc을 사용한다고 하였습니다. 생성된 객체는 메모리를 일정 부분 점유하게 되는데, 그러면 이렇게 생성한 객체의 점유 메모리는 어떻게 해제할 수 있을까요? 이를 위한 메소드가 바로 release입니다.

아이폰 SDK에서 메모리 관리는 alloc과 release가 항상 쌍으로 따라 다닌다고 생각하시면 쉽습니다. 어디선가 alloc이 호출되면 반드시 다른 곳에서 release가 호출되어야 한다고 생각하시면 됩니다. NSString 객체를 생성하는 경우를 예로 들어 보겠습니다.

```
NSString *string = [[NSString alloc] init];
...
[string release];
```

일반적으로 NSObject 기반의 클래스는 Xcode에서 생성시 자동으로 dealloc 메소드를 소스에 추가해 줍니다. 이 dealloc 메소드는 해당 객체가 메모리에서 해제되기 직전에 불리는 것으로, release되지 않은 객체들이 있다면 이곳에서 모두 해제해주어야 합니다. 앞에서 생성한 string 객체를 다른 곳에서 release하지 않았다면 아래처럼 dealloc에서 해제해 줍니다.

```
- (void)dealloc
{
        //사용자가 생성한 객체를 release한다
        [string release];

        [super dealloc];
}
```


autorelease 객체

NSObject에는 autorelease라는 특이한 메소드가 있습니다. 어떤 클래스의 객체를 생성한 후 autorelease를 호출해 주면 해당 객체가 더 이상 사용되지 않을 때 자동으로 release를 시켜줍니다.

앞의 NSString 객체 생성 예를 다음처럼 사용할 수도 있습니다.

```
NSString *string = [[[NSString alloc] init] autorelease];
...
```

NSString에는 string이라는 클래스 메소드가 있습니다. 이 메소드는 autorelease되는 새로운 NSString 객체를 돌려주는 메소드입니다. 따라서 위의 예제는 아래처럼 작성해도 똑같습니다.

```
NSString *string = [NSString string];
```

autorelease되는 객체에 release를 호출할 경우 반드시 어디에선가 오류가 발생하게 되므로 절대로 이렇게 해서는 안됩니다. Autorelease는 Autorelease Pool에 의해 관리되는데 자세한 내용은 매우 복잡하므로 여기에서는 alloc과 release/autorelease가 항상 쌍으로 구성된다는 정도만 기억하셔도 충분합니다.

Lesson 10 retain

앞써 alloc과 release가 쌍을 이룬다고 하였는데, release와 쌍을 이룰 수 있는 것이 하나 더 있습니다. 바로 retain입니다. NSObject 클래스는 내부적으로 reference count를 가지고 있습니다. 어떤 클래스의 객체가 alloc으로 생성되면 이 reference count가 1 증가하게 되고 release가 호출되면 1 감소하게 됩니다. 최종적으로 이 reference count 값이 0이 되면 메모리에서 해제되는데, retain 메소드는 이 reference count를 강제로 1 증가시키는 메소드입니다.

retain은 보통 autorelease되는 객체를 생성한 경우, 이를 사용할 때 메모리에서 해제되는 것을 방지하기 위해 retain을 호출하여 사용한 후 release를 호출하여 메모리에서 해제될 수 있게 알려주는 방식으로 사용됩니다.

Lesson 11 Protocol

Protocol은 Java의 Interface, C++의 가상함수와 유사한 개념입니다. 테이블뷰(UITableView)에서 실제 테이블 내용을 구성해 주는 부분들은 protocol로 선언되어 있고, 이를 사용자들이 구현해 주도록 되어 있습니다.
어떤 클래스가 프로토콜을 따르도록 하는 방법은 프로토콜을 〈 〉 안에 넣고 각각을 쉼표로 구분하면 됩니다. 자세한 방법은 테이블뷰 부분을 참조하시기 바랍니다.

Lesson 12 Delegate

delegate라는 용어도 아이폰 프로그래밍을 하면 지겨울 정도로 많이 보게 되는 용어입니다. Delegate의 사전적 의미는 대표, 사절, 파견 위원, 대리인, 하원 의원, 대의원 등의 뜻을 가지고 있습니다. 그러나 Objective-C에서 delegate란 어떤 처리를 할 때 이를 대신해서 누가 처리할 것인지를 의미합니다. C언어에서 callback 함수로 처리하는 것과 약간 비슷하다고 할 수 있겠습니다. 말로 설명하기보다 실제

delegate가 어떤 경우에 사용되는지 예를 들어 보겠습니다.

다음 그림과 같은 UIAlertView에서 버튼을 클릭했을 때 이벤트 처리를 어디에서 해야 될까요?

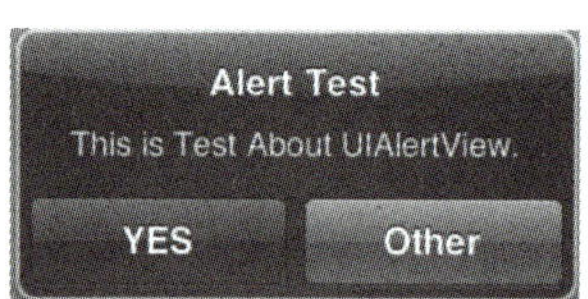

▲ Alert View

일반적으로 UIAlertView를 생성해 주는 클래스의 선언부(헤더 파일)에 〈UIAlertViewDelegate〉를 추가해 주고, 해당 클래스의 소스 파일에

```
- (void)alertView:(UIAlertView  *)alertView clickedButtonAtIndex:(NSInteger)buttonIndex
```

메소드를 구현해 주고, UIAlertView의 객체의 delegate 속성값을 self로 주면 됩니다. 위 메소드는 UIAlertViewDelegate 프로토콜 레퍼런스 문서에 나와 있습니다. (UIAlertView에 대한 자세한 사항은 기본 컨트롤러 사용편을 보시기 바랍니다.)

이외에 테이블뷰의 행 선택, 텍스트 필드의 문자 입력 처리, 웹 뷰에서 웹 페이지가 모두 열렸거나 오류가 난 경우의 처리 등 많은 경우에 delegate가 사용됩니다.

memo

윈도우(Window)와 뷰(View)

앞으로 우리가 만들게 될 모든 예제 애플리케이션을 포함하여, 게임을 제외한 대부분의 애플리케이션에서 화면에 표현하는 모든 시각적인 정보 및 이들과 사용자 사이에서 발생하는 상호작용은 뷰와 윈도우를 통해 표현됩니다. 화면에 표시되는 모든 것은 뷰의 집합으로 구성됩니다. 뷰는 그림, 버튼, 글씨 등을 가지고 있으면서 마음대로 움직이고 크기를 바꾸고 지우고 쓸 수 있는 만능 캔버스라고 생각할 수 있습니다.

아이폰 애플리케이션에서 윈도우는 UIWindow 클래스의 인스턴스입니다. 모든 iOS 애플리케이션은 최소한 1개의 윈도우를 가지고 있어야 합니다. 아주 가끔, 특정한 타입의 콘텐츠를 관리하기 위해 추가적인 윈도우를 사용하기도 하지만, 일반적으로 윈도우는 단 하나다라고 생각해도 틀림이 없습니다.

애플리케이션의 윈도우는 아이폰/아이패드/아이팟터치 화면의 전체 영역을 차지합니다. Windows나 MacOS의 일반적인 윈도우(창)과 달리 닫기/최소화 버튼이나 제목 표시줄 같은 장식물은 붙어 있지 않습니다. 윈도우는 많은 뷰를 마음대로 붙일 수 있는 빈 공간으로 생각하면 됩니다.

뷰는 UIView 클래스의 인스턴스로, 시각적으로는 윈도우 안에 표현되는 사각의 영역으로 정의할 수 있습니다. 뷰는 사용자가 애플리케이션과 상호작용하기 위한 가장 기본적인 메커니즘을 제공합니다. 뷰는 사용자에게 시각적인 정보를 제공하고 그에 대한 사용자의 반응을 받아들일 수 있는 소통의 통로가 됩니다.

뷰가 애플리케이션에서 담당하는 주된 기능은 아래와 같습니다.

❶ 화면에 시각적 정보를 그리기
- 뷰에 포함된 정보를 영역 안에 그리기
- 뷰의 정보 변화(크기, 위치, 회전 등)를 애니메이션으로 보여주기

❷ 뷰의 레이아웃과 계층 구조를 관리
- 뷰 사이의 계층 구조를 생성하고 관리할 수 있는 수단 제공
- 뷰 자기 자신 및 소유한 서브뷰의 위치, 크기 등을 자동/수동적인 방법으로 변경 가능

❸ 이벤트 처리
- 터치 이벤트를 받아서 처리하거나 다른 객체가 처리할 수 있도록 넘겨 줌

직접 UIView를 커스터마이즈하여 원하는 뷰를 꾸밀 수도 있지만, 자주 사용하는 뷰의 기능들을 정형화하

여 UIKit framework로 제공하기 때문에 이를 사용하는 것이 효과적입니다. 버튼(UIButton), 테이블 (UITableView), 레이블(UILabel), 이미지 뷰(UIImageView) 등의 UIView를 상속한 클래스들은 각각 사용자와 직관적으로 인터렉션 할 수 있는 수단과, 일관성 있는 시각적 레이아웃을 제공합니다. 이러한 뷰를 사용하여 기본적인 UI 기능을 구현하고, 세부적인 부분을 필요에 따라 커스터마이즈하는 방법으로 효율적으로 UI를 꾸밀 수 있습니다. 이러한 서브 클래스에 대해서는 이후에 살펴보도록 하고, 이 장에서는 UIView의 기본적인 기능과 구조에 대해 살펴보겠습니다.

Lesson 01 　　 뷰의 형태와 특성

1 예제

```
CGRect viewFrame = CGRectMake( 50, 100, 200, 100 );
UIView *newView = [[UIView alloc] initWithFrame: viewFrame];
[anotherView addSubView: newView];
[newView release];
```

UIView 객체를 생성하려면 alloc으로 메모리를 할당하고 initWithFrame로 초기화 하면 됩니다. viewFrame은 생성되는 뷰의 영역을 지정합니다. 새로 생성한 뷰를 윈도우 또는 다른 뷰 안에 표시하기 위해 addSubView를 사용하여 붙이면 됩니다. 생성한 뷰를 애플리케이션의 가장 기본적인 뷰로 사용한다면, anotherView는 UIWindow 클래스의 객체가 되겠죠. anotherView가 addSubView를 통해 newView를 계속 가지고 있게 되므로 뷰를 붙이고 나면 newView는 바로 release해 줍니다. release를 바로 해버리면 메모리에서 해제되는 것이 아니냐는 의문이 생길 수 있습니다. 개발자 레퍼런스에 addSubview:는 다음과 같이 설명되어 있습니다.

```
Parameters
view
The view to be added. This view is retained by the receiver. After being added, this view
appears on top of any other subviews.
```

Receiver, 즉 anotherView에 의해 newView는 한 번 retain이 되므로 addSubiew: 호출 후에는 해당 view를 반드시 release 해주어야 메모리 릭(Leak)이 발생하지 않습니다.

뷰의 영역을 지정할 때는 CGRect 구조체를 사용합니다. CGRect는 시작점(CGPoint)과 크기(CGSize)로 구성됩니다. iOS 애플리케이션의 화면 좌표는 화면의 왼쪽 위를 (0.0)으로 하는 2차원 좌표계를 사용하여 표현합니다. 가로축이 x, 세로축이 y이며 오른쪽/아래쪽 방향으로 갈수록 각각 x, y 값이 증가합니다. 단위는 1pixel입니다. 즉 x값이 1 증가하면 오른쪽으로 1pixel 이동하는 것입니다. 시작점과 크기의 각 값은 float형입니다. 어라? 정수형 밖에 표현할 수 없는 pixel 단위의 화면에 float형인 CGRect를 어떻게 표현하는 걸까요? 정답은 CGRect의 값을 반올림해서 실제 화면에 그리게 됩니다. x가 0.5일 때나 1.4일 때나 화면에서는 1(pixel)로 그려지게 됩니다.

UIView의 영역 정보는 frame과 bounds의 2가지 변수를 사용합니다. frame과 bounds 모두 CGRect 구조체를 사용합니다. frame은 상위 뷰(superview)에서 보는 상대적인 좌표계에서의 해당 뷰의 영역이고, bounds는 자기 자신의 좌표시스템에서의 뷰 프레임을 나타냅니다. 따라서 bounds의 origin은 실제로는 (0.0, 0.0)이 되고 bounds.size와 frame.size는 같게 됩니다. 뷰의 위치를 옮긴다는 것은 윈도우를 포함한 상위 뷰에 대한 현재 뷰의 상대적인 위치를 변경하는 것이므로 frame의 origin값을 바꾸는 것과 같습니다.

Lesson 02　　뷰의 계층 구조 관리

애플리케이션 화면을 구성하는 모든 뷰는 트리 형태의 계층 구조를 이루고 있습니다. 계층 구조 내의 인접한 두 뷰 사이의 관계는 부모-자식으로 표현합니다. 트리의 상위에 있는 뷰가 부모 뷰(superview)가 되고, 하위의 뷰가 자식 뷰(subview)가 됩니다. 이 관계는 '일대다'의 관계가 됩니다. 즉 부모 뷰는 자식이 전혀 없을 수도 있고, 여럿의 자식을 가질 수 있지만 자식 뷰는 오직 하나의 부모 뷰만을 가집니다. 이 관계는 언제든 바뀔 수 있습니다만, 자식이 다른 부모를 superview로 지정하게 되면 이전의 superview는 superview의 위치에서 해제되고 새로운 superview만이 부모 뷰가 됩니다. 자식 뷰를 추가하는 메소드인 addSubView를 사용하면 이전의 부모-자식 관계는 끊기게 됩니다. 자식 뷰가 removeFromSuperView를 사용하면 마찬가지로 부모 뷰와의 관계를 끊을 수 있습니다.

```
[parentView addSubView: childView]
[childView removeFromSuperView]
```

자식 뷰는 항상 부모 뷰의 위에 그려집니다. 즉, 부모 뷰가 자식 뷰를 가리는 일은 발생하지 않습니다. 반면 같은 부모를 둔 자식 뷰 사이에는 그려지는 순서를 결정할 수 있습니다. 기본적으로 먼저 추가된 뷰가 가장 아래에 그려지고 나중에 추가된 뷰가 위에 그려집니다. 이 순서를 변경하려면 아래의 메소드를 사용하면 됩니다.

```
// childView를 맨 앞으로 가져옵니다
[parentView bringSubviewToFront: childView]
// childView를 맨 뒤로 보냅니다
[parentView sendSubViewToBack: childView]
// childView 를 index번째 서브뷰 뒤에 끼워 넣습니다.
[paranetView insertSubView: childView1 atIndex: index]
```

```
// childView1 을 childView2 바로 앞으로 옮깁니다
[paranetView insertSubView: childView1 aboveSubView: childView2]
// childView1 을 childView2 바로 아래로 옮깁니다
[paranetView insertSubView: childView1 belowSubView: childView2]
// index1 과 index2 에 위치한 뷰의 위치를 서로 교환합니다
[parentView exchangeSubviewAtIndex: index1 withSubviewAtIndex:2]
```

subview는 배열로 관리되기 때문에 이들의 구조를 관리하기 위해서 위의 exchangeSubView, insertSubView 같은 메소드를 사용할 수 있습니다. subview에 접근하기 위해서는 [parent subViews]를 사용하여 서브 뷰 배열을 얻어 올 수 있습니다. 이 서브 뷰 중에 지금 찾고 있는 것이 어느 것인지 판단하기 쉽게 하기 위해 태그를 붙일 수 있습니다. setTag 메소드를 사용하면 정수형 태그를 붙일 수 있고, 이를 기준으로 원하는 서브 뷰에 쉽게 접근할 수 있습니다.

❶ 예제

```
UIView  *subview = [[UIView alloc] init];
subview.tag = 7;
[parentView addSubView: subview];


...


UIView  *viewLookingFor = nil;
BOOL found = NO;
NSEnumerator  *enumerator = [[parentView subviews] objectEnumerator];
while( !found ) {
    viewLookingFor = [enumerator nextObject];
    if( viewLookingFor.tag == 7 ){
        NSLog(@" I Found View of Lucky Number 7!");
        found = YES;
    }
}
```

Xcode에서 File 메뉴의 New Project를 선택하고, iOS Application에서 View-based Application을 선택하면 하나의 뷰 컨트롤러와 윈도우에 붙어 있는 하나의 뷰가 있는 프로젝트가 생성됩니다. 왼쪽의 Groups&Files에서 classes 폴더를 열어보면 ProjectNameViewController.h와 ProjectNameViewController.m, ProjectNameAppDelegate.h, ProjectNameAppDelegate.m 파일이 있는 것을 볼 수 있습니다. 뷰 컨트롤러에 대한 자세한 내용은 다음 장에서 살펴보고 일단은 뷰의 계층 구조를 살펴보기 위해 ProjectName ViewController.m 파일 안의 loadView 메소드를 변경해 보겠습니다.

1 UIViewController의 loadView

① 예제 : subView 트리 만들기 및 subView 순서 바꾸기

```objc
-(void) loadView {
        // 최상위 뷰 만들기
        CGRect applicationRect = [[UIScreen mainScreen] applicationFrame];
        UIView *rootView = [[UIView alloc] initWithFrame: applicationRect];
        rootView.backgroundColor = [UIColor blackColor];

        // 최상위 뷰를 현재 뷰 컨트롤어의 뷰로 만든다
        self.view = rootView;
        [rootView release];

        // 서브 뷰를 계층적으로 추가한다
        UIView *subView1 = [[UIView alloc] initWithFrame: CGRectMake( 30.0f, 30.0f,
200.0f,
200.0f ) ];
        subView1.backgroundColor = [UIColor whiteColor];
        [rootView addSubview:subView1];
        [subView1 release];

        UIView *subView2 = [[UIView alloc] initWithFrame: CGRectMake( 30.0f, 30.0f,
200.0f,
200.0f ) ];
        subView2.backgroundColor = [UIColor redColor];
        [subView1 addSubview:subView2];
        [subView2 release];

        UIView *subView3 = [[UIView alloc] initWithFrame: CGRectMake( 30.0f, 30.0f,
200.0f,
200.0f ) ];
        subView3.backgroundColor = [UIColor blueColor];
        [subView2 addSubview:subView3];
        [subView3 release];

        UIView *subView4 = [[UIView alloc] initWithFrame: CGRectMake( 60.0f, 60.0f,
200.0f,
200.0f ) ];
        subView4.backgroundColor = [UIColor greenColor];
        [subView2 addSubview:subView4];
        [subView4 release];
```

```
    // subView3 를 앞으로 가져오기
    [subView2 bringSubviewToFront: subView3];
}
```

생성한 뷰는 계층을 이루며 rootView 〉 subView1 〉 subView2 〉 subView 3 / subView 4의 트리 구조를 이룹니다. subview1~3의 프레임이 동일한 데도 결과적으로 층이 진 모양으로 배치되는 것을 유의해 보시길 바랍니다. 동일한 부모를 가진 subView3과 subView4의 순서가 어떻게 되는지, 그리고 subView3을 앞으로 가져왔을 때의 변화를 주의하세요. 하위 뷰의 프레임은 부모 뷰의 프레임을 기준으로 정의되지만 부모 뷰의 프레임을 벗어나더라도 그려지게 됩니다. 자식 뷰가 부모 뷰의 프레임 영역을 벗어났을 때 그려지지 않게 하고 싶다면 부모 뷰의 clipsToBounds 속성을 YES로 설정하면 됩니다. 기본 값은 NO이기 때문에 영역을 벗어나도 전부 그려지게 됩니다.

▲ 뷰 계층구조

Lesson 03 이벤트 처리

뷰의 또 하나의 큰 기능인 사용자 인터렉션에 대해서 살펴봅시다. iOS 애플리케이션에서 가장 기본적인 사용자 인터렉션은 화면을 터치하는 방법입니다. 터치 입력을 처리하기 위해서는 아래 메소드에 필요한 기능을 넣어주면 됩니다.

```
    // 터치가 시작되었을 때(화면에 손가락이 닿는 순간) 발생한다.
    - (void)touchesBegan:(NSSet *)touches withEvent:(UIEvent *)event
```

```
// 손가락이 움직였을 때 발생한다
- (void)touchesMoved:(NSSet *)touches withEvent:(UIEvent *)event
// 하나 이상의 손가락이 화면에서 떨어지는 순간 발생한다
- (void)touchesEnded:(NSSet *)touches withEvent:(UIEvent *)event
```

이번 예제에서는 UIView를 상속한 뷰 클래스를 하나 생성하고, 터치 입력을 받아 드래그 할 수 있는 애플리케이션을 만들어 보겠습니다.

❶ 예제

```
@interface MovableSquareView : UIView {
        CGPoint startPoint;
}
@end


@implementation MovableSquareView
-(void)touchesBegan:(NSSet *)touches withEvent:(UIEvent *)event {
        startPoint = [[touches anyObject] locationInView:self];
        [[self superview] bringSubviewToFront: self];
        self.backgroundColor = [UIColor redColor];
}


-(void)touchesMoved:(NSSet *)touches withEvent:(UIEvent *)event {
        CGPoint touchPoint = [[touches anyObject] locationInView:self];
        CGRect newFrame = self.frame;
        newFrame.origin.x += touchPoint.x - startPoint.x;
        newFrame.origin.y += touchPoint.y - startPoint.y;
        [self setFrame: newFrame];
        self.backgroundColor = [UIColor yellowColor];
}


-(void)touchesEnded:(NSSet *)touches withEvent:(UIEvent *)event {
        self.backgroundColor = [UIColor greenColor];
}


@end


- (void)loadView {
        CGRect applicationRect = [[UIScreen mainScreen] applicationFrame];
        UIView *rootView = [[UIView alloc] initWithFrame: applicationRect];
```

```objc
rootView.backgroundColor = [UIColor blackColor];
self.view = rootView;
[rootView release];

CGRect rect = CGRectMake(16.0f, 16.0f, 16.0f, 16.0f);
for (int i=0; i < 5; i++) {
        rect.size.width += 16;
        rect.size.height += 16;
        rect.origin.y += rect.size.height;
        MovableSquareView *subView = [[MovableSquareView alloc] initWithFrame:
rect];

        subView.backgroundColor = [UIColor blueColor];
        [subView setUserInteractionEnabled: YES];
        [rootView addSubview: subView];
        [subView release];
}
}
```

TouchesBegan에서는 화면을 터치한 지점의, 현재 뷰에 대한 상대 좌표를 저장하고, TouchesMoved가 발생했을 때 손가락을 따라 움직이도록 뷰의 frame의 원점을 바꾸어 줍니다. 이렇게 하면 뷰는 손가락을 따라 자연스럽게 움직이게 할 수 있습니다. 추가로, 터치가 시작되었을 때, 움직였을 때, 떼었을 때 뷰의 배경 색을 바꾸어 어떤 Touch 상태에 있는지 알려주게 하였습니다.

▲ 뷰 터치 예제

Lesson 04   애니메이션

UIView 애니메이션은 뷰의 변화를 일정 시간동안 점진적으로 변하게 보여주는 매우 쉬운 방법입니다.
이러한 애니메이션은 사용자 경험을 풍부하게 하고 변화의 과정을 직관적으로 사용자에게 전달할 수 있
습니다.

뷰에서 애니메이션 가능한 속성값 변화는 아래와 같습니다.

- 위치 : 뷰의 이동
- 크기 : 뷰의 프레임 사이즈 변경
- 투명도 : 뷰의 알파 값 변경
- 회전 : 뷰의 회전

뷰의 애니메이션은 beginAnimation:context에서부터 시작하여 commitAnimation에서 끝나게 됩니다.
애니메이션의 시작과 끝 사이를 애니메이션 블록이라고 부르고, 이 사이에서 뷰의 속성을 변화시키면 이전
상태에서부터 점진적으로 변화하는 애니메이션이 자동으로 생성됩니다.

위의 터치를 통한 상호작용 예제에, 간단한 뷰의 애니메이션을 추가해 보겠습니다.

❶ 예제

```objectivec
@interface MovableSquareView : UIView {
        CGPoint startPoint;
        CGPoint startLocation;
}

@end


-(void)touchesBegan:(NSSet *)touches withEvent:(UIEvent *)event {
        startPoint = [[touches anyObject] locationInView:self];
        startLocation = self.frame.origin; // 뷰의 초기 위치 저장
        [[self superview] bringSubviewToFront: self];
        self.backgroundColor = [UIColor redColor];
}


-(void)touchesEnded:(NSSet *)touches withEvent:(UIEvent *)event {
        CGRect newFrame = self.frame;
        newFrame.origin = startLocation;
        [UIView beginAnimations: nil context: NULL];
        [UIView setAnimationDuration: 0.3f];
        [self setFrame: newFrame];
```

```
    self.backgroundColor = [UIColor greenColor];
    [UIView commitAnimations];
}
```

이전 예제의 코드에서 변경된 부분만 보도록 하죠. 터치가 끝났을 때, 뷰가 원래 시작지점으로 돌아가도록 하기 위해서 시작 지점의 위치를 저장할 변수를 추가하였습니다. 그리고 터치가 시작될 때(touchesBegan) 뷰의 초기 위치를 저장한 후, 터치가 끝날 때 애니메이션 블록 안에서 프레임을 초기 상태로 복구시켜 주었습니다. setAnimationDuration 메소드를 사용하여 0.3초 동안 뷰가 처음 상태로 돌아가도록 하였고, 위치 변화 뿐 아니라 배경색을 바꾸어 주어서 애니메이션 동안 점차 녹색으로 변화하도록 설정하였습니다. 그리고 commitAnimations로 애니메이션 블록을 닫아주어 간단하게 애니메이션을 추가하였습니다.

04 Chapter · 뷰 컨트롤러

오늘날 대부분의 GUI(Graphic User Interface) 기반 OS들은 소프트웨어 개발의 표준 아키텍쳐로서 MVC 아키텍쳐를 지원하고 있습니다. (MVC는 '모델(Madel)', '뷰(View)', '컨트롤러(Controller)'의 약자입니다.) 애플에서 제공하는 개발 프레임워크 역시 이 MVC 아키텍쳐 사상을 따르고 있는데 간단히 말해서 MVC 아키텍쳐는 모든 애플리케이션이 데이터를 입력받거나 출력하기 위한 뷰, 입력받은 데이터를 처리하고 처리한 결과 데이터를 출력하는 컨트롤러, 그리고 처리할 데이터 또는 처리된 데이터를 파일이나 메모리 또는 데이터베이스에 보관하기 위한 데이터영역(모델)으로 구성되어 있으므로 이 3가지 모듈 사이의 인터페이스를 잘 정의하고 각각을 별도로 개발, 관리하도록 하는 개념입니다.

MVC 아키텍쳐를 자세히 이해하기 위해 전화주문을 예로 들어보겠습니다.

여러분이 카메라를 주문하기 위해 상담원과 통화를 할 경우 상담원은 여러분의 주문을 들어주고 이를 바탕으로 카메라의 재고현황, 배달가능한 날짜 등의 정보를 제공해줄 것입니다. 하지만, 상담원이 창고에 달려가서 재고현황을 파악하는 것은 아니며 주문완료된 카메라를 직접 여러분에게 배달해주는 것도 아닙니다. 상담원은 고객의 주문내역을 파악하고 주문이 성사되기 위해 적절히 고객을 응대하기 위해 존재합니다. 재고 현황 및 관리는 별도의 스텝(또는 시스템)이 처리하고 주문된 상품의 배달은 별도의 택배회사가 담당하게 됩니다. 즉, 주문 처리를 위해 필요한 각 업무별로 분담해서 처리하고 각 업무를 처리하는 담당자가 서로 주고받을 내용을 약속(인터페이스)하여 효율성을 높일 수 있습니다.

이와 같이 MVC 기반 아키텍쳐는 사용자의 입력을 받고 사용자에게 결과를 표시하기 위한 뷰(View) 부분, 사용자에게 보여줄 결과를 처리하기 위해 필요한 기반 데이터들(마치 재고현황 데이터처럼)을 장기적으로 보관하기 위한 모델(Model) 부분 그리고 뷰로 부터 받은 고객 데이터를 계산하거나 모델에서 제공받은 데이터를 가공하여 사용자에게 보여주기 위한 컨트롤러(Controller) 부분을 분리하여 개발할 수 있기 위한 설계사상을 제공해줍니다. 소프트웨어를 개발할 때 이렇게 모델, 뷰, 컨트롤러의 각 모듈간에 어떻게 데이터와 이벤트를 주고받을지에 대한 규약을 정하고 각 모듈별로 나누어 개발하면 효율성과 재사용성이 높아지고 소프트웨어를 유지보수하기 매우 편리해집니다.

Lesson 02 뷰 컨트롤러, 넌 누구냐?

아이폰 SDK에서 뷰(View)는 MVC 아키텍쳐의 '뷰'에 해당되고 뷰 컨트롤러(View Controller)는 '컨트롤러'에 해당됩니다. 이와 같이 뷰 컨트롤러는 뷰와 밀접하게 연결되어 있어서 뷰로부터의 이벤트를 처리하고 뷰가 필요한 데이터를 제공해주는 역할을 수행합니다.

예를 들어, 다음의 그림과 같이 여러분이 아이폰 화면을 통해 트위터 회원가입을 한다고 가정합시다. 여러분은 회원가입 화면에서 사용하고자 하는 계정 및 암호를 입력하고 '가입하기' 버튼을 선택할 것이고 만일 다른 문제가 발생하지 않는 한 트위터 서버에서 여러분의 가입요청을 처리한 뒤 아이폰 화면에 "가입이 완료되었습니다"라는 메시지를 출력할 것입니다. 이때, 여러분이 트위터 가입을 위해 아이디와 암호를 입력하고 가입요청 버튼을 선택할 것이고 이에 대해 트위터 어플은 여러분에게 가입완료 메시지를 출력합니다. 여기서 여러분이 입력한 아이디, 암호값을 가지고 있는 것이 바로 뷰이고 여러분이 선택한 버튼에 대한 버튼 이벤트를 처리하는 것이 뷰 컨트롤러입니다. 뷰 컨트롤러는 회원가입을 서버에 요청하기 위해 필요한 아이디,암호 정보를 뷰로 부터 제공받아 서버에 전송하고 서버로부터 가입완료를 통보받으면 화면에 메시지를 출력하기 위해 메시지 뷰를 생성하여 화면에 표시할 것을 메시지 뷰에게 요청하게 됩니다.

어떤가요? 각 파트별로 매우 논리적이고 체계적으로 협동하여 일을 처리하고 있지 않습니까?

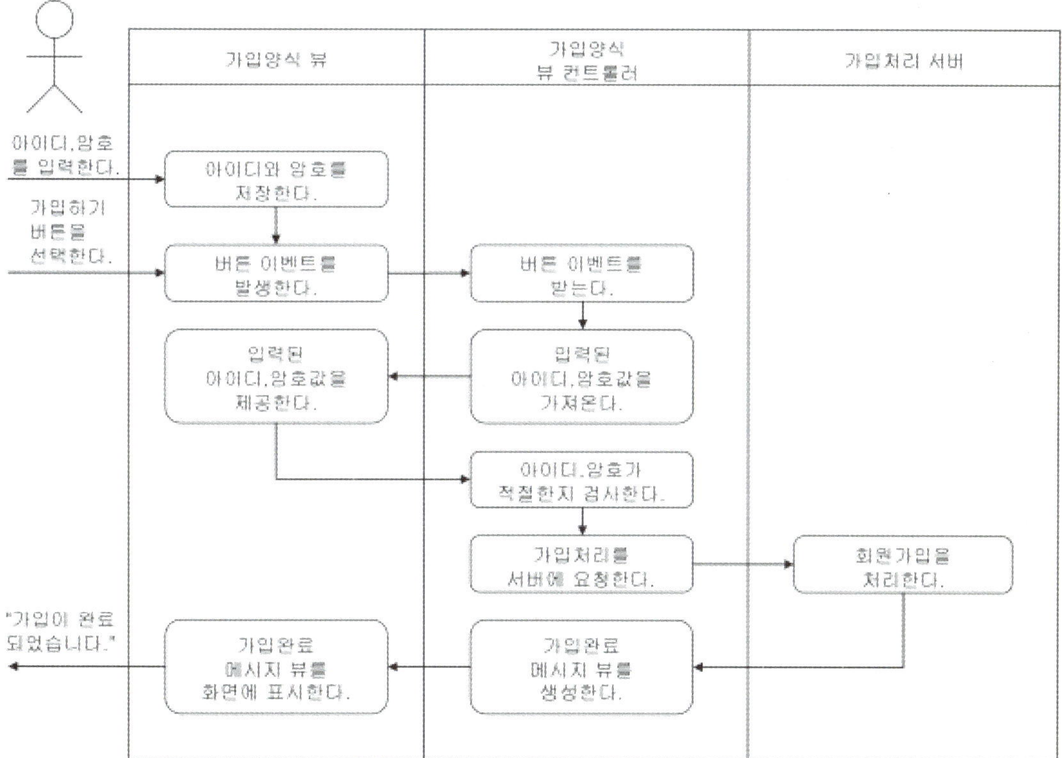

▲ 트위터 가입처리에 대한 활동 흐름도

아이폰 SDK에서는 UIViewController 클래스가 뷰 컨트롤러의 역할을 수행합니다. UIViewController 클래스는 UIResponder라는 클래스를 상속하고 있는데 UIResponder에는 다음과 같이 표준 GUI 이벤트(포커스이동, 터치, 모션 등)를 처리하기 위한 메소드들이 정의되어 있습니다.

리스폰더 체인을 관리하기 위한 메소드
- nextResponder
- isFirstResponder
- canBecomeFirstResponder
- becomeFirstResponder
- canResignFirstResponder
- resignFirstResponder

입력뷰를 관리하기 위한 프로퍼티/메소드
inputView (프로퍼티)
inputAccessoryView (프로퍼티)
- reloadInputViews

터치 이벤트를 처리하기 위한 메소드
- touchesBegan:withEvent:
- touchesMoved:withEvent:
- touchesEnded:withEvent:
- touchesCancelled:withEvent:

터치 모션 이벤트를 처리하기 위한 메소드
- motionBegan:withEvent:
- motionEnded:withEvent:
- motionCancelled:withEvent:

UIViewController 객체 또는 UIViewController 클래스를 상속한 하위 클래스의 객체가 이 이벤트들을 처리하기 위해 이 메소드들을 사용하거나 재정의(overriding)하게 됩니다. 이 메소드들을 보면 뷰 컨트롤러가 사용자 이벤트를 직접 처리할 수 있다는 것을 알 수 있습니다.

다음은 UIViewController 클래스에 정의되어 있는 주요 메소드, 프로퍼티들을 나열하였습니다.

뷰컨트롤러의 초기화 메소드
- initWithNibName:bundle: …(1)

뷰를 관리하기 위한 프로퍼티/메소드
view (프로퍼티) …(2)
- loadView
- viewDidLoad …(3)
- viewDidUnload …(4)

뷰 이벤트를 처리하기 위한 메소드
    - viewWillAppear: …(5)
    - viewDidAppear: ..(6)
    - viewWillDisappear:
    - viewDidDisappear:

모달뷰(Modal View)를 처리하기 위한 프로퍼티/메소드
    - presentModalViewController:animated: …(7)
    - dismissModalViewControllerAnimated:
    modalTransitionStyle (프로퍼티)
    modalPresentationStyle (프로퍼티)

위에 나열한 메소드들에서

(1)번은 뷰 컨트롤러를 프로그래밍적으로 생성할 때 사용하는 초기화 메소드로서 뷰 컨트롤러가 소유할 xib 파일명을 파라미터로 넣어주도록 되어있습니다. 만일 인터페이스 빌더를 통해 Xib 파일을 설정하였을 경우, 자동적으로 호출됩니다. 이 장의 두 번째 예제('MultiLang' 애플리케이션)에서 이 메소드를 살펴보도록 할 것입니다.

(2)번은 잘 아시다시피 뷰 컨트롤러가 관리하는 최상위 뷰인 루트 뷰(Root View) 객체를 나타내는 프로퍼티입니다.

(3)번과 (4)번은 각각 루트 뷰 및 루트 뷰의 하위 뷰들이 모두 로드되었을 때, 그리고 이 뷰들이 메모리에서 제거되기 전에 호출되는 메소드로서 UIViewController의 하위 클래스를 작성할 때 이 메소드들을 오버라이딩(Overriding)하여 필요한 코드를 작성하면 됩니다.

(5)번과 (6)번은 각각, 루트 뷰가 화면에 보여지기 바로 전, 그리고 화면에 보여지고 난 뒤에 호출되는 메소드로서, 루트 뷰가 메모리에 로드되어 있지만 화면에 표시하거나 표시하지 않는 경우가 있으므로 이때 수행할 코드를 작성하기 위해 필요한 메소드입니다.

(7)번은 현재 화면에 띄워진 루트 뷰 위에 '모달 방식(modal-style)' 으로 다른 루트 뷰를 띄우기 위해 사용되는 메소드로서, 보통 애플리케이션의 여러 '설정 사항(configuration)'들을 설정하기 위해 잠시 띄웠다가 설정 후 사라지게 할 화면을 띄울 때 주로 사용합니다. 자세한 사용법은 뒤에 나오는 예제에서 다루어보도록 하겠습니다.

Lesson 03 — 간단한 뷰 컨트롤러 다루기 : SimpleCalc 애플리케이션

뷰 컨트롤러에 대한 이해를 돕기 위해 'SimpleCalc' 라는 간단한 계산기 애플리케이션을 직접 작성해보도록 하겠습니다. 이 애플리케이션은 사용자로부터 2개의 숫자를 입력받고 '+' 버튼을 클릭하면 입력받은 2개의 숫자를 더한 값을 화면에 표시하는 간단한 기능을 수행합니다.

Section 01 프로젝트 생성하기

Xcode를 이용하여 'File > New Project' 메뉴를 선택하고 'New Project' 대화상자에서 좌측의 'iOS' 패널상 'Application' 항목을 선택한 후 우측에서 'View-based Application' 항목을 선택합니다. 'Next' 버튼을 선택한 뒤 프로젝트명을 'SimpleCalc'로 하여 뷰 기반의 애플리케이션을 생성합니다.

Section 02 생성된 뷰 컨트롤러 살펴보기

프로젝트 생성 후 Xcode 화면의 좌측 Groups & Files 목록상의 'SimpleCalc' 프로젝트 폴더 밑에 Classes 폴더를 보면 다음 그림과 같이 'SimpleCalcViewController.h'와 'SimpleCalcViewController.m' 2개의 파일이 생성된 것을 볼 수 있습니다. 여기서 SimpleCalcViewController.h 파일을 열어보면 SimpleCalcViewController 클래스가 UIViewController 클래스로부터 상속받은 하위 클래스인 것을 확인할 수 있습니다.

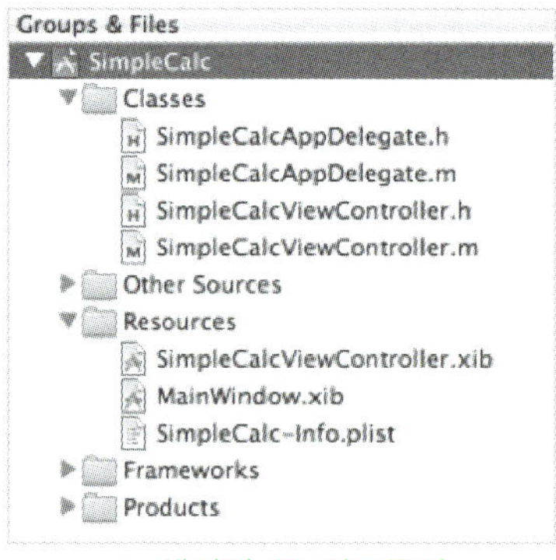

▲ 생성된 뷰 컨트롤러

Section 03 화면 GUI 설계하기

이번에는 계산기 화면의 GUI를 설계하도록 하겠습니다.

먼저, Groups & Files 목록의 Resources 폴더에서 'SimpleCalcViewController.xib' 파일을 더블클릭하여 인터페이스 빌더상에 띄웁니다. 인터페이스 빌더의 객체 목록 창에서 'View' 객체 아이콘을 더블클릭하여 뷰에 대한 화면 편집 창을 띄웁니다. 이 창은 뷰 컨트롤러가 관리하는 루트 뷰에 대한 편집 창입니다.

화면 편집 창을 보면 현재 뷰의 바탕색이 회색으로 되어 있는 것을 확인할 수 있습니다. 루트 뷰에는 애플리케이션의 기능에 따라 다양한 GUI 컴포넌트들(버튼, 입력 필드, 하위 뷰, 탭바, 테이블 뷰 등)이 배치되는데 보통 테이블 뷰나 스크롤 뷰 또는 하위 뷰 등 루트 뷰의 영역을 가리는 하위 뷰들이 배치되므로 루트 뷰의 바탕색이 화면에 보일 경우가 없지만, 이번 예제에서는 UILabel, UITextField 및 UIButton만 배치될 것이므로 바탕색이 화면에 나타나게 되어 보기에 좋지 않습니다. 따라서, 바탕색을 흰색으로 바꾸도록 하겠습니다.

뷰에 대한 화면 편집 창을 띄운 상태에서, 인터페이스 빌더의 메인 메뉴에서 'Tools 〉 Attributes Inspector'를 선택하여 어트리뷰트 인스펙터 창(Attributes Inspector Window)을 띄웁니다. 어트리뷰트 인스펙터 창에서 뷰의 바탕색을 바꾸기 위해 'background' 항목의 색깔을 흰색으로 바꿉니다.

루트 뷰의 바탕색이 흰색으로 바뀌었으면 이제 화면 편집 창에 다음 그림과 같이 화면을 설계합니다. 인터페이스 빌더의 메인 메뉴에서 'Tools 〉 Library'를 선택하여 라이브러리 창을 띄웁니다. 라이브러리 창에는 화면 편집 창에 배치할 수 있는 다양한 GUI 컴포넌트 및 객체 목록 창에 배치할 수 있는 여러 객체들이 포함되어 있습니다.

화면 편집 창에 다음 그림과 같이 컴포넌트들을 배치하도록 합니다. 우선, 라이브러리 창으로부터 레이블 (UILabel) 컴포넌트를 드래그하여 화면 편집 창에 놓고 텍스트를 '숫자1:'로 입력합니다. 마찬가지로 레이블 컴포넌트를 하나 더 배치하고 더블클릭하여 '숫자2:'로 입력하고 하나 더 배치하여 '계산결과:'로 입력합니다. 그리고 UITextField 컴포넌트 2개를 배치하고 UIButton 컴포넌트를 가져와 텍스트를 '+'로 입력합니다. 마지막으로 계산한 결과값을 표시할 레이블을 위해 UILabel 컴포넌트를 가져와 배치하고 텍스트값을 지우도록 합니다.

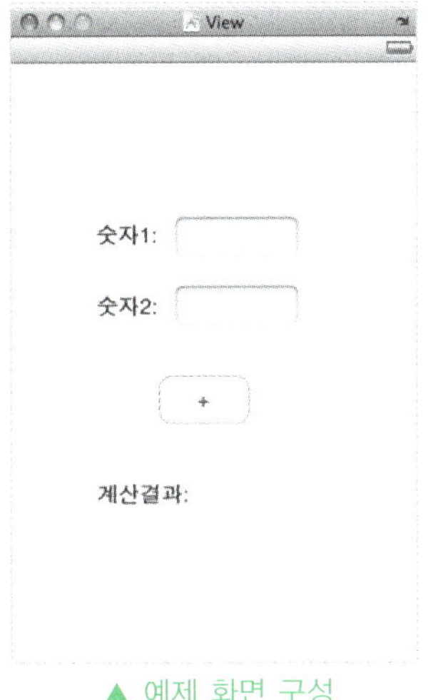

▲ 예제 화면 구성

모든 화면 설계가 완료되었으면 xib 파일을 저장합니다.

Section 04   일단 실행하기

이제까지 작업한 결과를 아이폰 시뮬레이터를 통해 실행해보겠습니다.

Xcode상의 'Build 〉 Build and Debug' 메뉴를 선택하여 작업한 결과를 빌드하고 수행해보면 다음 그림과 같은 화면이 아이폰 시뮬레이터에 나타날 것입니다.

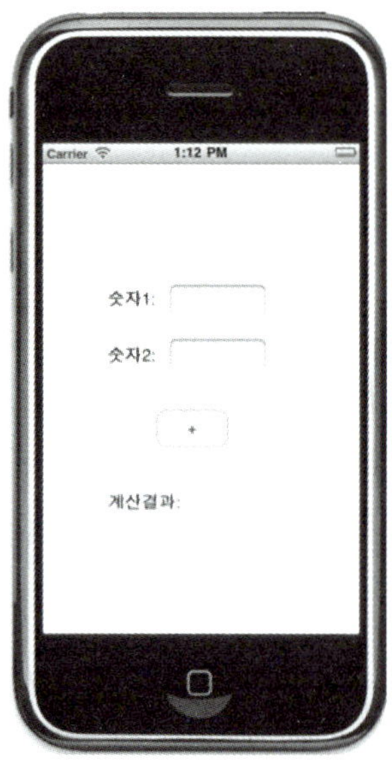

▲ 실행 결과

시뮬레이터상의 두 입력 필드에 각각 '3'과 '5'를 입력하고 '+' 버튼을 선택하면 '8'이라는 결과가 표시되어야겠지만 실제 화면에는 아무런 변화도 없습니다. 왜 그럴까요? 네, 그렇습니다. 여러분은 현재까지 계산기 애플리케이션의 GUI만을 설계했을 뿐 실제 애플리케이션이 작동하기 위해 필요한 코딩을 'SimpleCalcViewController'에 정의하지 않았습니다. 그럼 이제부터 그 작업을 해보겠습니다.

Section 05   입력 필드와 결과 레이블을 아울렛으로 정의하기

'SimpleCalc' 애플리케이션에서 사용자가 입력한 숫자를 얻거나 계산된 결과를 화면에 표시하기 위해서는 SimpleCalcViewController 객체가 이들 정보를 가진 UITextField 컴포넌트들과 UIButton 컴포넌트 및 UILabel 컴포넌트를 조작할 수 있어야 합니다.

구체적으로, 입력된 숫자값을 가진 2개의 UITextField 컴포넌트에서 숫자값을 얻어올 수 있어야 하고 계산된 결과값을 화면에 표시하기 위해 UILabel 컴포넌트에 값을 넣을 수 있어야 합니다.

하지만 이들 객체는 여러분이 프로그래밍적으로 생성한 것이 아니라 인터페이스 빌더를 통해 생성한 것이므로 코드상에 존재하지 않고 MainView.xib상에 동결되어 애플리케이션 실행시 로딩되어 화면에 표시될 뿐입니다.

그렇다면 이들 컴포넌트를 코드상에서 조작할 수 있는 방법은 없는 걸까요? 다행히 가능합니다.

이를 해결할 수 있는 방법은 2가지가 있는데, 첫 번째는 인터페이스 빌더를 이용하지 않고 직접 프로그래 밍적으로 2개의 UITextField 클래스의 객체와 UILabel 클래스의 객체를 생성하여 사용하는 방법이 있고 두 번째는 '아울렛(Outlet)' 메커니즘을 이용하여 인터페이스 빌더로 설계한 화면상의 GUI 컴포넌트와 뷰 컨트롤러상에 선언한 GUI 객체변수를 연결(binding)시키는 방법입니다.

여기서 전자의 방법은 복잡하여 설명할 것이 많으므로 나중에 다시 언급하기로 하고 인터페이스 빌더를 이용하는 후자의 방법을 사용하도록 하겠습니다.

먼저, SimpleCalcViewController.h 파일에 다음과 같이 3개의 GUI 객체변수를 선언합니다.

```
@interface SimpleCalcViewController : UIViewController {

@protected
        IBOutlet UITextField *num1;
        IBOutlet UITextField *num2;
        IBOutlet UILabel *result;
}

@property (nonatomic, retain) UITextField *num1;
@property (nonatomic, retain) UITextField *num2;
@property (nonatomic, retain) UILabel *result;
```

그리고 SimpleCalcViewController.m에 다음과 같이 정의합니다.

```
@synthesize num1, num2;
@synthesize result;
 ...
- (void) dealloc {
        [self.num1 release];
        [self.num2 release];
        [self.result release];
}
```

위에서 'IBOutlet' 키워드는 이 객체변수가 아울렛 지정을 위해 사용된다는 정도로만 알아두시고 자세한 것은 뒤에 설명하도록 하겠습니다.

저장하고 'SimpleCalcViewController.xib' 파일을 더블클릭하여 인터페이스 빌더상에 띄웁니다. 인터페이스 빌더의 객체 목록 창에서 SimpleCalcViewController 객체 아이콘을 더블클릭하여 위에서 설계한 편집 화면 창을 띄웁니다. 이 상태에서 객체 목록 창의 'File's Owner' 객체 아이콘을 선택하고 Ctrl 를 누른 상태에서 드래그하여 편집 화면 창의 첫 번째 입력 필드에 놓습니다.

그러면 다음 그림과 같이 '커넥션 창'이 뜨는데 여기를 자세히 보면 위에서 입력한 GUI 객체변수들의 목록이 있습니다. 여기서 'num1' 변수를 선택하면 이 UITextField 컴포넌트와 num1 객체변수가 연결되어 사용자가 이 입력 필드에 입력한 값을, SimpleCalcViewController에서 정의한 어떤 메소드 내에서도 self.num1.text를 통해 얻어낼 수 있게 됩니다.

여기서 'File's Owner' 객체는 'SimpleCalcViewController.xib' 파일을 소유하는 객체 즉, 'SimpleCalcViewController' 뷰 컨트롤러를 가리킵니다. 이를 확인하려면 'File's Owner' 객체 아이콘을 선택한 뒤 인터페이스 빌더의 메인 메뉴에서 'Tools 〉 Identity Inspector'를 선택하여 '아이덴터티 인스펙터 창(Identity Inspector Window)'을 띄우고 이 창에서 'Class' 항목을 보면 'SimpleCalc ViewController' 클래스로 지정되어 있는 것을 알 수 있습니다.

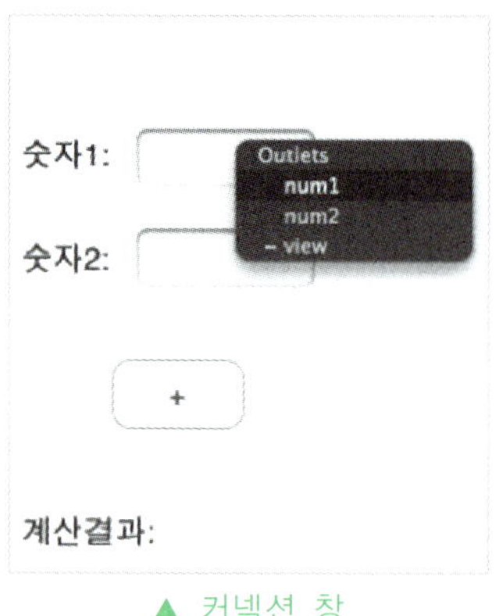

▲ 커넥션 창

마찬가지로 num2 객체변수와 두 번째 입력 필드를 위에서 수행한 동일한 방법으로 아울렛으로 연결하도록 합니다.

마지막으로 입력된 2개의 숫자를 계산한 결과를 화면에 출력하기 위해 result 객체 변수와 결과값을 표시하는 UILabel 컴포넌트를 위와 같은 방법으로 연결하도록 합니다.

이제 사용자가 화면에서 입력한 2개의 숫자값과 계산된 결과값을 출력할 곳을 프로그래밍적으로 참조할 수 있게 되었습니다.

Section 06 버튼에 대한 액션 메소드 지정하기

사용자가 '+' 버튼을 클릭했을 때 화면에 계산된 결과값을 출력하기 위해서는 ' 버튼 선택 이벤트' 발생 시 호출할 메소드를 지정하는 것입니다.

SimpleCalcViewController.h에 다음과 같이 메소드를 선언합니다.

```
#import <UIKit/UIKit.h>

@interface SimpleCalcViewController : UIViewController {
```

```objc
@protected
        IBOutlet UITextField *num1;
        IBOutlet UITextField *num2;
        IBOutlet UILabel *result;
}


@property (nonatomic, retain) UITextField *num1;
@property (nonatomic, retain) UITextField *num2;
@property (nonatomic, retain) UILabel *result;


- (IBAction) clickPlusButton:(id)sender;
```

이와 같이 GUI 이벤트가 발생할 때 호출되는 메소드를 '액션(Action) 메소드' 라고 합니다. 이런 액션 메소드를 선언할 때는 반환타입을 IBAction으로 하여 인터페이스 빌더가 인식할 수 있도록 하고 'id' 타입의 파라메터를 선언하여 이 이벤트를 발생시킨 객체로부터 정보를 얻을 수 있도록 합니다.

자, 그럼 계속해서 SimpleCalcViewController.m에 실제 2개의 입력값을 더하여 결과를 출력하기 위한 코드를 포함할 'clickPlusButton' 메소드를 정의하도록 하겠습니다.

```objc
- (IBAction) clickPlusButton:(id)sender {
        int nNum1 = [self.num1.text intValue]; ...(1)
        int nNum2 = [self.num2.text intValue];
        self.result.text = [NSString stringWithFormat:@"%d", (nNum1+nNum2)];
}
```

위의 코드에서 (1)번 문장을 보면 self.num1.text에 아울렛으로 연결된 UITextField 컴포넌트로부터 입력받은 값(문자열)을 'intValue' 메소드를 통해 숫자로 변환한 뒤 'nNum1' 변수에 넣고 있습니다. 이렇게 받은 2개의 숫자값을 더하여 그 결과값을 문자열로 변환한 뒤 최종적으로 결과값을 출력할 레이블과 연결되어 있는 self.result 변수의 'text' 프로퍼티에 넣고 있습니다. 자, 이제 애플리케이션을 빌드하고 실행해보시길 바랍니다.

Section 07 애플리케이션의 동작 메커니즘을 이해하자

'SimpleCalc' 예제를 통해 아이폰 애플리케이션의 대략적인 동작 방법을 이해하였으리라 생각합니다. 하지만 인터페이스 빌더에서 설계한 화면이 실제 아이폰에 나타나기까지 애플리케이션 델리게이트, 뷰 컨트롤러 및 뷰가 어떻게 연동되는지에 대한 궁금증은 해소하지 못하셨을 거라 생각합니다. 필자 역시 다른 분야의 개발자로서 일하다 아이폰을 처음 접하고 아이폰 개발자로 개발을 시작할 당시 가장 헷갈리고 궁금하던 사항이 바로 이것이었습니다.

자, 그럼 이제부터 여러분이 개발한 SimpleCalc 예제 애플리케이션을 자세히 살펴볼까요?

먼저, 아이폰 애플리케이션이 실행될 때 수행되는 구체적인 과정을 살펴보겠습니다.

❶ 아이폰 애플리케이션이 시작되면, main.m에 정의된 main 함수가 실행되고 다시 main 함수 내에서 UIApplicationMain 함수가 실행됩니다.

❷ UIApplicationMain 함수가 실행되면 SimpleCalc-Info.plist 파일 내에 정의된 프로퍼티 항목 중 'Main nib file base name'에 정의된 xib 파일(기본으로 MainWindow.xib)이 로딩되고 여기에 정의된 객체들이 차례로 생성됩니다.

❸ MainWindow.xib 파일을 인터페이스 빌더로 열어보면 다음 그림과 같이 여러 객체들이 있는데 다음과 같이 3개의 주요 객체가 포함되어 있습니다.
- SimpleCalc App Delegate(SimpleCalcAppDelegate 객체)
- SimpleCalc View Controller(SimpleCalcViewController 객체)
- Window(Window 객체)

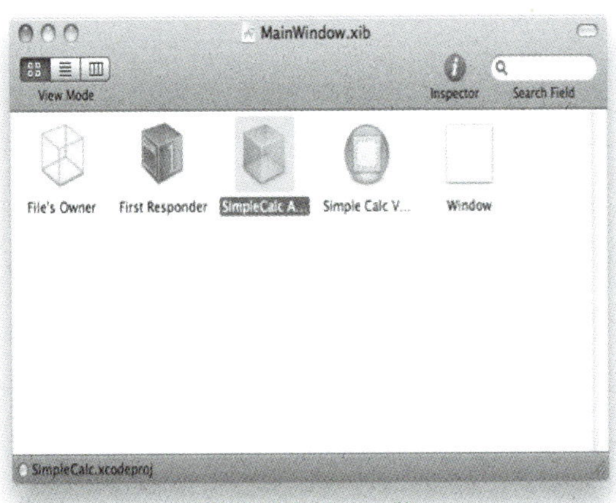

▲ MainWindow.xib

이 3개의 객체가 애플리케이션 실행시 모두 생성되고 객체화됩니다. 이들 중 'SimpleCalcApp Delegate' 객체는 특수한 객체로서, 애플리케이션에서 발생하는 여러 이벤트들(애플리케이션이 실행되었다, 애플리케이션 종료하려고 한다 등)에 대해 처리해야 할 일들이 있을 경우 이에 대한 코드를 작성할 수 있도록 하여 애플리케이션이 할 일을 위임받아 대신 수행하는 객체입니다.(그래서 이름을 애플리케이션 델리게이트라고 합니다)

코드상에서 다음과 같이 애플리케이션 델리게이트 객체를 얻어낼 수 있습니다.

```
delegate = (SimpleCalcAppDelegate *)[UIApplication sharedApplication].delegate;
```

애플리케이션이 실행된 직후에 처리할 일들이 있다면 '- (void)applicationDidFinishLaunching: (UIApplication *)application' 메소드에 적당한 코드를 작성해주면 됩니다. 'View-based Applicaton' 프로젝트 템플릿을 적용했을 때에 이 메소드에 기본적으로 작성된 코드는 다음과 같습니다.

```
- (void)applicationDidFinishLaunching:(UIApplication *)application {
  [window addSubview:viewController.view]; …..(1)
  [window makeKeyAndVisible]; …..(2)
  …
```

위의 코드에서 window 객체와 viewController 객체는 MainWindow.xib에 의해 생성된 객체들입니다. 이 객체들이 어떻게 SimpleCalcAppDelegate의 멤버 객체로 포함되어 있을까요? 이것은 여러분이 처음에 프로젝트를 생성할 때 'View based Application' 템플릿을 선택했기 때문에 시스템이 자동으로 연결한 것입니다. MainWindow.xib 파일을 더블클릭하여 인터페이스 빌더를 띄운 뒤 객체 목록 창에서 'SimpleCalc App Delete' 객체 아이콘을 선택하고 인터페이스 빌더의 메인 메뉴에서 'Tools 〉 Connections Inspector'를 선택하여 '커넥션 인스펙터 창(Connections Inspector Window)'을 띄웁니다. 이 창의 'Outlets' 파트를 보면 2개의 객체(window 객체와 SimpleCalcViewController 객체)가 아울렛으로 연결되어 있는 것을 확인할 수 있습니다. 따라서, 코드 내에서 멤버 객체로서 참조할 수 있게 되는 것입니다.

아이폰 애플리케이션에서 window는 유일하게 하나만 존재하고 크기 또한 아이폰 해상도 전체를 차지하며 자식으로 UIView 객체를 하나 가집니다. 이 UIView 객체를 '루트 뷰(root view)' 객체라고 하는데 위의 코드에서 (1)번 문장과 같이 viewController.view 객체를 window 객체의 루트 뷰 객체로 지정하고 있습니다. 그리고 (2)번과 같이 화면에 윈도우를 출력하여 윈도우에 속한 모든 하위 뷰들을 화면에 표시하도록 하고 있습니다.

자, 그럼 이제 SimpleCalc View Controller 객체를 살펴볼까요?

아이폰 SDK에서 뷰 컨트롤러는 매우 중요한 존재로서 하나의 화면(보통 애플리케이션이 여러 개의 화면으로 구성되어 있는데 각 화면을 나타냄)에서 일어나는 모든 일을 관장하기 위해 여러 가지 능력을 보유하고 있습니다. 대표적으로 뷰 컨트롤러는 위에서 언급한 루트 뷰를 프로퍼티로 가지고 관리하고 있으며 자신의 xib 파일을 통해 루트 뷰 외의 각종 객체들을 생성할 수 있습니다.

다시 'MainWindow.xib' 파일의 객체 목록 창으로 가서 'SimpleCalc View Controller'를 선택하고 프로퍼티 창의 속성 인스펙터 탭을 선택하면 창 하단의 'Nib Name' 항목에 'SimpleCalcView Controller'라는 이름이 적혀 있는데 이 이름이 바로 SimpleCalc View Controller가 생성될 때 로드되는 xib 파일명입니다. 'Resources' 폴더에서 이 파일을 더블클릭하면 객체 목록 창에 다음 그림과 같은 객체들이 보입니다.

❶ File's Owner

❷ First Responder

❸ View(View 객체)

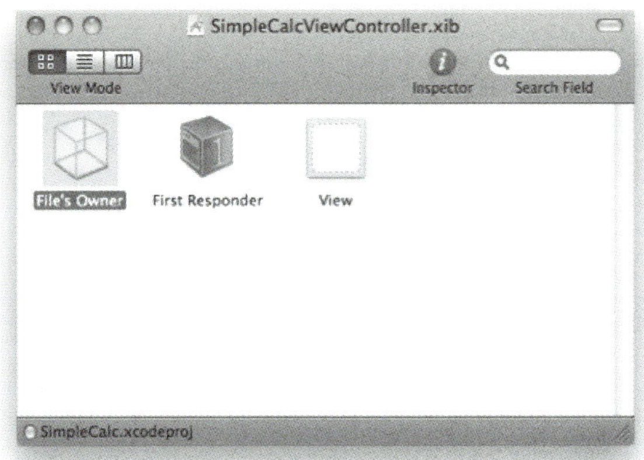

▲ SimpleCalcViewController.xib

여기서 여러분이 화면설계를 위해 사용한 객체가 바로 View 객체이며 이 객체가 위의 코드 중 viewController.view에 할당된 루트 뷰 객체이기도 합니다. 뷰 컨트롤러는 자신의 xib를 로드한 뒤 생성된 View 객체를 자신의 'view' 프로퍼티에 연결하는 것입니다.

만일 여러분이 'View-based application'이 아니라 'Window-based application'을 프로젝트 템플릿으로 선택하셨다면 위에서 설명한 모든 과정을 직접 프로그래밍해야 합니다. 이는 다시 말하면 표준적인 뷰 기반 애플리케이션을 개발할 때에는 'View-based application' 템플릿이 매우 편리할 수 있으나 복잡한 뷰와 뷰 컨트롤러(탭바 컨트롤러나 네비게이션 컨트롤러, 또는 커스텀 컨트롤러 등)를 가지는 애플리케이션을 개발할 때는 직접 뷰와 뷰 컨트롤러를 생성하기 위해 'Window-based application' 템플릿을 사용할 수 있다는 얘기입니다.

자, 그럼 이제 다음 예제를 하나 더 작성해 보도록 하겠습니다.

Lesson 04 여러 개의 뷰 컨트롤러 다루기

SimpleCalc 예제에서는 단일 뷰를 가지는 애플리케이션을 작성하기 위해 'View-based application' 프로젝트 템플릿을 사용하였습니다. 이 템플릿을 통해 자동으로 생성된 뷰 컨트롤러는 애플리케이션을 통틀어 유일한 뷰 컨트롤러이기 때문에, 프로젝트명을 따서 클래스명을 붙여도 별 무리가 없었습니다.

하지만 보다 규모 있는 애플리케이션들은 보통 2개 이상의 화면을 가지고 있으므로 이런 종류의 애플리케이션을 만들기 위해서 여러분은 2개 이상의 뷰 컨트롤러를 프로그래밍적으로 다룰 수 있어야 합니다.

예를 들어 메인 화면이 있고 메인 화면에 표시되는 어떤 정보의 스타일을 설정하기 위한 '설정' 화면이 추가로 필요하다면 여러분은 각각의 화면에 대응하는 2개의 뷰 컨트롤러를 작성해야만 합니다. 그리고 메인 화면과 설정 화면을 전환하기 위한 방법 또한 마련해야 합니다.

갑자기 매우 복잡해졌다고 생각되십니까? 너무 걱정하지 마시길 바랍니다. 다음에 나오는 예제를 충실히 잘 따라하신다면 보다 자유롭게 뷰 컨트롤러들을 다루는 능력을 가지게 될거라 확신하니까요.

Lesson 05　두 번째 예제 : MultiLang 애플리케이션

이번 예제에서는 설정 화면을 통해 사용할 언어를 설정하고 설정된 결과에 따라 메인 화면상의 텍스트와 버튼의 언어가 바뀌도록 하는 애플리케이션을 작성해보도록 하겠습니다. 여기에서는 기존에 사용한 'View-based Application' 프로젝트 템플릿 대신 'Window-based Application' 프로젝트 템플릿을 사용할 것이므로 위에서 언급한 것처럼 애플리케이션 델리게이트와 뷰 컨트롤러 및 윈도우간의 연결 일체를 직접 프로그래밍 할 것입니다. 이것을 통해 여러분은 애플리케이션을 구성하는 주요 객체간의 연결 메커니즘에 대해 보다 명확히 이해하게 될 것이라 생각합니다. 또한, 메인 화면과 설정 화면간의 화면을 전환하기 위한 방법도 살펴볼 것입니다.

Section 01　프로젝트 생성하기

Xcode를 이용하여 'File 〉 New Project' 메뉴를 선택하고 'New Project' 대화상자에서 좌측의 'iOS' 패널상 'Application' 항목을 선택한 후 우측에서 'Window-based Application' 항목을 선택합니다. 'Next' 버튼을 선택한 뒤 프로젝트명을 'MultiLang' 으로 하여 윈도우 기반의 애플리케이션을 생성합니다.

프로젝트 생성 후 Xcode 화면의 좌측 Groups & Files 목록의 'MultiLang' 프로젝트 폴더 밑에 Classes 폴더를 보면 이전 예제에서와 다르게 뷰 컨트롤러 파일들이 보이지 않고 단지 애플리케이션 델리게이트 파일들('MultiLangAppDelegate.h' 파일과 'MultiLangAppDelegate.m' 파일)만 존재하는 것을 확인할 수 있습니다.

이제 메인 화면을 위한 뷰 컨트롤러와 설정 화면을 위한 뷰 컨트롤러를 생성하는 작업을 시작으로 애플리케이션 델리게이트와 연결해주는 작업 등을 차례로 수행해보도록 하겠습니다.

Section 02　뷰 컨트롤러 생성하기

'MultiLang' 프로젝트 폴더 밑의 Classes 폴더를 Ctrl 키를 누른 상태에서 클릭한 후 컨텍스트 메뉴에서 'Add 〉 New File...' 항목을 선택하여 'New File' 대화상자를 띄웁니다. 'New File' 대화상자에서 좌측의 'Cocoa Touch Class' 패널을 선택하면 우측에 추가할 수 있는 클래스 유형들이 나타납니다. 여기서 여러분은 뷰 컨트롤러를 위해 UIViewController의 하위 클래스를 생성해야하기 때문에 가장 우측의 'UIViewController subclass' 항목을 선택하고 'Next' 버튼을 선택합니다. 그리고 생성할 뷰 컨트롤러를 위한 이름으로 'MultiLangMainViewController.m'를 입력하고 (헤더 파일도 같이 생성하기 위해 'Also create "MultiLangMainViewController.h"' 체크박스를 체크하도록 함) 'Finish' 버튼을 선택합니다.

이제 메인 화면을 위한 뷰 컨트롤러 클래스가 생성되었습니다. 마찬가지 방법으로 설정 화면을 위한 뷰 컨트롤러를 위해 'MultiLangSettingViewController' 클래스도 생성하시길 바랍니다.

Section 03 뷰 컨트롤러용 xib 파일 생성하기

SimpleCalc 예제에서는 인터페이스 빌더를 통해 뷰 컨트롤러가 관리하는 루트 뷰의 GUI를 설계하였는데 이때 자동으로 생성된 SimpleCalcView.xib 파일 내에 존재하는 뷰 객체를 이용하였습니다.

하지만 여기서는 'Window-based application' 프로젝트 템플릿을 사용하였으므로 메인 화면과 설정 화면을 위한 뷰 컨트롤러 각각에 대응하는 xib 파일 역시 직접 생성해주어야 합니다.

xib 파일은 소스 코드를 담은 파일이 아니라 유저인터페이스를 담은 파일이므로 다음과 같이 유저인터페이스 파일을 추가하여 생성하도록 합니다.

Xcode의 'File 〉 New File' 메뉴를 선택하고 'New File' 대화상자에서 좌측의 'User Interface' 패널을 선택하면 우측에 추가할 수 있는 유저인터페이스 유형들이 나타납니다. 여기서 여러분은 루트 뷰의 GUI를 설계하기 위한 xib 파일을 생성해야 하므로 'View XIB' 항목을 선택하고 'Next' 버튼을 선택합니다. 그리고 생성할 뷰 컨트롤러를 위한 이름으로 'MultiLangMainView.xib'를 입력하고 'Finish' 버튼을 선택합니다. xib 파일은 Groups & Files 목록의 'MultiLang' 프로젝트 밑의 'Resource' 폴더에 생성되었습니다. 마찬가지 방법으로 'MultiLangSettingView.xib' 파일도 생성하시길 바랍니다.

Section 04 화면 GUI 설계하기

이번에는 메인 화면과 설정 화면의 GUI를 설계하도록 하겠습니다.

먼저, Groups & Files 목록의 Resources 폴더에서 'MultiLangMainView.xib' 파일을 더블클릭하여 인터페이스 빌더상에 띄웁니다. 인터페이스 빌더의 객체 목록 창에서 'View' 객체를 더블클릭하여 뷰에 대한 화면 편집 창을 띄웁니다.

이제 뷰 화면 편집 창에 다음 그림과 같이 라이브러리 창으로 부터 UILabel 컴포넌트와 UIButton 컴포넌트를 끌어와서 배치한 뒤 UILabel 컴포넌트를 더블클릭하여 텍스트를 '한국어입니다.'로 입력하고 UIButton 컴포넌트를 더블클릭하여 버튼의 텍스트를 '언어 설정'으로 입력합니다.

▲ MultiLangMainView.xib

xib 파일을 저장하도록 하고 다음으로 Resources 폴더에서 'MultiLangSettingView.xib' 파일을 더블클릭하여 띄우고 마찬가지로 목록 객체 창의 뷰 객체를 열어 다음 그림과 같이 UILabel 컴포넌트와 UISwitch 컴포넌트 및 UIButton 컴포넌트를 배치하고 UILabel 컴포넌트의 텍스트를 '한국어'로 입력하고 UIButton 컴포넌트를 더블클릭하여 버튼의 텍스트를 '완료'로 입력합니다. xib 파일을 저장하여 화면 설계를 마칩니다.

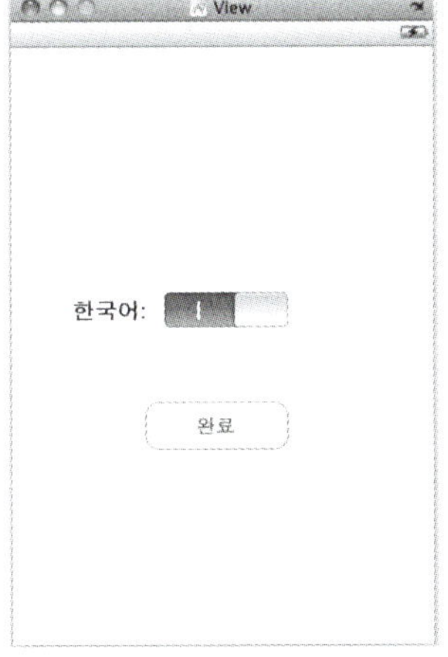

▲ MultiLangSettingView.xib

Section 05 뷰 컨트롤러에 아울렛 변수와 액션 메소드 정의하기

'MultiLang' 애플리케이션에서 구현해야 하는 기능은 설정 화면에서 '한국어'로 설정했는지 여부에 따라 메인 화면상의 레이블과 버튼의 텍스트를 '한글' 또는 '영어'로 바꾸는 것입니다.

설정 화면에서 한국어로 설정했는지에 따라 메인 화면의 텍스트를 바꾸기 위해서 메인 화면의 레이블과 버튼을 아울렛으로 지정하고 버튼이 선택되었을 때 설정 화면을 띄우기 위해 액션 메소드를 정의하여 버튼과 연결해야 합니다. 이 작업을 수행해보도록 하겠습니다.

먼저 'MultiLangMainViewController.h' 파일을 열어서 다음과 같이 입력합니다.

```objc
@interface MultiLangMainViewController : UIViewController {

        IBOutlet UILabel *langTitle; ...(1)
        IBOutlet UIButton *langButton; ...(2)
}

@property (nonatomic, retain) UILabel *langTitle;
@property (nonatomic, retain) UIButton *langButton;

- (IBAction) doSettingLang:(id)sender; ...(3)
```

(1)번 문장의 'langTitle'과 (2)번 문장의 'langButton' 변수는 각각 메인 화면의 레이블과 버튼을 나타
내는 객체변수이고, (3)번 문장은 버튼이 클릭되었을 때 수행될 액션 메소드입니다.

다음으로 'MultiLangMainViewController.m' 파일을 열어서 다음과 같이 입력합니다.

```objc
@implementation MultiLangMainViewController
@synthesize langTitle, langButton;

    ...

- (void)dealloc {
        [self.langTitle release];
        [self.langButton release];
        [super dealloc];
}


    ...

- (IBAction) doSettingLang:(id)sender {
}
```

다음으로 설정 화면에서 '한국어'로 설정했는지 여부를 알아내려면 UISwitch 컴포넌트로부터 값을 얻어
내기 위해 UISwitch 객체변수를 선언해야하고 '완료' 버튼을 클릭했을 때 설정 화면을 닫고 메인 화면으
로 돌아가기 위해 액션 메소드를 정의해야 합니다.

'MultiLangSettingViewController.h' 파일을 열어 다음을 입력합니다.

```
@interface MultiLangSettingViewController : UIViewController {

        IBOutlet UISwitch *langSwitch;
}

@property (nonatomic, retain) UISwitch *langSwitch;

- (IBAction) doneSetting:(id)sender;
```

입력을 마쳤으면 'MultiLangSettingViewController.m' 파일을 열어 다음을 입력합니다.

```
@implementation MultiLangSettingViewController
@synthesize langSwitch;

 ...

- (void)dealloc {
        [self.langSwitch release];
        [super dealloc];
}

- (IBAction) doneSetting:(id)sender {
}
```

Section 06 뷰 컨트롤러와 xib 파일 연결하기

자 이제 'MultiLang' 애플리케이션의 기본 골격을 완성하였습니다. 하지만 아직 갈 길이 많이 남아있습니다. 이제 각 뷰 컨트롤러 클래스에 선언된 객체변수를 아울렛으로 지정하도록 하겠습니다.

먼저, 'MultiLangMainView.xib' 파일을 열어 객체 목록 창을 띄웁니다.
객체 목록 창에 나열된 객체 중 'File's Owner' 객체를 선택한 뒤 인터페이스 빌더의 메인 메뉴에서 'Tools 〉 Identity Inspector'를 선택하여 아이덴터티 인스펙터 창(Identity Inspector Window)을 띄웁니다.

아이덴터티 인스펙트 창의 여러 항목 중에서 제일 위에 있는 'class' 항목의 값을 'MultiLangMainView Controller'로 설정하여 이 xib 파일의 소유자를 메인 화면의 뷰 컨트롤러로 지정합니다.

객체 목록 창에서 'File's Owner' 객체는 이 xib 파일을 소유하는 객체를 나타냅니다. 메인 화면의 루트 뷰를 관리하는 뷰 컨트롤러가 'MultiLangMainViewController'이므로 해당 xib 파일의 소유자 (Owner)를 이 뷰 컨트롤러로 설정하는 것입니다. 이렇게 지정해야 'File's Owner' 객체를 통해 아울렛과 액션 메소드 지정이 가능합니다.

이제 객체 목록 창에서 'View' 객체를 더블클릭하여 뷰에 대한 편집 화면 창을 열도록 합니다. MultiLangMainViewController 클래스에 선언한 UILabel과 UILabel 객체변수를 아울렛으로 지정하기 위해서 이전 예제에서 아울렛을 지정했던 방법으로 'File's Owner' 객체 아이콘을 Ctrl 키를 누른 상태에서 드래그하여 편집 화면 창의 UILabel 컴포넌트위에서 놓으면 커넥션 창이 뜨는데 여기서 'langTitle' 변수를 선택합니다.

마찬가지로 'File's Owner' 객체 아이콘을 Ctrl 키를 누른 상태에서 드래그하여 화면상의 UIButton 컴포넌트 위에 놓아 'langButton' 변수와 연결합니다. 그리고 UIButton 컴포넌트와 액션 메소드를 연결하기 위해 UIButton 컴포넌트를 먼저 선택하고 인터페이스 빌더의 메인 메뉴에서 'Tools 〉 Connections Inspector'를 선택하여 커넥션 인스펙터 창(Connections Inspector Window)을 띄웁니다.

커넥션 인스펙터 창은 GUI 컴포넌트가 발생시킬 수 있는 이벤트들에 대한 목록 및 각 이벤트가 발생할 때 수행할 액션 메소드와의 연결 상태 정보를 표시합니다. 커넥션 인스펙터 창에 나열된 이벤트 목록 중에서 'Touch Up Inside' 이벤트 항목의 우측 라디오 버튼을 드래그한 뒤 객체 목록 창의 'File's Owner' 객체 아이콘 위에 놓은 뒤 'doSettingLang' 항목을 선택하여 액션 메소드를 지정합니다.

이제 비슷한 방법으로 'MultiLangSettingView.xib' 파일을 열어 객체 목록 창을 띄우고 'View' 객체를 더블클릭하여 편집 화면 창을 띄웁니다.

먼저 'File's Owner' 객체 아이콘을 선택한 뒤 아이덴터티 인스펙터 창의 'class' 항목을 'MultiLangSettingViewController'로 지정합니다. 'View' 편집 화면 창에는 먼저 배치한 UISwitch 컴포넌트와 UIButton 컴포넌트가 있습니다. 각각 'switchLang' 객체변수에 아울렛 연결을 하고 'doneSetting'에 액션 메소드 연결 작업을 수행하도록 합니다.

여기까지 제대로 수행하였다면 화면상의 GUI 컴포넌트를 프로그래밍적으로 제어할 수 있고 버튼에 대한 액션을 기술할 준비가 되었습니다. 자, 이제 구체적으로 화면 전환 작업 및 설정된 결과를 반영하는 작업을 수행해야 합니다.

아, 그전에 한 가지 빠진 부분이 있군요. 'View-based application' 프로젝트 템플릿에서는 기본적으로 뷰 컨트롤러 객체를 자동으로 생성해주고 애플리케이션 델리게이트와 뷰 컨트롤러를 연결해주는 코드 또한 자동으로 포함됩니다만 여기서는 여러분이 이 작업도 직접 해주어야 합니다. 이제 다음 단계로 넘어가 볼까요?

Section 07 뷰 컨트롤러 생성하기 및 애플리케이션 델리게이트와 연결하기

여러 개의 화면을 가지는 애플리케이션에는 통상 각 화면에 대응하는 뷰 컨트롤러가 존재하고 각 화면에서는 경우에 따라서 하위 뷰 컨트롤러가 존재하기도 합니다. 예를 들어 '탭바' 화면(아이폰에 내장된 '전화’ 애플리케이션에서와 같이 화면 하단에 ‘플러찾기’, ‘최근통화, ‘연락처’ 등과 같은 버튼들이 나타나는 화면을 말함)에서는 탭바 화면을 관리하는 ‘탭바 뷰 컨트롤러’가 존재하고 각 탭을 선택할 때 나타나는 컨텐트 뷰를 관리하는 하위 뷰 컨트롤러가 역시 존재합니다. 이때, 탭바 뷰 컨트롤러처럼 모든 뷰 컨트롤러들의 가장 위에 위치한 뷰 컨트롤러를 ‘루트 뷰 컨트롤러(root view controller)’라고 하며 루트 뷰 컨트롤러가 관리하는 뷰 컨트롤러를 ‘하위 뷰 컨트롤러(subview controller)’라고 합니다.

이런 루트 뷰 컨트롤러는 보통 애플리케이션 델리게이트에서 관리하도록 코드를 작성합니다. 지금 수행중인 예제에서 메인 화면의 루트 뷰 컨트롤러는 ‘MultiLangMainViewController’가 되고 설정 화면의 루트 뷰 컨트롤러는 ‘MultiLangSettingViewController’가 됩니다. 그리고 하위 뷰 컨트롤러는 존재하지 않습니다. 하지만, 이 예제를 발전시킨다면 얼마든지 하위 뷰 컨트롤러를 구성할 수도 있습니다.

일단 이 예제에서는 메인 화면에 대한 뷰 컨트롤러만 애플리케이션 델리게이트에서 관리하고 설정 화면의 뷰 컨트롤러는 메인 화면의 버튼을 선택했을 때 동적으로 생성하도록 프로그래밍 해보겠습니다.

우선 ‘MultiLangMainViewController’ 객체 변수를 해당 애플리케이션 델리게이트에 선언해주고 UIApplication이 관리하는 ‘MainWindow.xib’ 리소스 파일에 뷰 컨트롤러 객체를 생성한 뒤 이 객체와 애플리케이션 델리게이트에 선언된 뷰 컨트롤러 객체변수와 연결해주어야 합니다.

자, 그럼 먼저 ‘MultiLangAppDelegate.h’ 파일을 열어서 다음과 같이 입력합니다.

```
#import 〈UIKit/UIKit.h〉
#import “MultiLangMainViewController.h”

@interface MultiLangAppDelegate : NSObject 〈UIApplicationDelegate〉 {
        UIWindow  * window;
        IBOutlet MultiLangMainViewController  * mainViewController;
}

@property (nonatomic, retain) IBOutlet UIWindow  * window;
@property (nonatomic, retain) MultiLangMainViewController  * mainViewController;
```

입력을 완료하였으면 다음으로 ‘MultiLangAppDelegate.m’ 파일을 열어서 다음과 같이 입력합니다.

```
@synthesize mainViewController;

 - (BOOL)application:(UIApplication  *)application didFinishLaunchingWithOptions:(NSDictionary  *)launchOptions {

    [window addSubview:self.mainViewController.view]; ...(1)
    [window makeKeyAndVisible];
```

```
    return YES;
}

  ...

- (void)dealloc {
    [self.mainViewController release];
    [window release];
    [super dealloc];
}
```

다음으로 Resources 폴더의 'MainWindow.xib' 파일을 더블클릭하여 인터페이스 빌더를 띄우고 객체 목록 창에 뷰 컨트롤러 객체를 하나 추가하도록 합니다. 인터페이스 빌더 메인 메뉴의 'Tools 〉 Library'를 선택하여 라이브러리 창을 띄운 뒤 라이브러리 창에서 'view controller' 항목을 드래그하여 객체 목록 창에 놓습니다. 그리고 객체 목록 창에서 방금 생성한 뷰 컨트롤러 객체 아이콘을 선택한 뒤 아이덴터티 인스펙터 창의 'class' 항목을 'MultiLangMainViewController'로 지정합니다.

이로써 애플리케이션이 실행될 때 'MainWindow.xib' 파일이 로딩되어 'MultiLangMainViewController' 클래스의 객체가 생성됩니다. 이 객체가 'MultiLangAppDelegate'의 'mainViewController' 객체변수에 아울렛으로 연동되기 위해서 객체 목록 창의 'Multi Lang App Delegate' 객체 아이콘을 Ctrl 키를 누른 상태에서 드래그하여 'Multi Lang Main View Controller' 객체 아이콘에 놓아 'mainViewController'을 아울렛으로 지정합니다.

이제 'MultiLang' 애플리케이션을 실행해보시면 시뮬레이터에 메인 화면이 뜰 것입니다. 하지만 '언어 설정' 버튼을 눌러도 설정 화면이 나타나지 않을 것입니다. 지금까지 화면 설계 및 기본 골격에 대한 코딩을 하였을 뿐 실제 화면 전환과 설정된 언어로 전환시키는 부분을 집어넣지 않았기 때문입니다.
이제 마지막으로 이 작업을 수행하도록 하겠습니다.

Section 08　메인 화면과 설정 화면간 전환하기 및 마무리 작업하기

메인 화면을 관리하는 뷰 컨트롤러는 'MainWindow.xib'에서 생성해주고 애플리케이션 델리게이트가 관리하도록 하였습니다. 위에서 잠깐 언급했듯이 설정 화면을 관리하는 뷰 컨트롤러는 동적으로 생성해주는 방법을 사용한다고 하였는데 이유는 설정 화면이 항상 떠 있는 화면이 아니기 때문에 뷰 컨트롤러를 항상 생성해둘 필요가 없기 때문입니다. 또 하나의 이유는 인터페이스 빌더를 통해 뷰 컨트롤러를 생성하는 것외에 프로그래밍적으로 뷰 컨트롤러를 생성하고 관리하는 방법도 알아두면 나중에 여러 모로 도움이 될 것이기 때문입니다.

메인 화면에서 '언어 설정' 버튼을 선택했을 때 설정 화면을 띄우기 위해 'MultiLangMainViewController.m' 파일 내의 'doSettingLang' 메소드에 다음과 같이 입력합니다.

```
- (IBAction) doSettingLang:(id)sender {

        MultiLangSettingViewController  *settingViewController =
[[MultiLangSettingViewController alloc] initWithNibName:@"MultiLangSettingView"
bundle:nil]; ...(1)

        [self presentModalViewController:settingViewController animated:YES]; ...(2)
        [settingViewController release];
}
```

위의 코드에서 (1)번 문장을 보면 'MultiLangSettingViewController' 뷰 컨트롤러 클래스의 객체를 생성하기 위해 'initWithNibName:bundle:'이라는 초기화 메소드를 사용하였고 파라메터로 'MultiLangSetting View' xib 파일명을 지정하였습니다. 이전에도 말씀드렸듯이 뷰 컨트롤러는 자신이 관리하는 루트 뷰 객체가 정의되어 있는 xib 파일의 소유자입니다. 인터페이스 빌더를 사용할 경우에는 객체 목록 창에서 xib 파일을 지정해주었으나 순수하게 프로그래밍적으로 뷰 컨트롤러를 생성할 경우에는 이와 같이 초기화 메소드를 통해 xib 파일을 지정해주게 됩니다.

다음으로 (2)번 문장에서는 현재 메인 화면을 그대로 두고 그 위에 설정 화면을 띄우는 코드입니다. UIViewController 클래스에서 제공하는 메소드 중 'presentModalViewController:animated:' 메소드를 사용하였는데 이 메소드는 현재 띄워진 화면 위에 '모달 방식(modal-style)'으로 화면을 덧 띄우는 기능을 수행합니다. 첫 번째 파라메터는 띄우고자하는 루트 뷰를 관리하는 뷰 컨트롤러 객체를 지정하고 두 번째 파라메터는 뷰 전환시 애니메이션을 수행할 것인지를 지정합니다. 'animated:'에 대한 값으로 'YES'를 지정하면 오너 뷰에서 모달 뷰로 전환시 애니메이션이 발생합니다. 모달 방식으로 띄워진 화면에서 다시 원래 화면으로 돌아오기 위해서는 'presentModalViewController:animated:' 메소드와 반대되는 개념인 'dismissModalViewControllerAnimated:' 메소드를 호출하면 됩니다.

이제 다시 'MultiLang' 애플리케이션을 실행한 뒤 메인 화면에서 '언어 설정' 버튼을 클릭하면 설정 화면이 나타날 것입니다. 설정 화면이 띄워진 상태에서 '완료' 버튼을 클릭하면 다시 메인 화면으로 돌아가야 할 것이지만 현재는 아무 동작을 수행하지 않습니다. 왜냐구요? 아직 해당 버튼 동작에 대한 코드를 작성하지 않았기 때문입니다.

'MultiLangSettingViewController.m' 파일의 'doneSetting' 메소드에 다음과 같이 입력합니다.

```
- (IBAction) doneSetting:(id)sender {

        [self dismissModalViewControllerAnimated:YES];
}
```

이제 다시 애플리케이션을 실행하고 설정 화면에서 '완료' 버튼을 클릭하면 설정 화면이 사라지고 다시 메인 화면이 나타날 것입니다.

마지막으로 설정 화면에서 스위치를 변경할 때마다 메인 화면의 레이블과 버튼의 텍스트가 바뀌도록 코드를 추가하는 작업이 남았습니다. 설정 화면에서 '완료' 버튼을 클릭할 때 메인 화면으로 돌아가기 전에, 먼저 메인 화면의 뷰 컨트롤러에게 설정된 스위치값을 전달해주고 메인 화면의 뷰 컨트롤러가 메인 화면 상의 레이블과 버튼의 텍스트를 설정된 값에 따라 업데이트해주어야 합니다.

애플리케이션이 이와 같이 동작하기 위해서는 설정 화면의 뷰 컨트롤러가 메인 화면의 뷰 컨트롤러 객체를 가지고 있어야 합니다. 그리고 또 한 가지, 설정 화면은 이전에 설정했던 언어값을 유지하고 있어야 합니다. 하지만 설정 화면을 관리하는 뷰 컨트롤러 객체 내에서는 사용자가 '언어 설정' 버튼을 클릭할 때마다 새롭게 생성되므로 이 값을 유지할 수 없습니다. 따라서, 현재 설정된 언어값을 메인 화면을 관리하는 뷰 컨트롤러에 저장해두고 설정 화면이 표시될 때마다 이 값을 얻어오는 방법을 택하는 것이 좋을 것입니다. (사실 이런 방법은 썩 좋다고 할 수 없습니다. 설정값을 관리할 책임은 설정 화면의 뷰 컨트롤러가 가져야 하기 때문이죠. 한 가지 좋은 방법은 이런 '설정값'을 저장하기 위해서 'NSUserDefault'라는 탁월한 클래스를 사용할 수 있다는 것입니다.)

이를 코드상으로 구현하기 위해 먼저 'MultiLangMainViewController.h' 파일에 다음 사항을 추가합니다.

```objc
@interface MultiLangMainViewController : UIViewController {

        IBOutlet UILabel *langTitle;
        IBOutlet UIButton *langButton;
        BOOL m_bIsKorean; ...(1)
}

@property (nonatomic, retain) UILabel *langTitle;
@property (nonatomic, retain) UIButton *langButton;

- (void) updateKoreanLang:(BOOL)flag;
- (BOOL) isKoreanLang;

- (IBAction) doSettingLang:(id)sender;
```

위의 코드에서 (1)번 문장은 현재 설정된 언어값을 저장하기 위한 변수이고 이 변수의 값을 설정 화면에서 얻기 위해 'isKoreanLang' 메소드를 선언하였습니다. 또한, 설정 화면에서 '완료' 버튼을 클릭했을 때 현재 설정된 언어값으로 메인 화면을 변경하기 위해 호출될 'updateKoreanLang' 메소드도 선언하였습니다.

다음으로 위에서 선언한 메소드를 정의하기 위해 'MultiLangMainViewController.m' 파일에 다음 사항을 추가합니다.

```objc
- (void) updateKoreanLang:(BOOL)flag {

        if(flag == YES) {
                self.langTitle.text = @"한국어입니다.";
                [self.langButton setTitle:@"언어설정" forState:UIControlStateNormal]; ...(1)
        } else {
                self.langTitle.text = @"It is an english";
                [self.langButton setTitle:@"Language Setting"
forState:UIControlStateNormal];
        }

        m_bIsKorean = flag;
}


- (BOOL) isKoreanLang {

        return m_bIsKorean;
}


- (IBAction) doSettingLang:(id)sender {

        MultiLangSettingViewController *settingViewController =
[[MultiLangSettingViewController alloc] initWithNibName:@"MultiLangSettingView" bundle:nil];
        [settingViewController setMainViewController:self]; ...(2)

        [self presentModalViewController:settingViewController animated:YES];
        [settingViewController release];
}
```

위의 코드에서 'updateKoreanLang' 메소드는 파라메터로 받은 flag값(한국어로 설정되었으면 YES, 그렇지 않으면 NO값이 넘어옴)에 따라 'langTitle' 변수와 'langButton' 변수의 텍스트로서 한글 또는 영어를 지정하고 있습니다. UILabel은 텍스트를 가져오거나 변경하기 위해 text 프로퍼티를 사용하지만 UIButton은 버튼의 상태에 따라 다른 텍스트를 지정할 수 있도록 하기 위해 text 프로퍼티 대신 'setTitle:forState:' 메소드를 사용합니다. 버튼의 상태는 선택되지 않은 보통 상태, 버튼을 눌렀을 때의 상태 및 버튼이 비활성화 되었을 때의 상태에 따라 다른 텍스트를 지정할 수 있습니다. 모든 버튼 상태에 대해 동일한 텍스트를 지정하기 위해 위와 같이 상태값으로 'UIControlStateNormal'을 설정합니다.

다음으로 (2)번 문장을 보면, 먼저 설명하였듯이 설정 화면의 뷰 컨트롤러가 메인 화면의 뷰 컨트롤러가 저장한 언어값을 얻어오거나 메인 화면의 뷰 컨트롤러에게 변경된 언어값을 알리기 위해 메인 화면의 뷰 컨트롤러 객체를 가지고 있어야 한다고 했습니다. 따라서 'presentModalViewController:animated:'

메소드를 호출하기 전에 설정 화면의 뷰 컨트롤러에 메인 화면의 뷰 컨트롤러 객체를 지정하고 있습니다. 'setMainViewController' 메소드는 아래의 'MultiLangSettingViewController' 클래스에서 구현할 것입니다.

다음으로 'MultiLangSettingViewController.h' 파일을 열어 다음의 코드를 추가하도록 합니다.

```objc
#import "MultiLangMainViewController.h"

@interface MultiLangSettingViewController : UIViewController {

        MultiLangMainViewController *m_oMainViewController;
        IBOutlet UISwitch *langSwitch;
}

@property (nonatomic, retain) UISwitch *langSwitch;

- (void) setMainViewController:(MultiLangMainViewController *)controller;

- (IBAction) doneSetting:(id)sender;
```

다음으로 'MultiLangSettingViewController.m' 파일에 다음의 코드를 추가하도록 합니다.

```objc
- (id)initWithNibName:(NSString *)nibNameOrNil bundle:(NSBundle *)nibBundleOrNil { //...(1)
    if ((self = [super initWithNibName:nibNameOrNil bundle:nibBundleOrNil])) {

        m_oMainViewController = nil;
    }
    return self;
}


    ...

- (void)viewDidLoad { //...(2)
    [super viewDidLoad];
    if( m_oMainViewController != nil)
        [self.langSwitch setOn:[m_oMainViewController isKoreanLang]];
}

    ...

- (void) setMainViewController:(MultiLangMainViewController *)controller {
    m_oMainViewController = controller;
```

```
}

- (IBAction) doneSetting:(id)sender {

    [m_oMainViewController updateKoreanLang:self.langSwitch.on]; //...(3)
    [self dismissModalViewControllerAnimated:YES];
}
```

위의 코드에서 'viewDidLoad' 메소드는 뷰 컨트롤러가 관리하는 루트 뷰 및 하위 뷰들이 메모리에 로드되어 화면에 표시되기 전에 시스템에 의해 호출되는 메소드입니다. 뷰가 메모리에 로드되었다는 의미는 뷰에 포함된 모든 GUI 컴포넌트들을 조작할 수 있다는 뜻입니다. 따라서 이 메소드에서 주로 수행하는 작업은 화면에 뷰가 표시되기 전에 각 GUI 컴포넌트에 적절한 값을 셋팅하는 것입니다.

여기서도 설정 화면이 표시되기 전에 이전에 설정되었던 언어값을 UISwitch 컴포넌트에 셋팅하기 위해서 UISwitch 클래스의 'setOn:' 메소드를 호출하고 있습니다. 이 메소드는 파라메터로서 'YES'를 넘겨주면 스위치가 'On' 상태가 되며 'NO'를 넘겨주면 스위치가 'Off' 상태가 됩니다. 설정할 값은 'setMainViewController' 메소드를 통해 얻은 메인 화면의 뷰 컨트롤러의 'isKoreanLang' 메소드로부터 얻습니다.

다음으로 (3)번 문장을 보면 사용자가 언어설정 후 '완료' 버튼을 클릭했을 때 메인 화면의 뷰 컨트롤러에게 화면을 업데이트하기 설정된 언어값을 저장하도록 'updateKoreanLang' 메소드를 호출하고 있습니다.

자, 이제 끝났습니다. 마지막으로 'MultiLang' 애플리케이션을 다시 수행하여 언어값을 변경하면 다음 그림과 같이 메인 화면의 레이블과 버튼의 텍스트가 해당 언어로 바뀌는 것을 볼 수 있습니다.

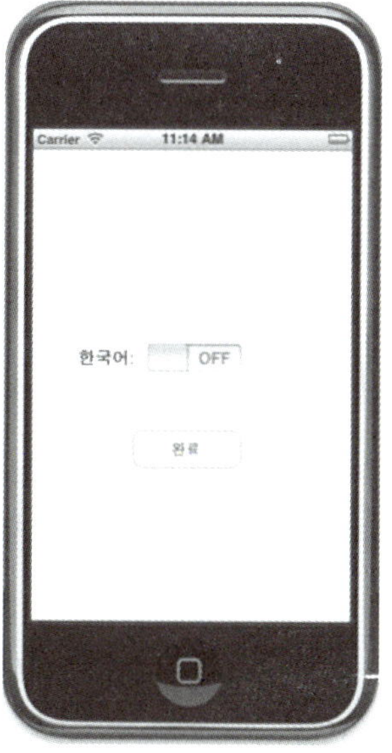

▲ 실행 결과

기본 컨트롤들 사용하기

Section 01   introduction

아이폰 애플리케이션을 만드는데 있어서 가장 많이 사용하게 될 UI(User Interface)즉, 화면을 만드는데 사용될 각종 기능들을 소개하고자 합니다. 기본적인 Class 개념과 어느 정도 프로그래밍 경험이 있다는 전제 하에서 진행하도록 할 것입니다.

iPhone OS(이하 iOS) SDK는 기본적으로 M-V-C Model을 따르고 있습니다. 그 중 흔히 뷰(View)라고 부르는 화면을 구성하는 각종 컨트롤러에 대한 부분이 앞으로 이야기를 진행해 나갈 주 내용입니다.

Xcode를 실행하여 New Project를 해보도록 하겠습니다.

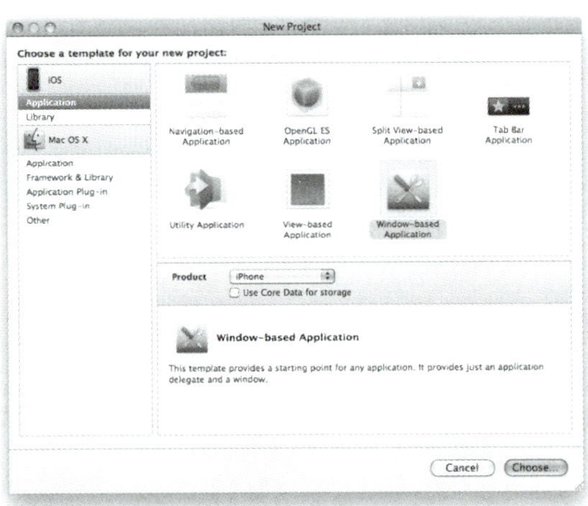

▲ 프로젝트 생성 화면

위와 같은 선택화면이 나타날 것입니다. 어떤 템플릿을 선택하더라도 맨 처음 생성된 프로젝트에는 UIKit.framework가 포함되어 있음을 확인할 수 있을 것입니다. 왜냐하면 어떤 어플을 만들더라도 UI가 기본이 되어야 하기 때문입니다.

Section 02 UIKit.framework

이름에서 느껴지다시피 UI를 구성하는 각종 클래스 담고 있는 프레임워크입니다. 아이폰에서 구현하게 될 대부분의 UI에 관계된 클래스들을 담고 있습니다. 앞으로 UIKit에 포함되어있는 클래스들을 하나하나 파헤쳐 보도록 할 것입니다.

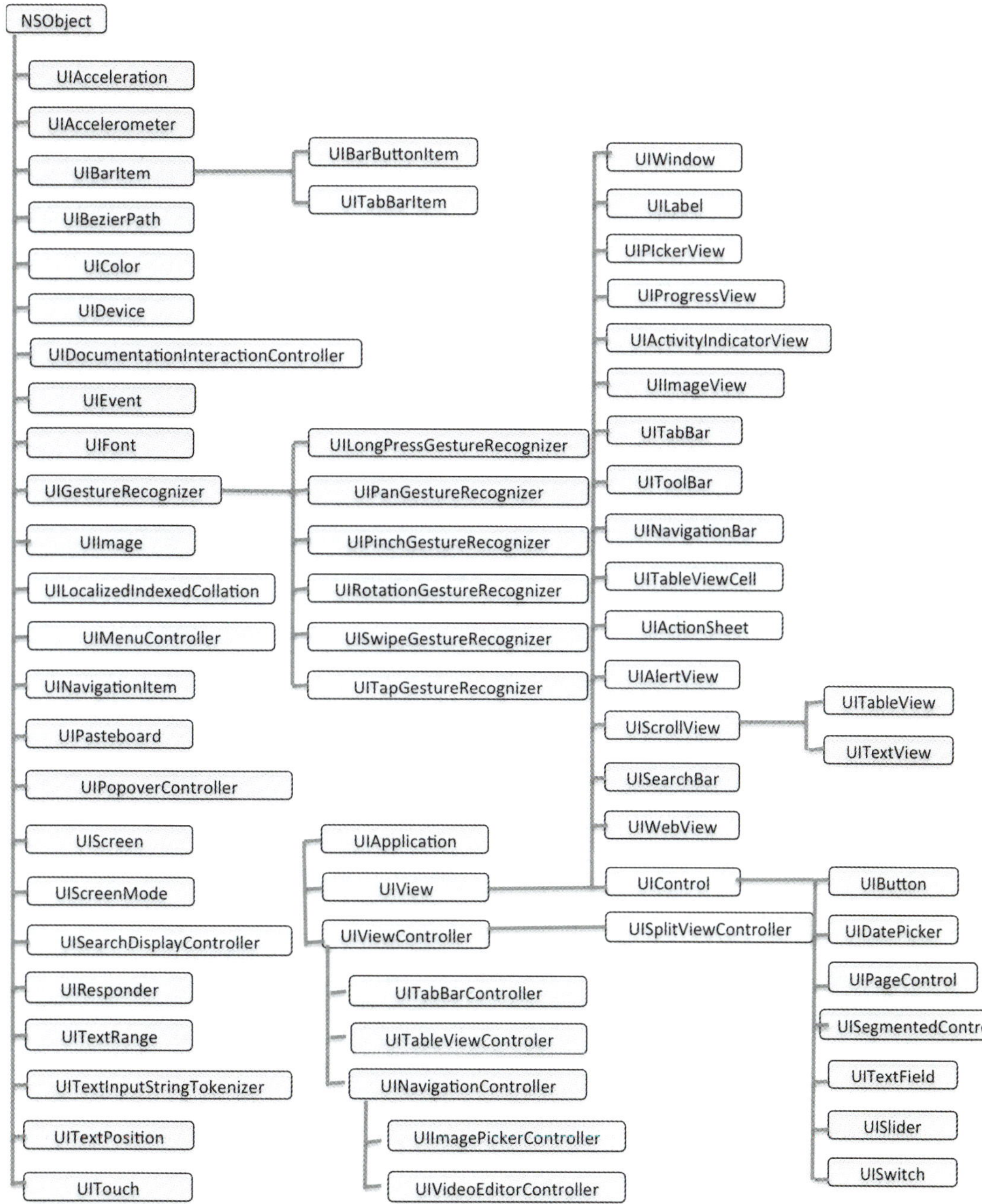

▲ UIKit 클래스 계층도

위의 계층도는 UIKit Framework의 클래스 상속관계를 표현한 그림입니다. 클래스의 이름을 한번 쭉 훑어 보시기 바랍니다. 앞으로 가장 많이 사용하게 될 클래스들이 될 것입니다.

UIKit Framework는 application object, event handling, drawing model, windows, views, controls 를 제공합니다. 다음 챕터부터는 이 클래스들을 실제 사용하는 방법과 활용 방법 등을 알아 볼 것입니다.

비록 몇 가지 클래스를 선별하여 설명하였지만 사용방법은 크게 차이나지 않습니다. 아마 여기서 다루게 될 몇 가지 컨트롤들을 사용할 줄 알게 된다면, 여기서 다루지 않은 새로운 클래스를 사용함에 있어서도 크게 어려움이 없을 것으로 예상됩니다.

앞으로의 진행은 많은 iPhone 개발 서적과는 조금 다르게 Interface Builder(Xcode에서 제공되는 GUI Tool)를 사용하지 않고 Document 또는 Framework의 Header File을 직접 참조해 Coding을 이용하여 GUI를 디자인해 보도록 할 것입니다.

대부분의 진행은 소스와 설명으로 구성될 것이며, 그대로 따라할 수 있도록 진행해 볼 예정입니다.

마지막 챕터가 끝난 후 UIKit의 Class들을 이용하여 간단한 애플리케이션을 만들어 볼 것을 권장합니다.

Lesson 02   Class

앞으로 가장 많이 사용하게 될 클래스 중 하나인 UIAlertView Class를 이용하여 클래스의 구조를 파악해 보도록 하겠습니다. 이 클래스는 말 그대로 Alert을 view해주는 기능을 제공하는 클래스이며(경고 창을 보여주는 클래스란 의미입니다) 애플리케이션을 만들다 보면 굉장히 많이 쓰이게 될 클래스 중 하나입니다.

우선 UIAlertView에 대한 문서 및 Header를 통해 구조를 확인해 보도록 하겠습니다.

다음의 소스는 UIAlertView.h를 열어본 화면입니다. 실제로는 많은 내용이 들어있지만 큰 뼈대만 설명하기 위해 간소화 시킨 것입니다.

앞으로 다루게 될 대부분의 UIKit Framework 클래스들은 아래와 같은 형태를 가지고 있습니다. UIKit 뿐만 아니라 iOS SDK에서 애플리케이션을 개발하면서 다루게 될 모든 클래스는 비슷한 형태를 가지고 있습니다.

이 챕터를 통해서 framework의 클래스 헤더를 직접 참조하는 방법에 대해 설명해보도록 하겠습니다. 클래스의 구조를 파악 할 수 있다면 어떤 클래스라도 사용함에 있어서 한결 수월해질 것입니다.

```
@protocol UIAlertViewDelegate;
@classUILabel, UIToolbar, UITabBar, UIWindow, UIBarButtonItem, UIPopoverController;
```

```
UIKIT_EXTERN_CLASS@interface UIAlertView : UIView {
@private
    id<UIAlertViewDelegate> _delegate;

    } _modalViewFlags;
}
@property(nonatomic,copy) NSString *title;

- (NSInteger)addButtonWithTitle:(NSString *)title;

@end


@protocol UIAlertViewDelegate <NSObject>
@optional
- (void)alertView:(UIAlertView *)alertView clickedButtonAtIndex:(NSInteger)buttonIndex;
@end
```

위 코드를 보시면,

```
@protocol UIAlertViewDelegate;
```

프로토콜을 선언한 것입니다.

맨 하단의

```
@protocol UIAlertViewDelegate <NSObject>
@optional
- (void)alertView:(UIAlertView *)alertView clickedButtonAtIndex:(NSInteger)buttonIndex;
@end
```

이 부분과 관련이 되는 부분입니다.

맨 위의 프로토콜 선언 부분은 크게 의미가 있는 부분은 아니며 맨 위에 선언한 부분은 메소드를 선언한 것과 같이 맨 아래 정의될 프로토콜을 먼저 선언한 부분인 것입니다. 이유는 interface 부분에서 아래와 같이 프로토콜 타입의 delegate 객체를 선언해 주기 위해서 입니다.

```
id<UIAlertViewDelegate> _delegate;
```


```
@interface UIAlertView : UIView ~ @end
```

클래스의 구성(interface(*.h) and implementation(*.m)) 중 interface 부분입니다.
@interface와 @end 사이에서 변수와 메소드의 선언이 있습니다.
@property로 선언된 변수들이 해당 클래스 객체를 통하여 사용가능한 속성들입니다. @property 선언을 통해 생성된 Setter/Getter 메소드를 이용하여 해당 변수를 사용하게 됩니다.

@protocol ~ @end

@protocal부터 @end까지는 프로토콜 메소드를 선언해주는 부분입니다.

이 부분에는 @optional과 @required 이렇게 두 가지로 메소드가 선언되는데 @optional로 선언된 메소드의 경우 필요하다면 사용할 수 있는 기능이지만 @required로 선언된 메소드의 경우 필히 구현해주어야만 하는 부분입니다.

다음 Lesson에서는 Button, Alert, ImageView 등등 각각의 UI Control들을 실제로 생성하는 방법에 대해 다뤄보도록 하겠습니다.

Lesson 03　　Basic Controls

Section 01　Class Object의 생성 및 초기화

앞에서 Class의 기본적인 구조에 대해 알아보았습니다. 이번 챕터에서는 실제 아이폰 애플리케이션 개발에 많이 쓰여지는 UI클래스들을 사용하여 직접 UI를 구성해보도록 하겠습니다.

앞으로 다루게 될 클래스 객체들의 기본 사용방법은 동일합니다. 다만 해당 클래스 객체를 통해 사용가능한 기능(Method)과 속성(Property)이 달라지는 것이라고 이해하시면 됩니다.

1 Creation

Class Object를 사용하기 위해서는 우선 Class를 객체화 하는 과정이 필요합니다. 객체화는 두 가지 단계로 진행되는데 우선 해당 클래스에 메모리를 할당(alloc)하고 메모리가 할당된 객체를 초기화(init)하면 클래스는 사용가능한 객체의 형태가 됩니다.

❶ alloc : 앞으로 다루게 될 모든 클래스는 동일한 방법으로 메모리를 할당하게 됩니다. NSObject 클래스에서 제공되는 alloc이라는 메소드를 이용하여 메모리를 할당하시면 됩니다.

❷ init : 초기화 기능을 가지고 있는 메소드는 각 Class마다 다양하게 제공됩니다. 하지만 모두 NSObject Class에서 제공되는 init이라는 초기화 메소드를 오버라이드 한 메소드입니다. 각 Class에서 제공되는 Instance 메소드 중 접두어로 init이 포함된 메소드들은 초기화 기능을 가지고 있는 메소드라고 보시면 됩니다.

그럼 실제 UI를 직접 생성해보도록 하겠습니다. 여기서는 해당 클래스의 모든 속성(Property)과 기능(Method)에 대해 설명하진 않을 것입니다. 해당 클래스를 어떻게 생성하고 어떻게 필요한 기능을 사용할 수 있는지에 대한 방법을 제시하는 방향으로 설명하도록 할 것입니다. 각 클래스에서 사용가능한 속성 및 메소드의 기능에 대한 자세한 설명은 애플 개발자 사이트(http://developer.apple.com/)에서 제공되는 Reference Library를 이용하시면 됩니다.

Section 02 UIAlertView

1 기본 사용법

클래스의 이름과 같이 Alert(경고 창)의 기능을 가지고 있는 클래스입니다.

```
UIAlertView *alert = [[UIAlertView alloc] initWithTitle:@"Alert Test"
          message:@"This is Test About UIAlertView."
          delegate:self
          cancelButtonTitle:@"YES"
          otherButtonTitles:nil];
[alert show];
[alert release];
```

위에서 제공된 소스가 UIalertView를 사용한 모습입니다.

각 Line별로 의미를 파악해보도록 하겠습니다.

❶ UIAlertView *alert

• UIAlertView 클래스 타입의 alert이란 객체를 선언

❷ [UIAlertView alloc]

• UIAlertView에 메모리를 할당

❸ [[UIAlertView alloc] initWithTitle:@"Alert Test" message : @""……..

• 이 부분이 중요한 부분입니다. 앞에서 언급했던 NSObject 클래스의 init 메소드를 오버라이드 하여 UIAlertView를 사용함에 있어 객체 초기화 및 필요한 데이터를 함께 설정하도록 확장된 초기화 메소드입니다.

```
- (id)initWithTitle:(NSString *)title message:(NSString *)message delegate:(id
/*<UIAlertViewDelegate>*/)delegate cancelButtonTitle:(NSString *)cancelButtonTitle
otherButtonTitles:(NSString *)otherButtonTitles, ... NS_REQUIRES_NIL_TERMINATION;
```

UIKit.Framework의 UIAlertView.h를 보게 되면 위와 같은 메소드가 선언되어 있음을 확인하실 수 있으실 것입니다.

이 메소드의 의미는 NSString 타입의 title과 message 그리고 cancelbutton의 title과 버튼이 추가될 경우 추가된 버튼의 title 그리고 delegate 설정값을 동시에 세팅하면서 초기화 하는 기능이 제공되는 메소드입니다. 앞으로 이런 형태의 init을 접두어로 가진 메소드의 경우 설정하는 값은 바뀔지라도 모두 동일한 사용성을 제공하고 있으므로 이후에는 따로 언급하지 않도록 하겠습니다.

AlertView에서는 title과 message 그리고 cancel button과 other button이 중요한 속성입니다.

• title : 경고 창 title을 의미합니다.
• message : 경고 문구를 의미합니다.

- Cancel Button : 버튼 터치를 통해 경고 창을 닫는 역할을 하는 버튼을 의미합니다.
- Other Button : Cancel Button과 다르게 터치를 통해 다른 액션을 취하는 기능의 버튼을 말합니다. Other Button은 다음과 같이 하나 이상을 설정할 수 있습니다.

```
otherButtonTitles:@"Other1", @"Other2", @"Other3", nil];
```

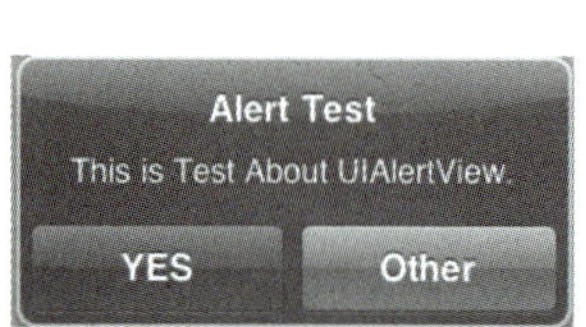
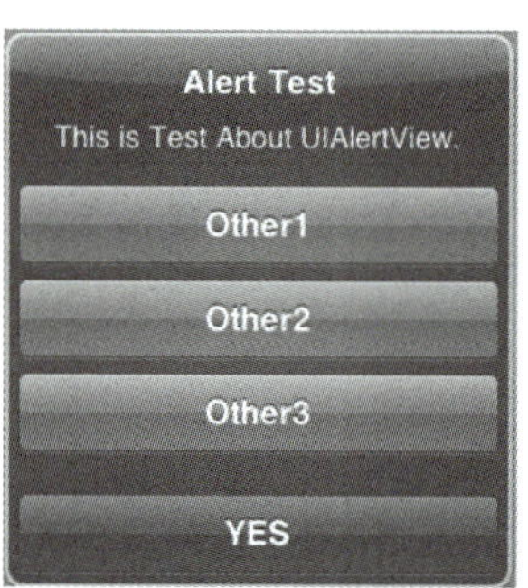

▲ YES란 이름의 Cancel Button과 Other란 버튼 하나가 설정된 alertView

▲ YES란 이름의 Cancel Button 하나와 Other Button 3개가 설정된 AlertView의 모습

2 활용

UIAlertView.h에 선언된 다양한 Delegate 메소드를 활용하여 좀 더 다양한 기능을 만들어 볼 수 있습니다. UIAlertView.h에 선언된 Delegate 메소드 중 아래와 같은 메소드를 사용해 보도록 하겠습니다.

```
- (void)alertView:(UIAlertView *)alertView clickedButtonAtIndex:(NSInteger)buttonIndex;
```

❶ UIAlertView의 delegate Property 설정을 확인합니다.

- 객체화시 delegate 부분에 self를 넣을 것을 기억하실 것입니다. self, 즉 현재 AlertView를 사용하고자 하는 클래스에 사용하고자 하는 Delegate 메소드를 오버라이드 하여 사용해야 함을 의미합니다.
- 사용하고자 하는 메소드를 오버라이드 한 후 동작을 구현해줍니다.

```
- (void)alertView:(UIAlertView *)alertView clickedButtonAtIndex:(NSInteger)buttonIndex{
    if (buttonIndex == [alertView cancelButtonIndex]) {
        UIAlertView *otherAlert = [[UIAlertView alloc] initWithTitle:@"Second Alert" message:@"This is
Second AlertView" delegate:nil cancelButtonTitle:@"OK" otherButtonTitles:nil];
        [otherAlert show];
        [otherAlert release];
    }
}
```

앞에서 나온 기본 사용법의 예제에 위 소스를 추가하여 실행시, YES 버튼을 터치하면 첫 번째 AlertView가 닫히면서 두 번째 AlertView가 나타나는 것을 확인할 수 있을 것입니다. AlertView를 단순히 경고 창 출력 용도로 사용한다면 delegate는 nil로 설정하고 cancel 버튼의 텍스트로 @"OK"나

@ "확인"을 지정하면 됩니다.

다른 Delegate 메소드도 동일한 방법으로 한번 활용해보십시오 . 좀 더 다양한 경고 창을 만드실 수 있을
것입니다.

Section 03   UIButton

UIButton의 경우 객체화 과정이 조금 다릅니다. 물론 동일한 방법(alloc, init)을 이용하여도 괜찮습니
다. 다만 UIButton Class에 선언된 클래스 메소드를 이용하여 버튼 객체를 만들어 보도록 하겠습니다.

예제는 View-based Application으로 제작하였습니다.

```objc
- (void)viewDidLoad {
  [super viewDidLoad];

        UIButton *button = [UIButton buttonWithType:UIButtonTypeRoundedRect];
        [button setFrame:CGRectMake(10, 10, 150, 50)];
        [button setTitle:@"State Normal" forState:UIControlStateNormal];
        [button setTitle:@"Touched" forState:UIControlEventTouchDown];
        [button             addTarget:self          action:@selector(pressedTheButton:)
forControlEvents:UIControlEventTouchUpInside];
        [self.view addSubview:button];
}
- (void)pressedTheButton:(id)sender
{
}
```

▲ 예제 실행 화면

위 소스가 버튼을 생성하는 소스입니다.

소스를 보시면 UIAlertView와 다른 점이 몇 가지 눈에 띠일 것입니다.

❶ 객체 초기화 메소드가 init 접두어를 포함하고있지 않으며 메모리 할당 과정(alloc)을 거치지 않는다.

❷ Frame이란 속성을 set 해준다.

❸ State란 상태를 가지게 된다.

❹ addTarget:action:이란 메소드를 이용한다.

❺ addSubView:란 메소드를 이용한다.

위에 언급한 차이점에 대해 설명하겠습니다.

❶ alloc과 init이 명시되어 있진 않지만 buttonWithType:이란 클래스 메소드 내에 메모리 할당과 Button Type을 이용하여 초기화하는 과정이 포함되어 있습니다.(Chapter 02 Objective-C 기본편에서 다룬 autorelease 객체를 돌려주는 것입니다.)

❷ Frame이란 속성은 객체가 위치할 x, y좌표와 사이즈(width, height)로 이루어져 있습니다. 앞의 Window와 View에서 다루었던 frame을 의미합니다. UIButton도 UIView를 상속받은 일종의 View이기 때문에 frame 속성을 가지게 됩니다.

❸ State란 속성은 Button의 경우 아무 동작하지 않는 상태(Normal), 터치된 상태(Touch down), 터치되었다 손을 뗀 상태(Touch up) 등으로 구분지어지며 각 상태에 대한 Image, Title 등을 설정할 수 있습니다. 위 예제에서는 평상시 및 손으로 터치한 상태에 대한 Title만을 설정한 상태입니다.

❹ addTarget : action:은 Button에 특정 Event(예를 들면 Touch up과 같은)에 대한 실제 동작할 함수(메소드)를 추가하는 부분입니다. action 파라미터 부분에 추가된 @selector(pressedTheButton:) 부분이 해당 버튼이 터치되었을 때 pressedTheButton:이란 메소드를 실행하라는 의미입니다. pressedTheButton 메소드에 전달되는 인자(sender)는 해당 버튼 객체가 id 형태로 전달됩니다. 이 메소드에서 버튼의 메소드나 속성을 사용하려면 전달받은 인자를 UIButton * 으로 캐스팅하여 사용하면 됩니다.

❺ addSubView은 'Chapter 03. Window와 View' 장에서 다루었습니다. 자기 자신의 뷰에 button을 추가한다는 의미입니다.

위 차이점 이외에 buttonWithType: 메소드에 사용된 Type 속성에는 6가지가 있으며 각각의 의미는 아래와 같습니다.

❶ UIButtonTypeCustom : 투명한 아무런 특징이 없는 사각형 버튼

❷ UIButtonTypeRoundedRect : 라운드 처리된 하얀 버튼

❸ UIButtonTypeDetailDisclosure : ◉ 버튼

❹ UIButtonTypeInfoLight : information button을 의미하는 하얀색 "i" 버튼

❺ UIButtonTypeInfoDark : information button을 의미하는 어두운 "i" 버튼

❻ UIButtonTypeContactAdd : ⊕ 버튼

Section 04   UIImageView

UIImageView는 Image를 보여주는(View) 역할을 하는 클래스이며, Image를 객체로 가지게 되는 UIImage 객체를 속성으로 가지고 있습니다.

```
UIImageView *imageView = [[UIImageViewalloc] initWithImage:[UIImageimageNamed:@"
cracked.png"]];
[imageView setFrame:CGRectMake(0, 0, 320, 460)];
[self.view addSubview:imageView];
[imageView release];
```

이와 같은 형태가 UIImageView를 사용하는 가장 보편적인 소스입니다. UIImage 객체를 이용한 초기화 메소드인 initWithImage:를 사용하고 frame을 설정해주고 addSubView: 메소드를 사용하여 화면에 보여주면 "cracked.png"라는 이름의 이미지가 아이폰 화면에 보여지게 됩니다.

1 UIImage

UIImageView의 속성중 하나인 UIImage에 대해서 알아보도록 하겠습니다. UIImage Class는 Image File을 이용하여 실제 사용가능한 Image 객체를 만들어 주는 클래스입니다.

```
+ (UIImage *)imageNamed:(NSString *)name
+ (UIImage *)imageWithContentsOfFile:(NSString *)path;
+ (UIImage *)imageWithData:(NSData *)data;
+ (UIImage *)imageWithCGImage:(CGImageRef)imageRef;
+ (UIImage *)imageWithCGImage:(CGImageRef)imageRef scale:(CGFloat)scale orientation:
  (UIImageOrientation)orientation;

- (id)initWithContentsOfFile:(NSString *)path;
- (id)initWithData:(NSData *)data;
- (id)initWithCGImage:(CGImageRef)imageRef;
- (id)initWithCGImage:(CGImageRef)imageRef scale:(CGFloat)scale
orientation:(UIImageOrientation)orientation;
```

UIImage.h를 살펴보면 위와 같이 UIImage의 autorelease 객체를 돌려주는 클래스 메소드가 여러 종류 보여집니다. 플러스(+) 표시가 붙은 클래스 메소드와 마이너스(−) 표시가 붙은 Instance 메소드는 동일한 기능을 하지만 클래스 메소드의 경우 메모리 할당 과정 없이 ClassName만으로 객체화가 가능한 메소드임을 앞선 장에서 이미 학습하였습니다.

사용되는 파라미터의 종류에 따라 UIImage 객체 생성이 조금씩 달라짐을 알 수 있을 것입니다.

이 외에 UIImage에서 사용가능한 속성으로는 Size, Scale 등이 있습니다.

Section 05   UILabel

UILabel은 이름과 같이 Label을 만들어 주는 클래스입니다. Label은 주로 고정된 Text에 사용하게 됩니다. 버튼처럼 Event를 받거나 하는 기능이 없으며 Text, Font, Text Color, Text Alignment 등의 속성이 사용가능합니다.

```
UILabel  *label = [[UILabelalloc] init];
[label setFrame:CGRectMake(10, 10, 150, 50)];
[label setText:@"This is a Label"];
[self.view addSubview:label];
[label release];
```

Label 객체를 위와 같은 방법으로 생성하여 사용하게 됩니다.

1 lineBreakMode

UILabel의 가장 큰 특징은 레이블의 텍스트 내용이 frame 크기를 벗어나는 경우 텍스트를 …으로 처리하여 자동으로 줄여 크기에 맞추어 출력해 주는 기능입니다. 텍스트의 실제 길이를 픽셀 단위로 계산하거나 하는 복잡한 작업을 전혀 할 필요 없이 자동으로 처리해 줍니다. 처리 방식은 UILineBreakMode라는 열거형 값으로 정의되어 있는데 아래와 같은 것들이 있습니다.

❶ UILineBreakModeHeadTruncation : 텍스트 앞 부분을 …으로 처리합니다.

❷ UILineBreakModeTailTruncation : 텍스트의 중간 부분을 …으로 처리합니다. OSX의 Finder에서 이렇게 처리하는 것을 볼 수 있습니다.

❸ UILineBreakModeMiddleTruncation : 텍스트의 뒷 부분을 …으로 처리합니다.

2 numberOfLines

UILabel에서 자주 사용되는 또 하나의 속성은 numberOfLines입니다. 이 값은 따로 지정하지 않으면 1의 값을 가지며, label 내에 텍스트를 단 한 줄로 표시한다는 의미입니다. 행 제한 없이 여러 줄로 표시하려면 아래와 같이 0을 지정하면 됩니다.

```
[label setNumberOfLines:0];
```

3 textAlignment

UILabel 내의 텍스트의 정렬은 textAlignment 속성으로 결정할 수 있고 아래의 세 가지 값을 사용합니다.

❶ UITextAlignmentLeft
❷ UITextAlignmentCenter
❸ UITextAlignmentRight

그런데 안타깝게도 UILabel의 텍스트 정렬을 좌우 정렬만 기본으로 지원하며, 세로 정렬은 지원하지 않습니다. 세로로 텍스트를 정렬하려면 UILabel 클래스를 상속받아 텍스트 출력 부분을 직접 코딩해 주어야 합니다.

Section 06 UIPageControl

UIPageControl은 아이폰에서 제공되는 굉장히 특징적인 UI 중 하나입니다.

다음의 그림은 아이폰의 Home 화면을 캡쳐한 이미지입니다.

사각형으로 표시한 부분이 바로 현재 Page를 표시하고 있는 UIPageControl입니다. 주의해야 할 점은 UIPageControl은 단순히 전체 페이지 중 현재 페이지를 표시하는 기능만 가지고 있을 뿐 실제로 페이지를 바꿔주거나 하는 기능은 전혀 가지고 있지 않습니다.

▲ UIPageControl이 사용된 아이폰 홈 화면

대부분의 UIPageControl은 UIScrollView과 함께 복합적으로 사용됩니다.

```
UIPageControl  * pageControl = [[UIPageControlalloc] init];
[pageControl setNumberOfPages:10];
[pageControl setCurrentPage:0];
[self.viewaddSubview:pageControl];
[pageControl release];
```

위와 같이 UIPageControl 클래스의 객체를 생성한 후 전체 페이지 수를 설정하고 현재 위치를 설정합니다.

UIScrollView와 함께 복합적으로 사용될 경우 Scroll을 통해 화면에 보여지는 View가 바뀔 때 현재페이지 번호를 다시 세팅해주는 방법을 통해 페이지의 이동을 표시하게 됩니다.

Section 07 Picker

Picker 또한 아이폰에서만 제공되는 특징적인 UI입니다.

아이폰 사용자라면 다음과 같은 UI를 많이 접해 보았을 것입니다. 다이얼 형태로 여러 가지 선택지 중 하나를 선택하는 기능을 제공하는 UI입니다.

▲ 시간을 선택하는 Picker 컨트롤

현재 iOS SDK에서 제공하는 Picker로는 아래와 같은 것들이 있습니다.

❶ UIDatePicker : 날짜 또는 시간을 선택하는 Picker

❷ UIPickerView : 프로그래머가 직접 설정해서 사용하는 Picker

이 Picker를 사용할 때 상당히 편리한 부분은 사용자가 값을 잘못 입력하는 경우가 있을 수가 없으므로 프로그램에서 따로 예외처리나 잘못된 값을 처리하는 수고가 많이 줄어들게 된다는 점입니다. 예를 들면 날짜를 선택하는 화면이 있다고 할 때 기존에는 2월 30일 같은 존재하지 않는 날짜를 입력하거나 하는 경우를 모두 프로그램에서 처리해야 되었으나, 아이폰의 Picker 컨트롤을 사용하면 2월 30일과 같은 잘못된 날짜는 애초에 입력할 수가 없으므로 프로그램에서 따로 처리를 하지 않아도 됩니다.

UIPickerView에는 크게 Row와 Component 속성이 있으며 Delegate 메소드와 DataSource 메소드를 통해 UI가 구성되어집니다.

UIPickerView.h를 참조해 보겠습니다.

```
@protocol UIPickerViewDataSource<NSObject>
@required
// returns the number of 'columns' to display.
- (NSInteger)numberOfComponentsInPickerView:(UIPickerView *)pickerView;
// returns the # of rows in each component..
- (NSInteger)pickerView:(UIPickerView *)pickerView
numberOfRowsInComponent: (NSInteger)component;
@end
```

위와 같이 UIPickerView.DataSource Protocol 중 @required로 선언된 메소드가 두 종류가 있습니다. 앞에서도 언급했다시피 @required로 선언된 메소드는 해당 UI를 구성하는데 필수로 구현되어야 하는 메소드를 말합니다.

```
(NSInteger)numberOfComponentsInPickerView:(UIPickerView *)pickerView;
```

=〉 이 메소드는 Component의 수를 return함으로서 Component의 갯수를 설정해줍니다.

```
(NSInteger)pickerView:(UIPickerView *)pickerView
numberOfRowsInComponent:(NSInteger)component;
```

=〉 이 메소드는 각 Component별로 Row의 갯수를 return 해줌으로서 설정하게 됩니다.

Row와 Component 갯수 이외에 내용을 세팅하는 기능이 필요합니다. Picker에 들어가게 될 내용은 아래의 Delegate 메소드가 지원하게 됩니다.

```
(NSString *)pickerView:(UIPickerView *)pickerView titleForRow:(NSInteger)row
forComponent:(NSInteger)component;
//→ NSString 타입의객체를 return 함으로서각Component당각 Row에 Text를설정하는 Method입니다.
(UIView *)pickerView:(UIPickerView *)pickerView viewForRow:(NSInteger)row
forComponent:(NSInteger)component reusingView:(UIView *)view;
//→ UIView타입객체를 return함으로서각 Row에 view를설정하는 Method입니다. 단순 Text가아닌
UIImageView등의객체를 return함으로서좀더다양한형태의 Picker를구현할수있습니다.
```

Section 08 UIProgressView

UIProgressView는 진행 상태를 표시하는데 사용되는 UI입니다. 흔히 Loading을 표현하기 위해 사용하며 또는 Media Player의 진행 상태를 나타내는데 사용되는 UI입니다. UIProgressView는 매우 간단한 기능만을 제공하는 UI입니다. UI를 생성하는 소스를 보고 분석해 보도록 하겠습니다.

```
UIProgressView *progressView = [[UIProgressViewalloc]
 initWithProgressViewStyle:UIProgressViewStyleBar];
[progressView setFrame:CGRectMake(10, 10, 200, 40)];
[progressView setProgress:0.4f];
[self.view addSubview:progressView];
[progressView release];
```

❶ initWithProgressViewStyle:이란 메소드를 사용하여 ProgressView Type 설정과 함께 객체 초기화를 진행합니다.

❷ Frame 설정을 통하여 화면에 보여지게 될 위치 및 사이즈를 설정합니다.

❸ Progress라는 속성(Property) 값을 통해 진행 상태를 표시합니다. (0~1)

• 값의 범위는 float형으로 0부터 1까지 설정할 수 있으며 1일 경우 100%를 의미합니다.

❹ Style은 두 가지가 있습니다. 일반적으로 Default 스타일을 사용하고, 네비게이션 바와 같은 곳에 사용할 경우에 Bar 스타일을 사용합니다.

• UIProgressViewStyleDefault

• UIProgressViewStyleBar

Section 09 UIScrollView

UIScrollView는 작은 화면에 큰 사이즈의 Content를 보여주기 위한 용도로 사용되어집니다. 화면보다 큰 Content를 표시하기 위해 Zoom이나 Drag와 같은 사용자의 동작을 쉽게 다룰 수 있는 기능을 제공합니다. ScrollView의 기본 사용법을 살펴보겠습니다.

```
//UIScrollView를 생성
UIScrollView *scrollView = [[UIScrollViewalloc] initWithFrame:CGRectMake(0, 0, 320, 460)];
//Content로 사용될 ImageView를 생성
UIImageView *imageView = [[UIImageViewalloc] initWithImage:[UIImageimageNamed:@"cracked.png"]];
[scrollView addSubview:imageView]; //ScrollView에 ImageView를 붙여줌
[imageView release];
[self.viewaddSubview:scrollView];//필요한 곳에 ScrollView를 붙여줌
[scrollView release];
[scrollView setContentSize:imageView.frame.size]; //Content의 Size를 지전해 줍니다.
//--〉 Content의사이즈가 ScrollView의 frame size보다 클 경우 스크롤 기능이 지원됩니다.
```

UIScrollView를 생성하는 방법은 여느 뷰와 다르지 않습니다. 다만 Content라는 개념의 View가 포함되어 있다는 것이 차이점일 것입니다. UIScrollView에서 Content를 화면에 표시하기 위한 중요한 속성이 두 가지 있습니다.

@property(nonatomic) CGPoint contentOffset;

@property(nonatomic) CGSize contentSize;

contentOffSet 속성은 좌표(x, y)를 가지고 현재 화면에 content의 어느 위치를 보여줄 것인가에 대한 속성이며, contentSize는 ScrollView가 담고 있는 Content의 전체 크기를 담고 있는 속성입니다.

UIScrollView는 화면보다 큰 사이즈의 Content를 보여주기 위해 Zoom 또는 Scroll과 같은 '기능'을 제공해줍니다. 더불어 스크롤이 언제 시작되고 끝나는가, 언제 줌이 시작되고 끝나는가 등의 부가적인 기능도 제공됩니다. 이런 부가기능들은 UIScrollViewDelegate라는 Protocol을 통해 제공됩니다.

UIScrollView에는 아래와 같은 Delegate 메소드가 있습니다. 크게 Scroll/Drag 기능에 대한 메소드와 Zoom 기능에 대한 메소드가 있습니다.

우선, Scroll/Drage 기능에 대한 Delegate 메소드는 다음과 같습니다.

❶ – (void)scrollViewDidScroll:(UIScrollView *)scrollView;
• ScrollView에서 Scroll이 발생하였을 때 호출됩니다.
❷ – (void)scrollViewDidZoom:(UIScrollView *)scrollView;
• ScrollView에서 Zoom이 발생하였을 때 호출됩니다.

❸ - (void)scrollViewWillBeginDragging:(UIScrollView *)scrollView;
- 드래그가 시작될 때 호출됩니다.

❹ - (void)scrollViewDidEndDragging:(UIScrollView *)scrollView willDecelerate:(BOOL) decelerate;
- 드래그가 끝났을 때 호출됩니다.

❺ - (void)scrollViewWillBeginDecelerating:(UIScrollView *)scrollView;
- 감속, 즉 사용자가 손을 떼고 드래그되는 속력이 줄어드는 순간 호출됩니다.

❻ - (void)scrollViewDidEndDecelerating:(UIScrollView *)scrollView;
- 감속이 끝나고 뷰가 정지되는 순간 호출됩니다.

❼ - (void)scrollViewDidEndScrollingAnimation:(UIScrollView *)scrollView;
- 스크롤 애니메이션이 끝날 때 호출됩니다.

그 외에, Zoom과 관계된 Delegate 메소드로는 다음과 같은 메소드가 지원됩니다.

❽ - (UIView *)viewForZoomingInScrollView:(UIScrollView *)scrollView;
- 입력 파라미터로 들어온 ScrollView 객체에서 스크롤이 시작되기 직전 호출되는 메소드로 어떤 뷰에 대해 Zoom을 수행할지를 결정하는 부분입니다. Zoom을 수행하고자 하는 뷰를 반환해주면 됩니다. 대부분 입력받은 ScrollView의 Content(서브 뷰)를 반환하여 사용하게 됩니다.

❾ - (void)scrollViewWillBeginZooming:(UIScrollView *)scrollView withView:(UIView *)view;
- Zooming이 시작될 때 호출됩니다.

❿ - (void)scrollViewDidEndZooming:(UIScrollView *)scrollView withView:(UIView *)view atScale:(float)scale;
- Zooming이 끝날 때 호출됩니다.

⓫ - (BOOL)scrollViewShouldScrollToTop:(UIScrollView *)scrollView;
- Statis bar(시간 등이 표시되는 최상단의 바)가 터치된 경우, 스크롤 뷰의 최상단으로 이동할 것인지 여부를 결정합니다.

⓬ - (void)scrollViewDidScrollToTop:(UIScrollView *)scrollView;
- 스크롤 뷰의 가장 위쪽까지 스크롤된 경우 호출됩니다.

아래 예제는 스크롤 뷰에서 페이징 처리가 어떻게 되는지 보여주는 예입니다.
pagingEnabled 값을 YES로 설정하면 아이폰 메인 화면처럼 자연스러운 페이지 이동이 가능합니다.

```
- (void)viewDidLoad {
        [super viewDidLoad];

        UIScrollView *_scrollView = [[UIScrollView alloc] initWithFrame:CGRectMake(0, 0, 320,460)];
        [_scrollView setPagingEnabled:YES]; //페이징 가능하게 설정
```

```
    [self.view addSubview:_scrollView];
    [_scrollView release];


    UIView *contentView = [[UIView alloc] initWithFrame:CGRectMake(0, 0, 640, 460)];


    UILabel *page1 = [[UILabel alloc] initWithFrame:CGRectMake(140, 220, 40, 40)];
    [page1 setText:@"1"];
    [page1 setTextAlignment:UITextAlignmentCenter];
    [contentView addSubview:page1];
    [page1 release];


    UILabel *page2 = [[UILabel alloc] initWithFrame:CGRectMake(320+140, 220, 40, 40)];
    [page2 setText:@"2"];
    [page2 setTextAlignment:UITextAlignmentCenter];
    [contentView addSubview:page2];
    [page2 release];


    [_scrollView addSubview:contentView];
    [contentView release];


  [_scrollView setContentSize:contentView.frame.size];
}
```

Section 10 UISearchBar

UISearchBar 클래스는 Search기능을 위한 UI를 제공하는 클래스입니다.
객체 생성방법은 다른 뷰와 다르지 않습니다.

```
UISearchBar *searchBar = [[UISearchBaralloc] initWithFrame:CGRectMake(10, 10, 300, 50)];
[searchBar setShowsBookmarkButton:YES];
[searchBar setShowsCancelButton:YESanimated:YES];
[searchBar setShowsSearchResultsButton:YES];
[self.view addSubview:searchBar];
[searchBar release];
```

위와 같이 여느 뷰를 생성하는 것과 동일한 방법으로 객체를 생성해주면 다음과 같은 흔히 볼 수 있는
SearchBar가 생성됩니다.

▲ UISearchBar

UISearchBar도 다양한 동작에 대한 UISearchBarDelegate 메소드가 제공되고 있습니다.

```
- (BOOL)searchBarShouldBeginEditing:(UISearchBar *)searchBar;
- (void)searchBarTextDidBeginEditing:(UISearchBar *)searchBar;
- (BOOL)searchBarShouldEndEditing:(UISearchBar *)searchBar;
- (void)searchBarTextDidEndEditing:(UISearchBar *)searchBar;
- (void)searchBar:(UISearchBar *)searchBar textDidChange:(NSString *)searchText;
- (BOOL)searchBar:(UISearchBar *)searchBar shouldChangeTextInRange:(NSRange)range
replacementText:(NSString *)text;
- (void)searchBarSearchButtonClicked:(UISearchBar *)searchBar;
- (void)searchBarBookmarkButtonClicked:(UISearchBar *)searchBar;
- (void)searchBarCancelButtonClicked:(UISearchBar *) searchBar;
- (void)searchBarResultsListButtonClicked:(UISearchBar *)searchBar;
- (void)searchBar:(UISearchBar *)searchBar selectedScopeButtonIndexDidChange:(NSInteger)
  selectedScope;
```

이 외에

```
@property(nonatomic) BOOL showsBookmarkButton;
@property(nonatomic) BOOL showsCancelButton;
@property(nonatomic) BOOL showsSearchResultsButton;
```

위와 같은 속성(Property)를 이용하여 다음과 같은 좀 더 다양한 기능의 SearchBar를 구현해 볼 수 있습니다.

Section 11 UISegmentedControl

UISegmentedControl은 2가지 이상의 버튼이 나열된 형태의 UI를 제공하는 클래스로 사용자로 하여금 여러 가지 중 하나만 선택하도록 하는 컨트롤입니다.

UISegmentedControl의 경우

```
- (id)initWithItems:(NSArray *)items;
```

이라는 초기화 메소드기 제공되고 있습니다.

입력 파라미터로 배열 형태의 item을 받아서 Content를 구성하게 됩니다. Item으로 사용 가능한 것은 NSString 또는 UIImage 타입의 객체들이며, 가로 크기에 딱 맞도록 크기가 자동으로 조절되어 나타나게 됩니다.

```
UISegmentedControl *segmentedControl = [[UISegmentedControlalloc]
                        initWithItems:[NSArrayarrayWithObjects:@"1번", @"2번", @"3번",
  nil]];
```

```
[segmentedControl setFrame:CGRectMake(10, 10, 300, 50)];
[segmentedControl addTarget:self action:@selector(pressedTheButton:)
forControlEvents:UIControlEventValueChanged];
[self.view addSubview:segmentedControl];
[segmentedControl release];
```

이와 같은 방법으로 UISegmentedControl 객체를 생성할 수 있으며 UISegmentedControl을 생성하게 된다면, 다음과 같은 형태의 버튼이 생성됩니다.

▲ UISegmentedControl

UISegmentedControl 또한 UIButton과 같이 UIControl 클래스를 상속받은 Button의 일종입니다. UIButton에서와 같이 addTarget: action: forControlEvents: 메소드를 사용하여 터치되었을 때의 기능을 만들어 줄 수 있습니다.

한 가지 차이점은 UIButton의 경우 UIControlEventTouchUpInside와 같은 Touch Event를 통하여 동작하였다면, UISegmentedControl의 경우 UIControlEventValueChanged란 Event를 통하여 동작하게 됩니다.

Section 12 UISwitch

UISwitch는 On/Off 토글(toggle) 형태의 스위치 기능을 제공합니다.
Windows에서 체크 버튼으로 표현하는 기능은 iPhone에서는 UISwitch로 대신합니다.

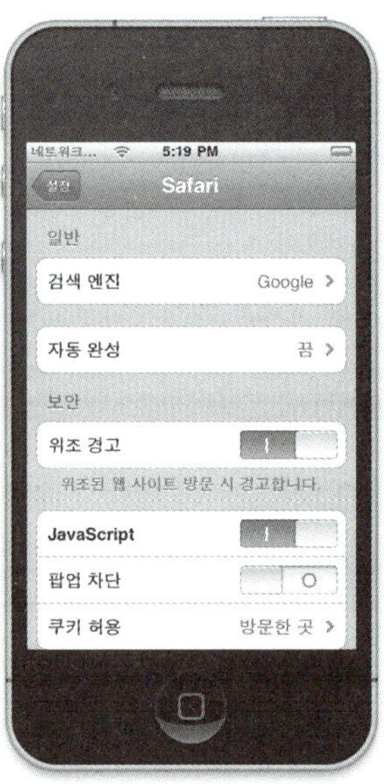

▲ UISwitch가 사용된 화면

UISwitch 는 크기가 고정되어 있기 때문에 프레임 설정시 width, height 부분은 무시됩니다.

```objc
- (void)viewDidLoad {
        [super viewDidLoad];

        UISwitch *_switch = [[UISwitch alloc] init];
        [_switch setFrame:CGRectMake(10, 10, 0, 0)];
        [_switch addTarget:self action:@selector(valueChanged:)
forControlEvents:UIControlEventValueChanged];
        [self.view addSubview:_switch];
        [_switch release];
}

- (void)valueChanged:(id)sender
{
        UISwitch *_switch = (UISwitch *)sender;
        NSLog(@"%d", _switch.on);
}
```

On/Off 토글 이벤트 처리는 UISegmentedControl과 유사하게 UIControlEventValueChanged 이벤트를 감지하도록 설정하면 됩니다.

Section 13 UISlider

UISlider 클래스는 Touch & Drag를 이용하여 값을 변경하는 기능의 클래스입니다.

UISlider 생성 방법 또한 UISegmentedControl과 다르지 않습니다.

```objc
UISlider *slider = [[UISlideralloc] initWithFrame:CGRectMake(10, 10, 300, 40)];
[slider addTarget:selfaction:@selector(valueChanged:)
forControlEvents:UIControlEventValueChanged];
[self.viewaddSubview:slider];
[slider release];
```

이와 같이 생성하게 되면 다음과 같은 UI가 나타나게 됩니다.

▲ UISlider

UISlider 또한 UIControl 클래스를 상속받았으므로 addTarget: action: forControlEvents: 메소드를 이용하여 Value가 변경되는 순간 @selector()로 지정한 메소드를 호출하게 됩니다.

UISlider의 경우 다음과 같은 중요한 속성들이 사용됩니다.

@property(nonatomic) float value;

• 현재 값

@property(nonatomic) float minimumValue;

• 최소 값

@property(nonatomic) float maximumValue;

• 최대 값

UISlider는 총 세 부분으로 구성되어지는데 현재 Value를 표시하는 동그란 부분인 Thumb, Thumb을 기준으로 좌측으로 Thumb의 값보다 작은 값을 나타내는 부분인 minimumValueImage, 그리고 우측으로 Thumb 의 값보다 큰 값을 나타내는 부분인 maximumValueImage로 구성되며 세 가지 구성요소 모두 다음과 같은 메소드를 사용하여 UIImage로 교체가 가능합니다.

```
- (void)setThumbImage:(UIImage *)image forState:(UIControlState)state;
- (void)setMinimumTrackImage:(UIImage *)image forState:(UIControlState)state;
- (void)setMaximumTrackImage:(UIImage *)image forState:(UIControlState)state;
```

Section 14 UITextField

UITextField 클래스는 한 줄로 된 글을 입력 받을 때 사용하는 클래스입니다. 흔히 로그인, 로그아웃과 같은 짧은 문장 또는 단어를 입력 받는 용도로 사용합니다.

다음과 같이 생성하여 사용하며 boderStyle 을 설정하지 않을 경우 투명한 TextField가 기본 제공됩니다.

```
UITextField *textField = [[UITextFieldalloc] initWithFrame:CGRectMake(10, 10, 300, 30)];
[textField setBorderStyle:UITextBorderStyleRoundedRect];
[self.viewaddSubview:textField];
[textField release];
```

BoderStyle로는 네 가지 Style이 제공되며 각 스타일별 UI는 다음과 같습니다.

❶ UITextBorderStyleNone

• 투명

❷ UITextBorderStyleLine

•

❸ UITextBorderStyleBezel

•

❹ UITextBorderStyleRoundedRect

•

UItextField 클래스 또한 Text에 관련된 다양한 속성(Property)들을 사용할 수 있으며, UITextFieldDelegate 메소드를 사용하여 키보드의 'return' 키가 눌러졌을 때의 동작, 또는 글의 수정이 시작되거나 끝났을 때의 동작을 구현해 줄 수 있습니다.

Section 15 UITextView

UITextView는 긴 글을 쓰거나 보여주는 기능이 제공되는 클래스입니다. 위에서 짧은 글 또는 단어를 입력하는데 UITextfield를 사용했었는데 UITextfield가 확장된 개념으로 이해하시면 될 것입니다. UItextView의 경우 UITextViewDelegate 메소드가 제공되어 '글이 수정되는 순간', '글의 수정이 끝난 순간', 'Text 교체' 등에 대한 기능을 사용할 수 있습니다.

UITextView의 기본 생성 방법은 여느 뷰와 동일합니다.

```
UITextView *textView = [[UITextViewalloc] initWithFrame:CGRectMake(10, 10, 300, 440)];
[textView setBackgroundColor:[UIColorwhiteColor]];
[textView setDelegate:self];
[self.viewaddSubview:textView];
[textView release];
```

또한 Text를 다루는 클래스이기 때문에 Text에 관련된 Font, TextColor, TextAlignment 등의 속성을 사용할 수 있습니다.

Section 16 UIWebView

▲ UIWebView

UIWebView 클래스는 웹 브라우저의 역할을 하는 클래스입니다. URL을 통한 웹 페이지를 보여준다거나 HTML 포맷의 파일을 보여주는 기능을 합니다. UIWebView클래스 또한 생성방법은 다른 뷰와 다르지 않습니다.

```
UIWebView *webView = [[UIWebViewalloc] initWithFrame:CGRectMake(10, 10, 300, 440)];
[webView        loadRequest:[NSURLRequestrequestWithURL:[NSURLURLWithString:@"
http://truemobile.com"]]];
[webView setScalesPageToFit:YES];
[self.viewaddSubview:webView];
[webView release];
```

UIWebView 자체만으로는 HTML 페이지를 출력하는 기능만 제공할 수 있으므로, UIWebViewDelegate 의 메소드들을 통해 다른 브라우저와 같이 이전 페이지와 다음 페이지로 이동하는 기능 또는 화면에 맞추어 사이즈를 다시 조절하는 기능 등을 처리할 수 있으며, 링크를 터치하는 이벤트들도 처리할 수 있습니다.

Section 17 UIActivityIndicatorView

UIActivityIndicatorView UIActivityIndicatorView는 어떤 작업이 진행중이라는 것을 사용자에게 시각적으로 표현하기 위해 사용되는 뷰로서(아이폰 사용자라면 매우 익숙한) 뱅글뱅글 돌아가는 모양을 출력해 주는 기능을 합니다. Windows에서 모래시계로 표시되는 것과 같은 의미입니다.

아래 예제는 window based 애플리케이션으로 윈도우에 Activity Indicator를 출력하는 예입니다.

```
- (BOOL)application:(UIApplication *)application didFinishLaunchingWithOptions:(NSDictionary
*)launchOptions {

    // Override point for customization after application launch.
    UIActivityIndicatorView *ai = [[UIActivityIndicatorView alloc]
initWithActivityIndicatorStyle:UIActivityIndicatorViewStyleGray];
    [ai setCenter:CGPointMake(160, 160)];
    [ai startAnimating];
    [window addSubview:ai];

    [self.window makeKeyAndVisible];

    return YES;
}
```

▲ 예제실행화면

UIActivityIndicatorView는 initWithActivityIndicatorStyle이라는 메소드를 제공하고 있으며, 정형화된 형태의 인디케이터를 선택할 수 있습니다. 스타일 종류로는 아래 세 가지가 제공됩니다.

❶ UIActivityIndicatorViewStyleWhiteLarge : 37×37 크기의 하얀색 인디케이터

❷ UIActivityIndicator ViewStyleWhite : 20×20 크기의 하얀색 인디케이터

❸ UIActivityIndicatorViewStyleGray : 20×20 크기의 회색 인디케이터

애니메이션을 시작하려면 startAnimating 메소드를, 애니메이션을 멈추고 화면에서 보이지 않게 하려면 stopAnimating 메소드를 호출하면 됩니다.

Section 18   UIToolBar & UIBarButtonItem

UIToolBar는 toolbar item이라고 불리는 버튼들을 모아놓은, 툴바를 생성하는데 사용되는 클래스입니다. 대표적으로 아이폰의 기본 사파리 브라우저의 경우 하단에 툴바가 위치해 있습니다.

▲ 툴바가 사용된 Safari 브라우저 화면

툴바는 주로 화면 하단에 위치하는 것이 일반적이지만 화면 어느 곳이든 위치할 수 있습니다.

```objc
- (void)viewDidLoad {
        [super viewDidLoad];

        UIToolbar *toolbar = [[UIToolbar alloc] initWithFrame:CGRectMake(0, 460-44, 320, 44)];
        [self.view addSubview:toolbar];
        [toolbar release];

        UIBarButtonItem *item1 = [[UIBarButtonItem alloc]
initWithBarButtonSystemItem:UIBarButtonSystemItemCamera target:self action:@selector(actionCamera:)];
        UIBarButtonItem *blank = [[UIBarButtonItem alloc]
initWithBarButtonSystemItem:UIBarButtonSystemItemFlexibleSpace target:nil action:nil];
        UIBarButtonItem *item2 = [[UIBarButtonItem alloc] initWithTitle:@"Test"
style:UIBarButtonItemStyleBordered target:self action:@selector(actionTest:)];

        [toolbar setItems:[NSArray arrayWithObjects:item1, blank, item2, nil]];

        [item1 release];
        [blank release];
        [item2 release];
}

- (void)actionCamera:(id)sender
{ }
- (void)actionTest:(id)sender
```

```
{
}
```

▲ 예제 실행 화면

툴바 버튼은 UIBarButtonItem 클래스의 객체로 생성하며, 초기화 메소드는 아래와 같은 것들이 있습니다.

　- (id)initWithBarButtonSystemItem:(UIBarButtonSystemItem)sys temItem target:(id)target action:(SEL)action

SDK에서 기본으로 제공하는 아이콘을 사용하려고 할 때 씁니다. 제공하는 아이콘 목록은 SDK 도움말을 참고하시기 바랍니다.

　- (id)initWithCustomView:(UIView ＊)customView

직접 생성한 뷰를 붙여 생성할 때 사용합니다.

　- (id)initWithImage:(UIImage ＊)image
style:(UIBarButtonItemStyle)style target:(id)target action:(SEL)action

이미지 파일을 아이콘으로 사용합니다.

　- (id)initWithTitle:(NSString ＊)title
style:(UIBarButtonItemStyle)style target:(id)target action:(SEL)action

텍스트로 간단하게 만드는 버튼을 생성합니다.

UIBarButtonItemStyle로는 아래와 같은 것들이 있습니다.

❶ UIBarButtonItemStylePlain : 테두리 효과 없이 해당 텍스트나 이미지를 출력합니다.

❷ UIBarButtonItemStyleBordered : 버튼 모양의 테두리 효과가 추가됩니다.

❸ UIBarButtonItemStyleDone : 파란색의 버튼 모양 효과가 추가됩니다.

Section 19   UIActionSheet

UIActionSheet는 사용자로 하여금 여러 개의 액션 중 하나를 선택하도록 요구할 때 사용됩니다. 일반적으로 툴바 아이템 중 UIBarButtonSystemItemAction 스타일의 툴바(   )를 선택한 경우에 주로 사용됩니다.

사용 방법은 아래 예제와 같습니다. iPad에서도 동일하게 테스트해 볼 수 있도록 이번 예제는 viewDidAppear 부분에 작성하였습니다.

```
- (void)viewDidAppear:(BOOL)animated
{
        [super viewDidLoad];

        UIActionSheet *sheet = [[UIActionSheet alloc] initWithTitle:@"Action sheet test"

                        delegate:self cancelButtonTitle:@"Cancel"

destructiveButtonTitle:@"Delete"

otherButtonTitles:@"Copy", nil];
        [sheet showInView:self.view];
}

- (void)actionSheet:(UIActionSheet *)actionSheet clickedButtonAtIndex:(NSInteger)buttonIndex
{
}
```

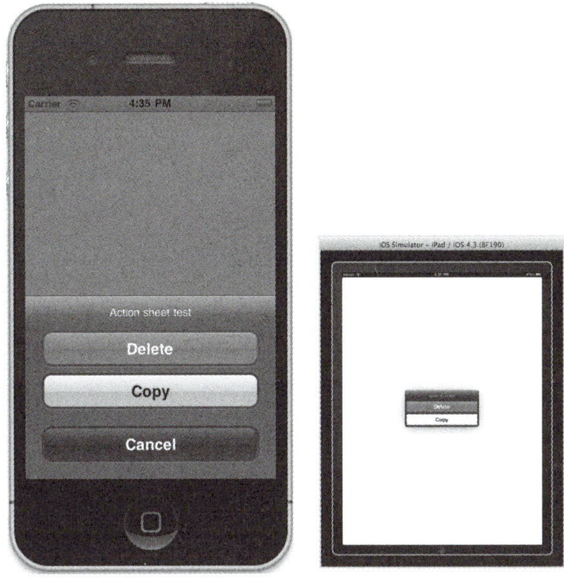

▲ 예제 실행 화면

액션 시트의 버튼 선택시 −actionSheet:clickedButtonAtIndex: 델리게이트 메소드가 호출되기 위해서는 클래스 헤더 파일에서 UIActionSheetDelegate를 반드시 선언해 주어야 합니다.

액션 시트의 버튼에는 세 종류가 있습니다.

❶ Cancel Button : 일반적으로 액션 시트를 닫고 아무 동작도 하지 않는 것으로 사용합니다. iPad용 앱에서는 cancel button이 필요 없고 팝오버로 출력되는 시트 바깥 부분을 선택하면 자동으로 없어지므로 액션 시트의 cancel button을 nil로 설정하도록 권장하고 있습니다.

❷ Destructive Button : 해당 버튼 선택시 무언가 삭제하는 등의 위험한 동작일 경우 빨간색 버튼으로 표시됩니다. 단순히 버튼을 강조하기 위한 용도로 사용하는 것은 바람직하지 않습니다.

❸ Other buttons : 위 두 가지 버튼 이외에 특정한 동작을 수행하기 위한 버튼들입니다.

06 Chapter

테이블 뷰 (Table View)

아이폰 애플리케이션을 개발할 때 가장 많이 사용하게 되는 컨트롤 중 하나가 바로 테이블 뷰 (UITableView)입니다.

테이블 뷰는 아이폰의 설정 화면, 연락처와 같은 여러 목록 중 하나를 선택하는 화면뿐 아니라 트위터 애플리케이션 등에서 사용되는 것처럼 목록을 표현하는 리스트의 형태로도 사용됩니다. 리스트를 표현할 때 항목의 개수에는 제한을 두지 않습니다.

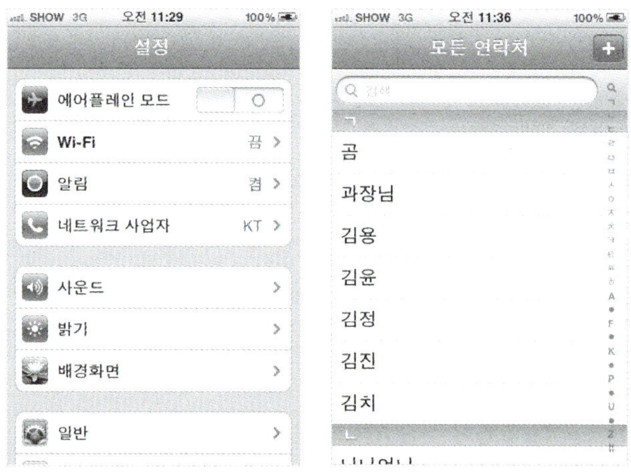

▲ 테이블 뷰가 사용된 예

테이블 뷰를 사용할 때에는 두 가지 제약이 존재하는데 수직 스크롤만 가능하다는 것과 단 한 개의 열로만 구성된다는 점입니다.

테이블 뷰 컨트롤러(UITableViewController)는 애플에서 제공하는 기본 뷰 컨트롤러들 중 하나로 뷰 컨트롤러를 상속받습니다. 테이블 뷰 컨트롤러에는 tableView라는 이름의 속성이 있는데 이 tableView가 실제로 화면에 테이블을 출력해 주는 테이블 뷰입니다.

테이블 뷰의 종류는 다음 그림과 같이 기본(plain)과 그룹(grouped) 두 가지 형태로 나뉩니다. 테이블의 행들을 하나의 그룹으로 묶기 위해서는 아래에서 설명할 섹션을 사용하면 됩니다.

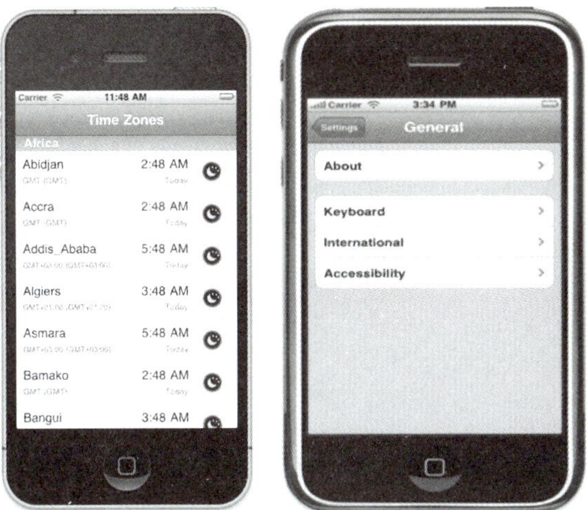

▲ 테이블의 종류

테이블 뷰에는 섹션(Section)이라는 용어가 있는데, 이 섹션은 테이블 뷰의 항목들을 하나의 묶음으로 표현하기 위한 단위입니다. 다음 그림은 세 개의 섹션과 각 섹션별로 세 개의 행을 가지는 테이블 뷰에 대한 예입니다. 왼쪽은 그룹 스타일로 표현한 경우이고, 오른쪽은 플레인 스타일로 표현한 경우입니다.

▲ 섹션

Lesson 01   테이블 뷰 컨트롤러의 생성

테이블 뷰 컨트롤러를 만들 때는 다음 그림처럼 UITableViewController를 바로 상속받거나 UIView Controller를 상속받은 컨트롤러에 UITableViewDelegate, UITableViewDataSource를 지정하고 UITableView 멤버 변수를 생성하여 사용하기도 합니다.

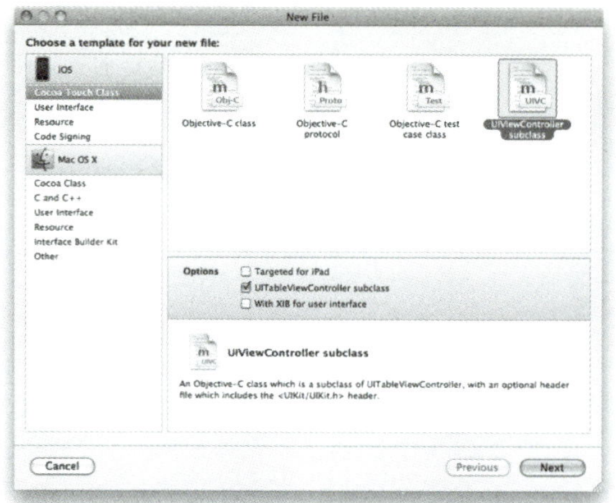

▲ Xcode에서 UITableViewController subclass 만들기

UITableView를 사용할 때에는 MVC 구조 패턴을 따르므로 Model:UITableViewDataSource, Controller:UITableViewDelegate를 다음과 같이 설정해주어야 합니다.

```
[tableView setDataSource:self];
[tableView setDelegate:self];
```

테이블 뷰를 사용할 때는 반드시 다음의 메소드들이 구현되어 있어야 합니다.

```
datasource:
(NSInteger)tableView:(UITableView *)tableView
numberOfRowsInSection:(NSInteger)Section
```

⇒ 해당 섹션에 표시될 ROW의 수

```
(UITableViewCell *)tableView:(UITableView *)tableView
cellForRowAtIndexPath:(NSIndexPath *)indexPath
```

⇒ 각 ROW에 들어갈 Cell의 내용

NSIndexPath는 row와 section을 속성으로 가지는 클래스입니다. 아이폰 개발자 문서에서 검색시 NSIndexPath UIKit Additions로 검색하면 됩니다.

UITableViewController를 상속받지 않고 테이블 뷰를 구현할 때 위의 두 메소드가 구현되지 않으면 실행 시 warning 과 함께 제대로 실행되지 않습니다.

테이블 뷰의 셀을 선택했을 때 다음에 이루어질 실행 결과를 나타낼 때는 아래 메소드에 구현합니다.

```
delegate:
(void)tableView:(UITableView *)tableView
didSelectRowAtIndexPath:(NSIndexPath *)indexPath
```

⇒ Row가 선택됐을 때 실행될 내용

numberOfSectionsInTableView, numberOfRowsInSection 메소드에서 지정된 섹션, Row 수만큼 섹션 과 셀을 만들어 내므로 그 이하 또는 이상의 숫자를 대입하여 잘못된 접근을 하지 않도록 주의해야 합니다.

Lesson 02　　UITableViewCell

각 ROW마다 하나의 셀이 존재하며 이 셀 위에 표시될 내용을 붙여 넣습니다. 셀은 내부 뷰, 액세서리 뷰, 서브타이틀뷰 등을 포함하고 있고 다양한 내용을 표시하기 위한 이미지, 메인 레이블, 디테일 레이블 등으로 구성됩니다.

▶ 이미지가 포함된 테이블 뷰

테이블 뷰는 섹션 및 행 개수의 제한이 없기 때문에 해당하는 셀을 모두 만들어 내기에는 모바일의 특성상 메모리 문제가 불가피하게 발생하게 됩니다. 그래서 현재 화면상에 보여지는 셀들 아래에 존재하고 화면을 위로 스크롤시 보이게 될 부분은 앞서 보여지던 셀을 다시 사용하게 됩니다. 셀이 재사용되는 시점은 보통 테이블뷰를 스크롤하면서 새로운 셀이 보여지려고 할 경우이며, 이전에 화면에서 사라졌던 셀을 다시 가져 와 사용합니다. 이를 "셀의 재사용"이라고 합니다.

예를 들면, 100개의 행을 가지는 테이블 뷰가 있다고 가정하고 화면에는 동시에 최대 10개의 행이 보여진다 고 하면 (스크롤하면서 행의 일부만 보여지는 경우도 포함합니다.) 실제 UITableViewCell은 10개 분량만 메모리가 할당되고 이들 10개에서 실제 화면에 출력될 셀을 재사용하게 됩니다.

만들어진 셀 객체들은 큐에 저장되고 셀이 만들어질 때 각각의 identifier를 받아서 재사용 여부를 검토합니다. 큐가 사용되는 부분은 cellForRowAtIndexPath 메소드에 나타나 있습니다.

기본으로 제공되는 cellForRowAtIndexPath 메소드 내부를 보면 셀을 생성할 때 큐에 들어있는 셀 identifier 를 받아 재사용 여부를 확인하는 부분이 있습니다.

셀의 재사용에 관해서는 다음 절에서 다시 자세히 다루기로 하고, 여기에선 셀에 원하는 값을 넣는 예제를 살펴보겠습니다.

• UITableViewCell 구현부

```
- (UITableViewCell *)tableView:(UITableView *)tableView cellForRowAtIndexPath:(NSIndexPath
*)indexPath {
    static NSString *CellIdentifier = @"Cell";

    UITableViewCell *cell = [tableView dequeueReusableCellWithIdentifier:CellIdentifier];
    if (cell == nil) {
            cell = [[[UITableViewCell alloc] initWithStyle:UITableViewCellStyleDefault
reuseIdentifier:CellIdentifier] autorelease];
    }

    // Configure the cell...

    return cell;
}
```

"//Configure the cell..." 주석 부분에 셀의 내용을 정의해주면 됩니다.

• Cell 구현의 예

```
// Customize the appearance of table view cells.
- (UITableViewCell *)tableView:(UITableView *)tableView cellForRowAtIndexPath:(NSIndexPath
*)indexPath {
    static NSString *CellIdentifier = @"Cell";

    UITableViewCell *cell = [tableView dequeueReusableCellWithIdentifier:CellIdentifier];
    if (cell == nil) {
            cell = [[[UITableViewCell alloc] initWithStyle:UITableViewCellStyleDefault
reuseIdentifier:CellIdentifier] autorelease];
    }

        cell.accessoryType = UITableViewCellAccessoryDisclosureIndicator;


        // 셀에 임의적으로 올리기
            UIImageView *secondImageView = [[UIImageView alloc] initWithImage:[UIImage
imageNamed:@"2ndPicture.png"]];
            [secondImageView setFrame:CGRectMake(200, 5, secondImageView.frame.size.width,
secondImageView.frame.size.height)];
        [cell addSubview:secondImageView];
        [secondImageView release];
    }

    // 셀의 구성 요소에 올리기
    [[cell textLabel] setText:[NSString stringWithFormat:@"Cell %d", [indexPath row]+1]];
```

```
    [[cell imageView] setImage:[UIImage imageNamed:@"picture.png"]];


    return cell;
}
```

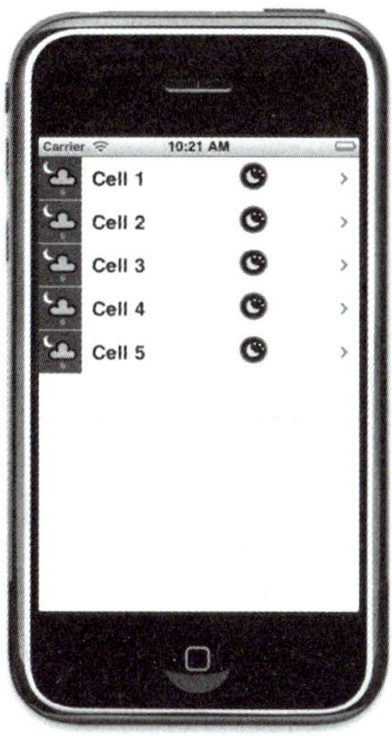

▲ 실행 결과

Lesson 03 　　셀 재사용 테크닉

테이블 뷰를 사용하면서 가장 혼란스러운 부분이 이 셀의 재사용에 대한 부분입니다. 앞서 메모리 절약을 위해 셀을 재사용한다고 설명을 하였는데 UITableViewCell의 기본 항목들, 즉 위 예제의 [cell textLabel], [cell imageView]들만을 사용할 경우에는 별다른 문제가 없지만 앞선 예제와 같이 셀을 커스터마이징해서 사용할 경우 이전 셀의 내용이 겹쳐 보인다거나 엉뚱한 내용이 나온다거나 하는 문제를 많이 겪게 됩니다.

테이블뷰 셀을 커스터마이징하여 사용할 경우는 아래 소스와 같은 기법을 사용하게 됩니다. 핵심은 tag 지정과 viewWithTag의 사용입니다.

```
- (NSInteger)numberOfSectionsInTableView:(UITableView *)tableView {
    // Return the number of sections.
    return 1;
}


- (NSInteger)tableView:(UITableView *)tableView numberOfRowsInSection:(NSInteger)section {
```

```objc
    // Return the number of rows in the section.
    return 30;
}



// Customize the appearance of table view cells.

#define TAG_MAINLABEL 100
#define TAG_SECONDLABEL 200
#define TAG_IMAGE 300

- (UITableViewCell *)tableView:(UITableView *)tableView cellForRowAtIndexPath:(NSIndexPath
 *)indexPath {

    static NSString *CellIdentifier = @"Cell";
    NSArray *images = [NSArray arrayWithObjects:@"mobile.png", @"home.png", @"office.png", nil];

    UILabel *labelMain, *labelSecond;
    UIImageView *imageView;

    UITableViewCell *cell = [tableView dequeueReusableCellWithIdentifier:CellIdentifier];
    if (cell == nil) {
        //셀을 새로 생성함
        cell = [[[UITableViewCell alloc] initWithStyle:UITableViewCellStyleDefault
reuseIdentifier:CellIdentifier] autorelease];

        labelMain = [[[UILabel alloc] initWithFrame:CGRectMake(0.0, 0.0, 220.0, 15.0)] autorelease];
        labelMain.tag = TAG_MAINLABEL;
        labelMain.textColor = [UIColor blackColor];
        [cell.contentView addSubview:labelMain];

        labelSecond = [[[UILabel alloc] initWithFrame:CGRectMake(0.0, 20.0, 220.0, 25.0)]
autorelease];
        labelSecond.tag = TAG_SECONDLABEL;
        labelSecond.textColor = [UIColor darkGrayColor];
        [cell.contentView addSubview:labelSecond];

        imageView = [[[UIImageView alloc] initWithFrame:CGRectMake(290.0, 5.0, 24.0, 24.0)]
autorelease];
        imageView.tag = TAG_IMAGE;
        [cell.contentView addSubview:imageView];
    } else {
        // 셀이 재사용됨
        labelMain = (UILabel *)[cell.contentView viewWithTag:TAG_MAINLABEL];
        labelSecond = (UILabel *)[cell.contentView viewWithTag:TAG_SECONDLABEL];
```

```
            imageView = (UIImageView *)[cell.contentView viewWithTag:TAG_IMAGE];
        }

        labelMain.text = [NSString stringWithFormat:@"ROW %d", indexPath.row];
        labelSecond.text = [NSString stringWithFormat:@"row %d", indexPath.row];
        UIImage *theImage = [UIImage imageNamed:[images objectAtIndex:indexPath.row %3]];
        imageView.image = theImage;

        return cell;
    }
```

이 예제에서는 두 개의 레이블(mainLabel, secondLabel)과 하나의 이미지뷰(photo)를 생성하여 셀을 구성하고 있습니다. 이 레이블들과 이미지뷰는 셀이 재사용될 경우에는 생성하지 않고, 셀이 처음 만들어질 때에만 생성됩니다. 그리고 생성된 레이블과 이미지뷰에는 아래와 같이 각각 태그를 지정합니다.

```
    mainLabel.tag = MAINLABEL_TAG;
        ...
    secondLabel.tag = SECONDLABEL_TAG;
        ...
    photo.tag = PHOTO_TAG;
        ...
```

셀이 재사용되는 경우, 즉 if 구문의 else절에 해당되는 경우에는 해당 셀이 이미 생성된 레이블들과 이미지뷰가 포함되어 있는 상태이므로 해당 레이블들과 이미지뷰를 가져오기만 하면 됩니다. 이 때 앞서 지정한 태그를 사용하여 각 레이블들과 이미지뷰를 아래와 같이 가져옵니다.

```
    mainLabel = (UILabel *)[cell.contentView viewWithTag:MAINLABEL_TAG];
    secondLabel = (UILabel *)[cell.contentView viewWithTag:SECONDLABEL_TAG];
    photo = (UIImageView *)[cell.contentView viewWithTag:PHOTO_TAG];
```

if 구문 이후부터는 가져온 레이블들 및 이미지뷰에 필요한 작업을 해주면 됩니다.

그러면 각 셀에 해당 행의 row 숫자를 찍어주는 간단한 애플리케이션을 만들어 봅시다. 생성한 테이블뷰 컨트롤러에 data source 부분을 아래 소스처럼 구성합니다.

```
    - (NSInteger)numberOfSectionsInTableView:(UITableView *)tableView {
        // Return the number of sections.
        return 1;
    }

    - (NSInteger)tableView:(UITableView *)tableView numberOfRowsInSection:(NSInteger) Section {
        // Return the number of rows in the section.
        return 100;
    }

    // Customize the appearance of table view cells.
```

```objc
- (UITableViewCell *)tableView:(UITableView *)tableView cellForRowAtIndexPath:(NSIndexPath
*)indexPath {

    static NSString *CellIdentifier = @"Cell";

    UITableViewCell *cell = [tableView dequeueReusableCellWithIdentifier:CellIdentifier];
    if (cell == nil) {
        cell = [[[UITableViewCell alloc] initWithStyle:UITableViewCellStyleDefault
reuseIdentifier:CellIdentifier] autorelease];

            UILabel *label = [[UILabel alloc] initWithFrame:CGRectMake(0, 0,
cell.contentView.frame.size.width, cell.contentView.frame.size.height)];
            [label setTag:100];
            [cell.contentView addSubview:label];
            [label release];
    }

    UILabel *label = (UILabel *)[cell.contentView viewWithTag:100];
    [label setText:[NSString stringWithFormat:@"%d", indexPath.row]];


    return cell;
}
```

Lesson 04　　테이블 뷰 편집하기

테이블 뷰는 행의 추가 및 삭제가 자유롭습니다. 사용자가 행을 추가하거나 삭제하도록 하기 위해서는 아래
처럼 datasource 부분에서 YES를 리턴하고

```objc
- (BOOL)tableView:(UITableView *)tableView
canEditRowAtIndexPath:(NSIndexPath *)indexPath
```

아래 delegate 메소드에서 삭제인지 추가인지 구분해주면 됩니다.

```objc
- (UITableViewCellEditingStyle)tableView:(UITableView *)tableView
editingStyleForRowAtIndexPath:(NSIndexPath *)indexPath
```

Editing style에는 3종류가 명시되어 있습니다.
- UITableViewCellEditingStyleNone : 아무 표시 없음
- UITableViewCellEditingStyleDelete : ⊖
- UITableViewCellEditingStyleInsert : ⊕

하지만 여기에 또 하나, 공식 문서에는 나와 있지 않지만 클릭하면 체크되는 비어 있는 버튼을 생성하려면 3을 지정하면 됩니다. 이 체크 버튼은 아이폰의 기본 문자메시지 애플리케이션에서 일괄삭제시 나오는 버튼입니다.

▲ 숨겨진 체크 버튼 스타일

명시되어 있는 Editing Style 의 결과는 아래 메소드에서 구현할 수 있지만 체크박스 형태는 이 메소드로 구현할 수 없습니다.

```
- (void)tableView:(UITableView *)tableView
commitEditingStyle:(UITableViewCellEditingStyle)editingStyle
forRowAtIndexPath:(NSIndexPath *)indexPath
```

체크박스일 때 사용하는 메소드는 아래와 같습니다.

❶ 체크했을 때

```
- (void)tableView:(UITableView *)tableView
didSelectRowAtIndexPath:(NSIndexPath *)indexPath
```

❷ 체크 해제했을 때

```
- (void)tableView:(UITableView *)tableView
didDeselectRowAtIndexPath:(NSIndexPath *)indexPath
```

편집시 사용되는 메소드는 아래와 같습니다.

❶ UITableView

```
- (void)setEditing:(BOOL)editing animated:(BOOL)animated;
```

⇒ editing 값으로 YES를 주면 테이블이 편집상태가 됩니다.

❷ UITableViewDataSource

```
- (BOOL)tableView:(UITableView *)tableView
canEditRowAtIndexPath:(NSIndexPath *)indexPath
```

이 메소드는 인자로 전달된 행이 편집 가능한지를 묻기 위해 호출됩니다. 편집이 가능하면 YES를 반환, 그렇지 않으면 NO를 반환합니다. 편집에서 반드시 구현해야 하는 메소드는 아닙니다.

```
- (void)tableView:(UITableView *)tableView
commitEditingStyle:(UITableViewCellEditingStyle)editingStyle
forRowAtIndexPath:(NSIndexPath *)indexPath
```

이 메소드는 실제 어떤 행을 삭제하거나 삽입하는 동작을 실행하기 위해 호출됩니다. 사용자가 최종적으로 삭제 버턴을 눌렀을 때 호출됩니다.

```
- (BOOL)tableView:(UITableView *)tableView
canMoveRowAtIndexPath:(NSIndexPath *)indexPath
```

인자로 전달된 행이 테이블 뷰 안에서 다른 위치로 이동 될 수 있는지를 묻기 위해 호출됩니다. tableView: moveRowAtIndexPath:toIndexPath: 메소드를 구현해 두면 이 메소드를 구현하지 않아도 이동 가능한 것으로 인식합니다.

```
- (void)tableView:(UITableView *)tableView
moveRowAtIndexPath:(NSIndexPath *)fromIndexPath
toIndexPath:(NSIndexPath *)toIndexPath
```

테이블 뷰 안에 특정 위치에 있는 행을 다른 위치로 이동할 것을 데이터 소스에게 알리기 위해 호출됩니다.

행을 삭제하거나 추가할 때 애니메이션을 줄 수 있습니다. 행이나 섹션을 삭제, 추가할 경우에 아래 메소드들을 호출합니다.

```
- (void)deleteRowsAtIndexPaths:(NSArray *)indexPaths
withRowAnimation:(UITableViewRowAnimation)animation
- (void)deleteSections:(NSIndexSet *)sections
withRowAnimation:(UITableViewRowAnimation)animation
- (void)insertRowsAtIndexPaths:(NSArray *)indexPaths
withRowAnimation:(UITableViewRowAnimation)animation
- (void)insertSections:(NSIndexSet *)sections
withRowAnimation:(UITableViewRowAnimation)animation
```

여기에 사용되는 UITableViewAnimation은 enum 값으로 아래처럼 정의되어 있습니다.

```
UITableViewRowAnimationFade
UITableViewRowAnimationRight
UITableViewRowAnimationLeft
UITableViewRowAnimationTop
UITableViewRowAnimationBottom
UITableViewRowAnimationNone
UITableViewRowAnimationMiddle
```

Lesson 05　Accessory 타입

테이블 뷰의 셀은 기본적으로 액세서리 뷰가 있습니다. 액세서리 뷰는 셀의 오른쪽에 표시되어 해당 행의 동작이 어떻게 동작되는지 사용자에게 알려주는 역할을 합니다. 액세서리 뷰를 직접 사용할 수도 있으나 일반적으로 액세서리 타입 값을 지정하여 사용하는 방식을 많이 사용합니다.

액세서리 뷰의 타입에는 다음과 같이 세 가지가 있습니다.

❶ 〉Disclosure indicator : 셀을 선택했을 때 하위 레벨의 다른 테이블 뷰가 보여지게 됨을 의미

❷ ◉ Detail disclosure button : 선택한 아이템에 대한 상세 내용이 보여지게 됨을 의미.

❸ ✔ Check mark : 해당 셀이 선택되었음을 의미. 여러 개의 셀을 동시에 선택하는 경우에도 사용됨.

애플의 개발자 문서에는 위와 같은 경우에 사용하라고 권장하고 있으나 반드시 따라야만 하는 것은 아닙니다.

Lesson 06　인덱스

다음은 연락처나 사전 등의 애플리케이션에서 필수적으로 사용되는 인덱스, 즉 색인 기능에 대해 살펴보기로 하겠습니다. 인덱스는 테이블 뷰의 오른쪽 끝에 수직으로 나열되어 원하는 섹션으로 바로 이동할 수 있게 해줍니다. 인덱스를 생성하기 위해서는 아래 datasource 메소드를 구현해주면 됩니다

```
-(NSArray *)sectionIndexTitlesForTableView:(UITableView *)tableView
```

NSArray 형태로 키 값을 반환하면 오른쪽에 인덱스가 자동으로 생성됩니다.

또한 특정 인덱스를 선택했을 때 실제 어느 섹션으로 연결할 것인지는 아래 메소드를 구현하면 됩니다.

```
- (NSInteger)tableView:(UITableView *)tableView sectionForSectionIndexTi tle:(NSString *)title atIndex:(NSInteger)index
```

▶ 인덱싱

이벤트 핸들링 (Event Handling)

Chapter 07

Lesson 01 iOS에서의 이벤트

iOS에서는 다음과 같이 다양한 형태의 이벤트를 핸들링 할 수 있습니다.

❶ 확대, 축소 등에서 많이 사용되는 멀티터치 이벤트(Multitouch events)

❷ 취소하기(undo), 다시하기(redo) 등에서 많이 사용되는 가속도계 이벤트(Accelerometer events)

❸ 이어폰이나 헤드셋으로 음악을 원격 조정할 때 발생되는 원격 컨트롤 이벤트(Remote-control events)

위의 이벤트 외에도 GPS나 magnetometer(compass) data 등이 있습니다.

Lesson 02 이벤트 타입과 전달

Section 01 이벤트 객체와 타입

iOS에서 사용자가 화면을 터치하거나 기기를 흔들었을 때 발생되는 이벤트들은 객체로 전달됩니다. 대부분의 이벤트들은 UIKit framework에 있는 UIEvent 클래스의 인스턴스(instance)로 되어 있습니다. 애플리케이션에서는 이 전달되는 이벤트 객체를 통해서 이벤트를 핸들링 할 수 있게 해줍니다.

다음은 UIEvent 클래스에 정의되어 있는 enum입니다.

```
Typedef enum {
        UIEventTypeTouches,
        UIEventTypeMotion,
        UIEventTypeRemoteControl,
} UIEventType;

Typedef enum {
        UIEventSubtypeNone                          = 0,
```

```
UIEventSubtypeMotionShake                          = 1,
UIEventSubtypeRemoteControlPlay                    = 100,
UIEventSubtypeRemoteControlPause                   = 101,
UIEventSubtypeRemoteControlStop                    = 102,
UIEventSubtypeRemoteControlTogglePlayPause         = 103,
UIEventSubtypeRemoteControlNextTrack               = 104,
UIEventSubtypeRemoteControlPreviousTrack           = 105,
UIEventSubtypeRemoteControlBeginSeekingBackward    = 106,
UIEventSubtypeRemoteControlEndSeekingBackward      = 107,
UIEventSubtypeRemoteControlBeginSeekingForward     = 108,
UIEventSubtypeRemoteControlEndSeekingForward       = 109,
} UIEventSubtype;
```

터치 이벤트, 모션 이벤트, 원격 컨트롤 이벤트 등은 위의 이벤트 타입과 이벤트 서브 타입으로 구성되어 있어 UIEvent의 type과 subtype 프로퍼티(properties)를 통해 접근할 수 있습니다. 터치 이벤트의 서브 타입은 UIEventSubtypeNone을 갖고, 흔듦으로 발생되는 shake-motion은 UIEventSubtype MotionShake의 서브 타입을 갖습니다. 나머지 서브 타입은 원격 제어 이벤트가 갖는 서브 타입들입니다.

UIEvent 객체 사용할 때 한 가지 주의해야 할 점은 UIEvent 객체는 retain해서 사용해서는 안 된다는 점입니다. 애플 가이드에서는 UIEvent 객체 상태를 보관하고 싶은 경우 인스턴스 변수(instance variable)나 딕셔너리(dictionary) 등에 copy(property)하여 사용할 것을 권하고 있습니다.

Section 02 리스폰더 객체(Responder Objects)와 리스폰더 체인(Responder Chain)

리스폰더 객체는 이벤트나 핸들을 받기 위한 객체로 UIResponder 클래스에 포함되어 있습니다. 만약 first responder나 hit-test view가 이벤트 핸들을 할 수 없을 땐 다음 그림의 리스폰더 체인과 같이 이벤트가 전달됩니다.

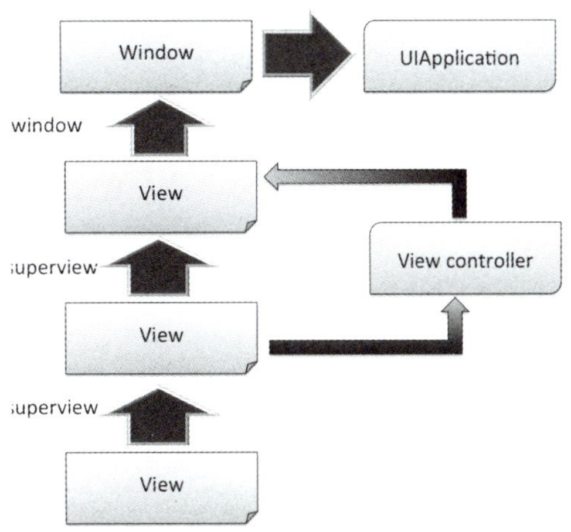

▲ 이벤트의 전달 과정

Lesson 03   멀티터치 이벤트

iOS에서는 마우스나 키보드의 역할을 멀티터치를 통해 제공하고 있습니다. 단순히 버튼을 이용하는 것뿐 아닌 확대, 축소에서 사용되고 있는 양손가락을 모으고 펼치는 것과 같은 의미 있는 제스처(gesture)를 통해 발생된 이벤트 메시지를 iOS에 전달할 수 있습니다. iOS에서 사용할 수 있는 멀티터치의 개수에는 제한이 없으나 3개 이상의 멀티터치를 이용한 애플리케이션은 좀처럼 찾아보기 쉽지 않습니다. 그만큼 3개 이상의 멀티터치를 이용하여 의미 있는 제스처를 만들기가 쉽지 않기 때문입니다.

터치의 단계는 크게 3단계로 구분할 수 있는데 먼저 사용자가 화면을 눌렀을 때인 UITouchPhaseBegan, 그리고 누른 상태에서 이동했을 때인 UITouchPhaseMoved, 마지막으로 누른 손가락을 띄었을 때인 UITouchPhaseEnded로 나눌 수 있습니다.

상기 3단계와 터치 이벤트 도중에 전화가 걸려오는 경우에 호출되는 touchesCancelled: withEvent: 메소드를 포함해 다음과 같은 4가지 메소드를 통해 터치 이벤트를 핸들링 할 수 있습니다.

- (void)touchesBegan: (NSSet *)touches withEvent: (UIEvent *)event;
- (void)touchesMoved: (NSSet *)touches withEvent: (UIEvent *)event;
- (void)touchesEnded: (NSSet *)touches withEvent: (UIEvent *)event;
- (void)touchesCancelled: (NSSet *)touches withEvent: (UIEvent *)event;

멀티터치 핸들링을 위해선 먼저 multipleTouchEnabled 프로퍼티가 YES로 설정되어 있어야 합니다. 만약 몇 개의 터치 개수가 존재하는지 알고 싶다면 첫 번째 인자인 touches의 tapCount 인자를 통해 알 수 있습니다. 이를 통해 'touches.tapCount >= x' 처럼 원하는 개수 이상의 터치에 대한 접근도 가능합니다.

UITouch 인스턴스에 접근할 때는 UITouch *theTouch = [touches anyObject];와 같이 접근 할 수 있습니다. 또한 UITouch가 가지고 있는 CGPoint의 x, y좌표 값을 이용해 스와이프(swipe)나 드래깅(dragging) 같은 제스처도 판단할 수 있습니다. 하지만 이렇게 일일이 개발자가 좌표 값 등을 계산해서 행동을 정의해 주는 건 개발자에게 있어선 상당히 번거로운 작업입니다. 그래서 iOS 3.2 이상 버전에서는 다음 장에서 설명할 제스처 레코그나이저(Gesture Recognizer) 기능을 추가하여 몇 가지 자주 사용되는 제스처들을 정의된 클래스를 사용하여 간단하게 사용할 수 있도록 제공해 주고 있습니다. 여기에 대한 보다 자세한 내용은 다음 Lesson을 참고하기 바랍니다.

Lesson 04   제스처 레코그나이저(Gesture Recognizer)

iOS 3.2 이후로 SDK에 추가된 기능 중의 하나가 바로 제스처 레코그나이저 기능입니다. 제스처 레코그나이저가 가지는 기능 자체는 iOS 3.2 이전의 버전이라고 해서 구현이 불가능했던 건 아닙니다. 앞에서 잠시 언급했던 뷰를 확대, 축소할 때 사용하는 핀치 인/아웃 기능이나 스와이프, 드래킹 같은 기능들도 메소드가 호출될 때 전달되는 인자의 프로퍼티 값을 통해서 구현할 수 있습니다. 하지만 앞장에서 설명했듯이 개발 자의 부담을 덜어주기 위해 iOS 3.2 이상 버전에서는 간단하게 제스처를 인식할 수 있는 클래스를 제공합 니다.

다음 표는 UIKit framework에 추가된 제스처 레코그나이저 클래스입니다.

Gesture	UIKit class
탭 (멀티터치 포함)	UITapGestureRecognizer
양손가락을 모으거나 벌리기 (Zoom 처)	UIPinchGestureRecognizer
드래킹(dragging) 또는 패닝(Panning)	UIPanGestureRecognizer
스와이핑(Swiping) (좌우)	UISwipeGestureRecognizer
회전 (두 손가락이 서로 다른 방향으로 이동)	UIRotationGestureRecognizer
길게 누르기 ("touch and hold"와 동일)	UILongPressGestureRecognizer

제스처 레코그나이저는 이벤트를 받는 뷰에 종속되어 있어야만 이벤트 객체를 전달 받습니다. 다음 그림은 뷰에 제스처 레코그나이저가 종속되어 있을 때 터치 객체를 전달하는 과정을 나타냅니다.

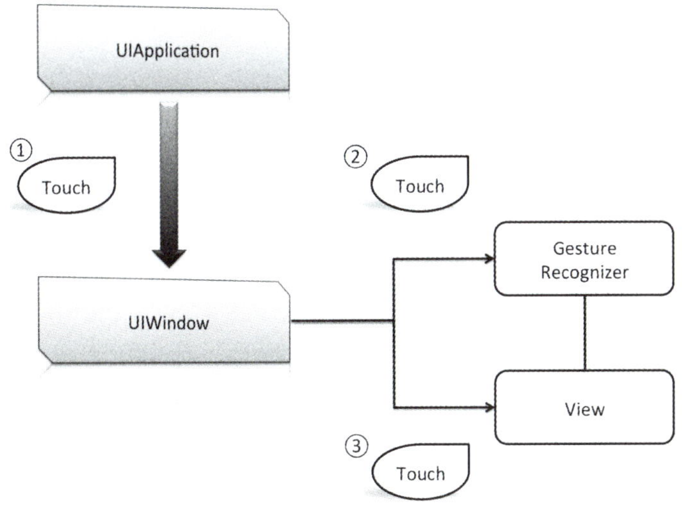

▲ 터치 객체의 전달 과정

UIApplication에서 터치 객체를 뷰에 전달할 때 뷰에 제스처 레코그나이저가 종속되어 있다면 제스처 레 코그나이저에도 터치 객체를 전달합니다. 제스처 레코그나이저를 초기화 할 때 initWithTarget: action: 과 같은 메소드를 이용하여 하나 이상의 액션 메시지를 하나 이상의 타겟(target)에 전달할 수 있습니다.

제스처 레코그나이저는 탭(tap)과 같이 한 번의 동작으로 행동을 완료하는 제스처의 경우는 메시지를 타겟 에 바로 전달하지만 핀치 제스처 같이 반복적으로 메시지를 전달하는 경우는 멀티터치 단계가 종료되고 약 간의 시간차 동안 모인 메시지를 모아서 타겟에 전달합니다.

제스처 레코그나이저를 사용하려면 먼저 제스처 레코그나이저 객체를 할당 후 초기화 해주어야 하며 초기화시 initWithTarget: action: 메소드를 활용하여 타겟과 액션 셀렉터를 지정해 줄 수 있습니다.

```
UILongPressGestureRecognizer *longPress =
[[UILongPressGestureRecognizer alloc] initWithTarget:self
action:@selector(handleLongTouch:)];
```

제스처 레코그나이저는 부가적인 정보들을 인자로 넘겨주는데 예를 들면 핀치 제스처 레코그나이저 (UIPinchGestureRecognizer) 같은 경우 스케일 값(Scale factor)을 넘겨줍니다.

```
- (void)handlePinchGesture:(UIGestureRecognizer *)sender
{
    CGFloat factor = [(UIPinchGestureRecognizer *)sender
scale];
    [[self view]
setTransform:CGAffineTransformMakeScale(factor, factor)];
}
```

UIGestureRecognizre의 하위 상속 클래스인 UISwipeGestureReconizer는 상당히 정확한 입력을 요구합니다. 좌우 swipe 동작이 아래위로 약간만 틀어져도 인식이 안 되는 경우가 많으니 좌우 swipe의 구현은 따로 구현할 것을 권장합니다.

Lesson 05   **모션 이벤트(Motion Event)**

iPod touch, iPhone, iPad에는 가속도 센서(accelerometer)가 내장되어 있어 기기의 움직임과 속도 등을 감지 할 수 있습니다. 그리고 iPhone4와 같은 일부 제품에는 자이로스코프(gyroscope)가 내장되어 있어 기울기도 알 수 있습니다. 사용자가 기기를 흔들 경우 시스템에서 UIEvent 객체를 통해 언제 모션 이벤트가 시작되고 끝났는지 등의 정보를 전달합니다. 모션 이벤트를 받았을 때 리스폰더 객체는 다음과 같이 canBecomeFirstResponder가 YES이어야 됩니다.

```
- (BOOL)canBecomeFirstResponder
{
    return YES;
}

- (void)viewDidAppear:(BOOL)animated
{
    [self becomeFirstResponder];
}
```

모션 이벤트를 핸들링 하기 위해서는 아래와 같이 motionBegan: withEvent 등의 메소드를 오버라이딩
하여 핸들링 할 수 있습니다.

- (void)motionBegan:(UIEventSubtype)motion withEvent:(UIEvent＊)event;
- (void)motionEnded:(UIEventSubtype)motion withEvent:(UIEvent＊)event;
- (void)motionCancelled:(UIEventSubtype)motion withEvent:(UIEvent＊)event;

Section 01 기기 방향(Device Orientation)

모션 이벤트를 핸들링 할 때 기기가 가로 방향으로 흔들리는지 세로 방향으로 흔들리는지를 알고 싶을 경우
UIDevice 클래스의 orientation 프로퍼티를 통해서 현재 기기의 방향을 알 수 있습니다.
또한 기기의 방향이 변경되는 것은 UIDeviceOrientationDidChangeNotification으로 알 수 있습니다.
UIDeviceOrientation에는 기기가 landscape인지 portrait인지 face up 또는 face down 상태가 enum
으로 정의되어 있습니다.
만약 orientation notification이 필요가 없게 되면 UIDevice의 endGenerationgDevice
OrientationNotifications 메소드를 호출하면 됩니다.

Section 02 가속도 센서 객체 접근하기

모든 애플리케이션은 가속도 데이터를 받을 수 있는 UIAccelerometer 객체를 가지고 있습니다.
UIAccelerometer 클래스의 sharedAccelerometer 클래스 메소드를 사용하여 UIAccelerometer 클래스
의 인스턴스를 얻어 올 수 있습니다. 이렇게 얻어온 인스턴스를 이용하면 interval Accelerometer의
interval을 원하는 값으로 설정할 수 있습니다.

```
- (void)configureAccelerometer
{
    UIAccelerometer＊ theAccelerometer = [UIAccelerometer
sharedAccelerometer];
    theAccelerometer.updateInterval = 1 /
kAccelerometerFrequency;
     theAccelerometer.delegate = self;
}
```

가속도 이벤트를 핸들링 할 때는 accelerometer: didAccelerate: 메소드를 오버라이딩 하여 사용하면 됩니다.

```
- (void)accelerometer:(UIAccelerometer *)accelerometer
  didAccelerate:(UIAcceleration *)acceleration
{
    UIAccelerationValue x, y, z;
    x = acceleration.x;
    y = acceleration.y;
    z = acceleration.z;

    // Do something with the values.
}
```

Lesson 06 멀티미디어의 원격 제어

Remote-control 이벤트를 받기 위해서는 먼저 멀티미디어가 관리되는 뷰나 뷰 컨트롤러가 first responder로 되어 있어야 합니다. 또한 canBecomeFirstResponder를 오버라이딩하여 return값을 YES 로 설정해 주고, 뷰 컨트롤리의 viewDidAppear: 메소드 등에서 becomeFirstResponder 메소드를 호출 해주어야 합니다.

```
- (void)viewDidAppear:(BOOL)animated
{
    [super viewDidAppear:animated];
    [[UIApplication sharedApplication]
beginReceivingRemoteControlEvents];
    [self becomeFirstResponder];
}
```

더 이상 오디오나 비디오에 대해 관리할 필요가 없을 때는 resignFirstResponder 메소드를 호출해 줍니다.

```
- (void)viewWillDisappear:(BOOL)animated
{
    [super viewWillAppear:animated];
    [[UIApplication sharedApplication]
endReceivingRemoteControlEvents];
    [self resignFirstResponder];
}
```

Remote-control 이벤트를 핸들링 할 때는 UIResponder에 정의된 remoteControlReceivedWithEvent:
메소드를 오버라이딩해서 사용해야 합니다. 인자로 받는 receivedEven의 type과 subtype을 프로퍼티를
활용해 현재 이벤트 상태를 알 수 있습니다.

```
- (void)remoteControlReceivedWithEvent:(UIEvent *)receivedEvent
{
    if(receivedEvent.type == UIEventTypeRemoteControl)
    {
        switch(receivedEvent.subtype)
        {
            case UIEventSubtypeRemoteControlTogglePlayPause:
                [self playOrStop: nil];
                break;

            case UIEventSubtypeRemoteControlPreviousTrack:
                [self previousTrack: nil];
                break;

            case UIEventSubtypeRemoteControlNextTrack:
                [self nextTrack: nil];
                break;

            default:
                break;
        }
    }
}
```

네트워크

iPhone에서 동작하는 응용 프로그램들이 많이 사용하는 기능 중의 하나가 네트워킹 기능입니다. iPhone에서는 웹상의 Open API같이 HTTP 기반의 통신, GameKit framework를 사용하여 다른 iPhone과 통신, 그리고 좀 더 저수준으로 TCP/UDP 통신을 하는 방법이 있는데 이러한 통신 방법들은 프로젝트의 성격에 따라 구현 방식이 많이 달라질 수 있지만 본 장에서는 일반적으로 많이 사용되는 방법에 대해 설명하도록 하겠습니다.

Lesson 01　HTTP 기반 통신

최근 Open API를 제공하는 웹 서비스가 늘어나면서 HTTP 기반의 통신이 많이 사용되고 있습니다. HTTP 기반의 통신을 위해 BSD socket API를 사용하여 직접 HTTP GET/POST 메소드를 구현하여 사용하여도 되지만 Cocoa에서는 HTTP 통신을 효과적이고 쉽게 할 수 있도록 여러 클래스를 제공하고 있습니다. 대표적인 예로 NSData의 dataWithContentsOfURL:과 같은 메소드를 들 수 있는데 본 메소드는 NSURL 형태의 인자를 넣어주면 해당 객체가 가리키는 URI로부터 NSData 형태로 데이터를 수신하는 역할을 합니다. 이외에도 NSString 클래스에 stringWithContentsOfURL:encoding:error: 메소드가 있는데 이를 사용하면 최근 많이 사용되고 있는 Rest API와 같이 XML 기반의 API를 쉽게 사용할 수 있습니다.

Section 01　관련 클래스

1 NSURL

❶ 개요 : NSURL은 URL로 나타낼 수 있는 리소스의 정보를 포함하고 있는 클래스입니다. NSURL은 RFC 1808, 1738, 2732에 의거하여 구성된 URL 문자열을 parsing 할 수 있는 기능이 있으며, parsing된 항목들을 이용하여 scheme, host, path 등의 정보를 얻어올 수 있습니다.

❷ 주요 메서드

메서드 명	설명
- initWithScheme: host:path:	지정된 scheme, 서버, 경로 정보를 이용하여 NSURL 객체를 초기화 합니다.
+URLWithString:	URL 문자열로부터 autorelease된 NSURL 객체를 생성합니다.
+ URLWithString: relativeToURL:	Base URL을 기준으로 상대적인 위치에 존재하는 파일을 가리키는 NSURL 객체를 생성합니다.
-initWithString:	URL 문자열로부터 NSURL 객체를 생성합니다.
+ URLWithString: relativeToURL:	Base URL과 상대 경로를 이용하여 autorelease된 NSURL 객체를 생성합니다.
- initWithString: relativeToURL:	Base URL과 상대 경로를 이용하여 NSURL 객체를 생성합니다.
+ fileURLWithPath: isDirectory:	파일 경로와 디렉토리 여부를 판단하여 autorelease된 NSURL 객체를 생성합니다.
- initFileURLWithPath: isDirectory:	파일 경로와 디렉토리 여부를 판단하여 NSURL 객체를 생성합니다.
+ fileURLWithPath:	파일 경로를 나타내는 autorelease된 NSURL 객체를 생성합니다.
- initFileURLWithPath:	파일 경로를 나타내는 NSURL 객체를 생성합니다.
- absoluteString	가리키고 있는 리소스의 절대 경로를 문자열 형태로 얻어옵니다.
- absoluteURL	가리키고 있는 리소스의 절대 경로를 NSURL 형태로 얻어옵니다.
- baseURL	가리키고 있는 리소스의 base url을 얻어옵니다.
- fragment	index.html#idx1에서 idx1과 같은 fragment명을 얻어옵니다.
- host	URL의 host를 얻어옵니다.
- lastPathComponent	경로상의 가장 마지막 항목을 얻어옵니다.
- parameterString	index.html;param1;param2에서 param1;param2와 같은 parameter 정보를 얻어옵니다.
- password	user:password@domain 형태에서 password 정보를 얻어옵니다.
- path	scheme와 domain 부분을 제외한 경로 부분만을 얻어옵니다.
- pathComponents	path를 구분자로 나눈 결과를 NSArray 형태로 얻어옵니다.
- pathExtension	가장 마지막 component의 확장자를 얻어옵니다.
- port	포트 번호를 얻어옵니다.
- query	GET 호출일 경우 GET parameter를 얻어옵니다.
- relativePath	상대 경로를 얻어옵니다.
- relativeString	parameter 정보가 포함되어 있는 상대 경로를 얻어옵니다.
- resourceSpecifier	scheme를 제외한 나머지 경로를 얻어옵니다.
- scheme	protocol 종류를 얻어옵니다.
- user	user:password@domain 형태에서 user 정보를 얻어옵니다.

❷ NSURL Request

❶ 개요 : NSURLRequest 클래스는 NSURL에서 제공하는 정보를 바탕으로 요청 정보를 생성하는 클래스입니다.

❷ 주요 메서드

메서드 명	설명
+ requestWithURL:	URL 정보를 바탕으로 autorelease 된 NSURLRequest 객체를 생성합니다.
– initWithURL:	URL 정보를 바탕으로 NSURLRequest 객체를 생성합니다.
– timeoutInterval	설정되어 있는 timeout 시간 정보를 얻어옵니다.
– URL	요청 될 URL 정보를 얻어옵니다.

❸ NSURLConnection

❶ 개요 : NSURLConnection 클래스는 NSURLRequest에서 제공하는 정보를 바탕으로 해당 리소스로 접속한 뒤 다운로드를 수행하는 클래스입니다.

❷ 주요 메소드

메서드 명	설명
– initWithRequest: delegate:	NSURLRequest에서 제공하는 정보를 바탕으로 접속 가능한 NSURLConnection 객체를 생성합니다.
– start	다운로드를 시작합니다.
– cancel	다운로드 중인 항목을 취소합니다.

❹ NSURLResponse

❶ 개요 : NSURLResponse 클래스는 서버에서 URL 다운로드가 완료된 뒤 header 정보를 및 컨텐츠 정보를 포함하는 클래스입니다.

❷ 주요 메서드

메서드 명	설명
– (id)initWithURL:(NSURL *)URL MIMEType:(NSString *)MIMEType expectedContentLength:(NSInteger)length textEncodingName:(NSString *)name	URL및 MIME 타입 등의 정보를 바탕으로 NSURLResponse 객체를 생성합니다.
– expectedContentLength	HTTP response 컨텐츠 크기를 얻어옵니다.
– suggestedFilename	서버 측에서 송신한content-disposition header이나 URL의 파일 이름 또는 호스트 이름을 이용하여 결정된 파일 이름을 나타냅니다.
– MIMEType	MIME 타입을 얻어옵니다.
– URL	URL을 얻어옵니다.

Section 02 GET 통신

HTTP 상의 URI에 접근하여 내용을 얻어오는 예를 한 번 살펴보도록 하겠습니다.

다음의 코드는 필자의 블로그에 접속하여 해당 페이지의 HTML 코드를 가져오는 예제입니다.

```
NSString *str;
NSString *url;

url = @"http://b4you.net/blog";
str = [NSString
    stringWithContentsOfURL:
    [NSURL URLWithString:url]
    encoding:NSUTF8StringEncoding
    error:nil
    ];

NSLog(@"%@", str);
```

▲ [코드 1] HTML 소스 코드를 가져오는 코드

[코드 1]을 실행하면 콘솔 창에 다음과 같이 HTML 소스 코드가 출력되는데 그 내용은 지면상 생략하도록 하겠으며 HTTP를 통해 데이터가 받아진다 정도만 보시면 됩니다.

```
〈!DOCTYPE html PUBLIC "-//W3C//DTD XHTML 1.1//EN"
 "http://www.w3.org/TR/xhtml1/DTD/xhtml11.dtd"〉

〈html xmlns="http://www.w3.org/1999/xhtml" xml:lang="ko"〉

        〈head〉
(생략)
        〈/head〉
〈/html〉
```

▲ [결과 1] 코드 1의 실행 결과

이번에는 조금만 더 복잡하게 Twitter에서 키워드 검색을 해 보도록 하겠습니다.

이를 위해 우선 Twitter에서 제공하는 API를 살펴보도록 하겠습니다.

Twitter API에 대한 정보는 http://dev.twitter.com/doc/get/search에서 확인 할 수 있습니다. 여기에 설명된 항목 중 가장 중요한 항목은 "URL"입니다. URL을 보면 "http://search.twitter.com/search.format"라고 되어 있는데, 뒤의 "format"은 json이나 atom을 선택하여 넣을 수 있습니다. json은 JavaScript Object Notation의 약자이며, 이름에서도 알 수 있듯이 JavaScript에서 사용되는 문법으로 되어 있습니다. json은 일반적으로 AJAX(Asynchronous JavaScript and XML)를 사용한 통신에서 많이 사용하지만 여기에서는 JavaScript와는 별로 상관없는 응용 프로그램을 작성해 볼 것이기 때문에 atom으로 선택하도록 하겠습니다. 참고로 atom은 XML 기반의 문서 포맷이며 RSS와 같은 서비스에서 많이 사용되는 포맷입니다.

두 번째로 살펴보아야 되는 항목은 Supported requests입니다.

보통 사용하기 간단한 API들은 URL로 부터 파라미터 값을 전달 받는데 이러한 방식을 GET 방식이라고 합니다. 앞서 언급했던 NSData, NSString에서 제공하는 메소드들은 모두 GET 방식만을 지원하기 때문에 POST 방식만 제공한다면 다른 방법을 사용하여야 된다는 것 입니다. 다행히도 Twitter Search API는 GET 방식을 지원하기 때문에 NSString을 사용할 수 있습니다.

Twitter API 문서를 계속 내려가다 보면 필수 파라미터 값이 있습니다. 필수 파라미터의 이름은 "q"이며, 값은 찾을 키워드입니다.

그럼 위에서 찾은 정보들을 사용하여 Twitter 서버에 직접 검색을 해 보도록 하겠습니다. 편의상 검색 키워드는 "iphone"으로 하겠습니다.

```
NSString *str;
NSString *url;

url = @"http://search.twitter.com/search.atom?q=iphone";
str = [NSString
    stringWithContentsOfURL:
    [NSURL URLWithString:url]
    encoding:NSUTF8StringEncoding
    error:nil
    ];


NSLog(@"%@", str);
```

▲ [코드 2] iphone으로 트위터 검색

[코드 1]과 달라진 부분은 http://로 시작하는 URL 부분 밖에 없다는 것입니다. 이렇게 요청하면 [결과 2]와 같이 atom 양식에 맞게 XML 형태로 출력됩니다.

```
<?xml version="1.0" encoding="UTF-8"?>
<feed xmlns:google="http://base.google.com/ns/1.0" xml:lang="en-US"
xmlns:openSearch="http://a9.com/-/spec/opensearch/1.1/"
xmlns="http://www.w3.org/2005/Atom" xmlns:twitter="http://api.twitter.com/">
...
</feed>
```

▲ [결과 2] 코드 2의 실행 결과

이제 남은 일은 NSXMLParser 등과 같은 클래스를 사용하여 XML 데이터를 추출하여 사용하는 것뿐입니다. XML 파싱 작업은 본 장의 범위를 벗어나므로 생략하도록 하겠습니다.

Section 03 POST 통신

지금까지 GET 방식으로 데이터를 요청하는 방법에 대해 살펴보았습니다.

그렇다면 이번에는 POST 방식으로 데이터를 요청하는 방법에 대해 살펴보도록 하겠습니다.
앞서 살펴보았던 GET 방식과는 다르게 HTTP에서는 POST 방식으로 데이터를 요청하는 방법이 있습니다.

GET과 POST의 가장 큰 차이점은 파라미터 전달 방식입니다. 앞서 살펴보았듯이 GET 방식은 URL에 파라미터를 포함하지만 POST 방식은 HTTP 요청 할 때 body 안에 파라미터 정보를 넣습니다. 이러한 복잡함 때문에 NSData나 NSString에서는 POST 방식을 지원하지 않으며, POST 방식으로 통신하기 위해서는 GET에 비해 손이 많이 갑니다.

iPhone 개발 환경에서 POST 방식으로 통신하기 위한 가장 간단한 방법은 NSMutableURLRequest를 사용하는 것입니다. 이 클래스를 사용하면 GET 방식뿐만 아니라 POST 방식으로도 HTTP 요청할 수 있습니다. NSMutableURLRequest는 기본적으로 non-blocking 모드, 즉 비동기 모드로 동작합니다. 비동기 모드에서는 데이터를 수신하기 위해 메소드의 반환 값을 사용하지 않고 delegate에 전달되는 값을 사용하여야 합니다.

이러한 기능을 사용하기 위해서는 다음과 같은 순서로 코드를 작성하면 됩니다.

1 클래스 생성

HTTP post 통신을 위해 테스트 클래스를 하나 생성합니다. 여기에서는 HTTPPostTest라는 클래스를 생성하도록 하겠습니다.

2 헤더 작성

```
@interface HTTPPostTest : NSObject
{
    NSURLConnection *_connection;
    NSMutableData *_receivedData;
}

- (void)test;

@end
```

▲ [코드 3] HTTPPostTest.h 파일 내용

3 소스 코드 작성

```
#import "HTTPPostTest.h"

@implementation HTTPPostTest

- (id)init
{
```

```objectivec
    if(self = [super init])
    {
        // 받은 데이터를 모아두기 위해
        // NSMutableData 클래스를 할당한다
        _receivedData = [[NSMutableData alloc] init];
    }

    return self;
}

- (void)test
{
    NSMutableURLRequest *request;
    NSString *body;
    NSString *url;

    // POST 보낼 URL
    url = @"http://target-url.com";
    // 파라미터 설정
    body = @"parameter1=value1&parameter2=value2";

    request = [NSMutableURLRequest
            requestWithURL:[NSURL URLWithString:url]
            cachePolicy:NSURLRequestUseProtocolCachePolicy
            timeoutInterval:15.0f
            ];

    // POST 방식으로 설정
    [request setHTTPMethod:@"POST"];
    // HTTP body 설정
    [request setHTTPBody:
     [body dataUsingEncoding:NSUTF8StringEncoding]
     ];

    // 접속 시작
    _connection = [[NSURLConnection alloc]
            initWithRequest:request
            delegate:self
            ];
}

- (void)connection:(NSURLConnection *)connection
```

```objc
didReceiveResponse:(NSURLResponse *)response
{
    [_receivedData setLength:0];

    NSLog(@"connection:didReceiveResponse:");
    NSLog(@"MIMEType: %@", [response MIMEType]);
    NSLog(@"Text Encoding Name: %@",
        [response textEncodingName]);
    NSLog(@"URL: %@", [[response URL] absoluteURL]);
}


- (void)connection:(NSURLConnection *)connection
    didReceiveData:(NSData *)data
{
    // 데이터가 수신되면 NSMutableData에 추가
    [_receivedData appendData:data];

    NSLog(@"connection:didReceiveData:");
    NSLog(@"%d bytes received", [data length]);
}


- (void)connection:(NSURLConnection *)connection
  didFailWithError:(NSError *)error
{
    // 오류 발생시 오류 메시지 출력
    NSLog(@"An error occurred while"
        @" downloading HTTP data: %@",
        [error description]
        );
}


- (void)connectionDidFinishLoading:
(NSURLConnection *)connection
{
    NSString *str;

    // 수신된 데이터를 UTF8 문자열로 반환
    str = [[[NSString alloc]
         initWithData:_receivedData
         encoding:NSUTF8StringEncoding]
        autorelease
        ];
```

```
    NSLog(@"Response Data: %@", str);
}

- (void)dealloc
{
    [_connection release];
    [_receivedData release];

    [super dealloc];
}

@end
```

▲ [코드 4] HTTPPostTest.m 파일 내용

[코드 3]과 [코드 4]를 작성한 뒤 적당한 곳(Application delegate가 초기화 될 때나 버튼이 눌러졌을 경우 등)에 [코드 5]와 같은 내용을 삽입하면 콘솔 화면에서 [결과 3]과 같은 결과를 볼 수 있습니다. 여기서 주의할 것은 [코드 4]에 있는 "http://target-url.com"를 테스트 하고자 하는 URL로 변경해야 한다는 것입니다.

```
// 헤더가 선언 되어 있는 곳에 추가
#import "HTTPPostTest.h"
...
// 코드 중간에 추가
HTTPPostTest  *post;

post = [[HTTPPostTest alloc] init];
[post test];

...
```

▲ [코드 5] HTTPPostTest 객체를 사용해야 되는 부분에 삽입할 코드

```
connection:didReceiveResponse:
MIMEType: text/html
Text Encoding Name: iso-8859-1
URL: http://target-url.com/
Response Data: 〈html〉...(생략)...〈/html〉
```

▲ [결과 3] 코드 2의 실행 결과

이 외에도 파일을 첨부하는 것과 같이 좀 더 복잡한 형태로 POST 방식의 통신을 할 수 있는데, 이를 위해서는 "boundary"라는 개념이 필요합니다. 이 부분을 설명하기 위해서는 HTTP 규약을 좀 더 알아야 하므로

여기서는 생략하도록 하겠습니다. 만약 일반 검색 엔진에서 나오는 내용 이외에 좀 더 구체적으로 공부를 하고 싶은 분이 계시다면 RFC 1867(http://www.faqs.org/rfcs/rfc1867.html) 또는 RFC 2616(http://www.faqs.org/rfcs/rfc2616.html)번을 참고하시면 됩니다.

Lesson 02   일반 소켓 통신하기

iPhone에서 소켓 통신을 하기 위해서는 socket API를 사용하여야 됩니다. iPhone에서 사용할 수 있는 socket API는 CFNetwork와 관련된 API와 BSD socket API가 있는데, CFNetwork와 관련된 API는 모두 BSD socket API를 근간으로 하고 있습니다. 따라서 본 절에서는 BSD socket API에 대해 설명하도록 하겠습니다.

일반적으로 iPhone SDK에서 제공되는 비 BSD socket(이하 소켓)류의 API/클래스를 사용하여 네트워크 통신을 수행하는 것 보다 BSD socket을 사용하게 되면 개발 난이도가 높아집니다. 이는 열악한 환경에서 소켓을 사용한다면 오류 처리를 세심하게 해주어야 하고 비동기(non-blocking) 모드로 구현하려면 손이 더 많이 가기 때문입니다. 소켓 프로그래밍에 대한 구체적인 내용은 시중에 나와 있는 네트워크 프로그래밍 서적을 참고하시면 되며, 여기서는 위에서 작성하였던 HTTP Get 방법으로 통신하는 것을 소켓을 사용하여 구현해 보도록 하겠습니다.

NSString에서 제공되는 메소드를 사용하면 단 한 줄로 되지만, 소켓을 사용하게 되면 꽤 많은 양의 코드와 이에 따른 배경 지식이 필요합니다. 소켓 연결부터 시작하여 접속 후 데이터 송/수신할 때의 오류 처리, HTTP 요청 등이 모두 구현되어야 하기 때문인데, 여기서 구현할 부분은 HTTP Get 방식이므로 일반 소켓 통신보다는 비교적 간단하게 구현할 수 있습니다.

이러한 기능을 구현하기 위해서는 socket(), connect(), send(), recv(), close()를 활용하면 되는데 본 절에서는 이러한 API들을 사용하도록 하겠습니다.

▌**1** 헤더 파일 참조 추가

소켓 API를 사용하고자 하는 코드에서 [코드 6]과 같은 헤더 파일들을 include 해야 합니다.

```
#include <unistd.h>
#include <netdb.h>
```

▲ [코드 6] 소켓 API를 위한 헤더 참조 추가

▌**2** 소스 코드 작성

```
const char *domain;
const char *uri;
```

```
unsigned short port;

int descriptor;
int length;
int received;
NSMutableData *data;
NSString *str;
struct hostent *hostEntries;
struct sockaddr_in serverAddr;
char buffer[1024];

domain = "www.google.co.kr";
uri = "/";
port = 80;

// 수신 될 데이터가 누적되는 변수 초기화
data = [NSMutableData data];

// 소켓 초기화
descriptor = socket(PF_INET, SOCK_STREAM, 0);

if(descriptor != -1)
{
    // 서버에 접속하기 위한 정보 설정
    memset(&serverAddr, 0, sizeof(serverAddr));
    serverAddr.sin_family = AF_INET;
    serverAddr.sin_port = htons(port);
    hostEntries = gethostbyname(domain);
    memcpy(
        &(serverAddr.sin_addr),
        hostEntries->h_addr,
        hostEntries->h_length
        );

    // 접속
    if(connect(
        descriptor,
        (struct sockaddr *)&serverAddr,
        sizeof(struct sockaddr)
        ) != -1)
    {
        length = snprintf(
```

```
                        buffer,
                        1024,
                        "GET %s HTTP/1.0\r\n\r\n",
                        uri);

        send(descriptor, buffer, length, 0);

        do
        {
            received = recv(
                        descriptor,
                        buffer,
                        1024,
                        0
                        );

            if(received <= 0)
            {
                break;
            }

            [data appendBytes:buffer length:received];
        } while(YES);
    }
    else
    {
        // 접속 도중 오류 발생
    }
}
else
{
    // 소켓 초기화 실패
}

close(descriptor);

str = [[NSString alloc] initWithData:data
                        encoding:NSUTF8StringEncoding];

NSLog(@"%@", str);
```

▲ [코드 7] 소켓 코드 작성

[코드 7]에서 domain과 uri, port 값을 변경한 뒤 테스트 하면 [결과 4]와 같이 HTTP로 통신할 때 사용되는 헤더 정보와 body 내용이 출력됩니다.

```
HTTP/1.0 302 Found
Location: http://www.google.co.kr/

...

〈HTML〉...〈/HTML〉
```

▲ [결과 4] 코드 2의 실행 결과

HTTP/1.0부터 〈HTML〉이 나오기 전 줄까지가 HTTP header이며, 〈HTML〉부터 끝까지의 내용이 HTTP body입니다.

위에 코드를 보시면 짐작되시겠지만, NSMutableURLRequest 클래스 내부에서는 BSD socket API를 사용하여 데이터를 송/수신하고 수신한 데이터를 parsing하여 유효한 HTTP header 정보로 나누고 body 부분을 추출하여 전달하는 등의 기능을 하는 것입니다.

HTTP 기반의 통신이 필요하다면 자신이 직접 소켓 API를 사용하여 HTTP wrapper 클래스를 제작하여 사용하여도 되지만, 더욱 더 정교하게 잘 만들어져 있는 NSMutableURLRequest를 사용하도록 하는 것이 좋습니다. 물론 IITTP가 아니라 다른 프로토콜을 시용한다면 소켓 API를 시용하여야 합니다.

Lesson 03 블루투스 모듈로 P2P 통신하기

iOS SDK 3.0부터 제공되는 GKPeerPickerController를 사용하면 다른 iPhone/iPod과 통신할 수 있습니다. 정확히는 이러한 통신 방법이 블루투스 통신은 아니지만, GKPeerPickerController 내부적으로 블루투스 모듈을 통해 통신을 하므로 블루투스 통신이라고 하겠습니다.

현재까지 iPhone에서 제공되는 블루투스 통신 API는 GKPeerPickerController 밖에 없습니다. 따라서 iPhone에서 SPP(Serial Port Profile)과 같은 기능은 사용하실 수 없습니다.

그러나 GKPeerPickerController를 사용하면 명시적인 pairing 과정을 거치지 않고서도 통신을 할 수 있습니다. 이러한 역할을 GKPeerPickerController가 해주기 때문입니다.

그렇다면 지금부터 GKPeerPickerController를 사용하는 방법에 대해 알아보도록 하겠습니다.
우선은 간단하게 숫자를 주고 받는 응용 프로그램을 제작해 보도록 하겠습니다.
다음과 같은 순서로 코드를 작성하시면 됩니다.

1 변수 선언
GKPeerPickerController를 사용하여 블루투스 통신을 수행하기 위해 변수를 선언합니다. 헤더 파일에 다음과 같이 선언 합니다. 이 때 주의할 점은 GKSession의 sendDataToAllPeers:withDataMode:error:가
비동기 모드(asynchronous)로 동작하기 때문에 데이터를 멤버 변수로 선언해야 합니다.

```
GKPeerPickerController *_peerPickerController;
GKSession *_session;
NSData *_data;
```
▲ [코드 8] 변수 선언

2 protocol 선언

application delegate가 GKPeerPickerControllerDelegate, GKSessionDelegate로 지정될 수 있도록
다음과 같이 interface 선언부에 protocol을 추가합니다.

```
@interface BluetoothTestAppDelegate : NSObject 〈 UIApplicationDelegate,
GKPeerPickerControllerDelegate, GKSessionDelegate 〉
```
▲ [코드 9] protocol 선언

3 GKPeerPickerController 초기화

```
_peerPickerController = [[GKPeerPickerController alloc] init];
[_peerPickerController setDelegate:self];
[_peerPickerController setConnectionTypesMask:GKPeerPickerConnectionTypeNearby];
```
▲ [코드 10] GKPeerPickerController 초기화

4 peer 선택 창 표시

```
[_peerPickerController show];
```
▲ [코드 11] peer 선택 창 표시

5 GKPeerPickerControllerDelegate 구현

```
- (GKSession *)peerPickerController:(GKPeerPickerController *)picker
        sessionForConnectionType:(GKPeerPickerConnectionType)type
{
        // 새로운 세션 할당
        _session = [[GKSession alloc] initWithSessionID:@"UniqueID"
                displayName:@"iPhone 4 이고파"
                sessionMode:GKSessionModePeer];
        [_session setDelegate:self];

        return _session;
}
```

```objc
- (void)peerPickerController:(GKPeerPickerController *)picker
        didConnectPeer:(NSString *)peerID
        toSession:(GKSession *)session
{

        NSLog(@"Connected with %@", peerID);

}


- (void)peerPickerControllerDidCancel:(GKPeerPickerController *)picker
{

        NSLog(@"Canceled");

}
```

▲ [코드 12] GKPeerPickerControllerDelegate 구현

❻ GKSessionDelegate 구현

```objc
- (void)session:(GKSession *)session
        peer:(NSString *)peerID
        didChangeState:(GKPeerConnectionState)state
{

        static int number = 10;

        switch(state)
        {
                case GKPeerStateConnected:

                        // receiveData:fromPeer:inSession:context: 대상 지정
                        [session setDataReceiveHandler:self withContext:nil];

                        _data = [[NSData alloc] initWithBytes:&number
                                length:sizeof(number)];

                        [session sendDataToAllPeers:_data
                                withDataMode:GKSendDataReliable error:nil];

                        break;

                case GKPeerStateDisconnected:

                        break;
        }
}

// session의 setDataReceiveHandler를 self로 지정하였으므로 본 메소드가 호출됨
```

```objc
- (void)receiveData:(NSData *)data
        fromPeer:(NSString *)peer
        inSession:(GKSession *)session
        context:(void *)context
{
        int number;

        [data getBytes:&number length:sizeof(number)];

        NSLog(@"Received: %d from %@", number, peer);
}
```

▲ [코드 13] GKSessionDelegate 구현

[코드 8]부터 [코드 13]까지 입력한 뒤 실행하면 다음과 같은 peer 검색 화면이 표시됩니다.

▲ peer 검색 화면

위의 그림 peer 검색 화면에서 다른 iPad나 iPhone, iPod이 검색되면 다음 그림과 같은 peer 선택 화면이 표시됩니다.

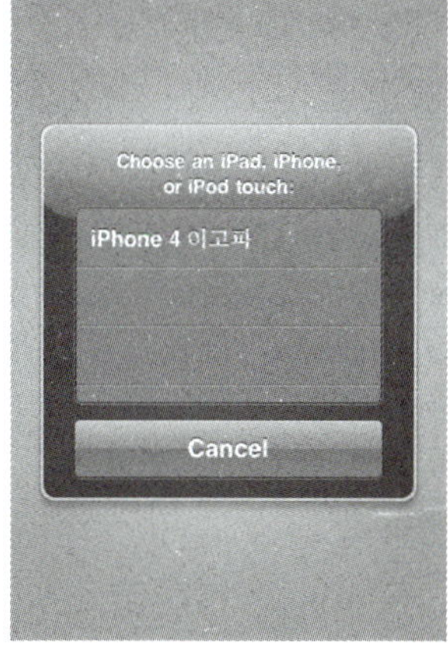

▲ peer 선택 화면

위의 그림 peer 선택 화면에서 peer를 선택하면 다음 그림과 같은 peer 대기 화면으로 전환됩니다.

▲ peer 대기 화면

위와 같은 과정을 거치면 peer 화면에 다음 그림과 같은 접속 수락 화면이 표시됩니다.

▲ 접속 수락 화면

만약 이 상태에서 peer가 accept를 누르게 된다면 접속이 되면서 콘솔에 [결과 4]와 같은 정보가 출력됩니다.

```
Connected with 154145167
Received: 10 from 154145167
```

▲ [결과 4] 데이터 송/수신을 나타내는 정보

위와 같이 GKPeerPickerController와 GKSession 클래스를 사용하여 주위에 있는 peer와 통신할 수 있습니다. 이 때 통신은 비동기 모드로 진행되기 때문에 별도의 thread를 생성할 필요가 없습니다.

본 절에서는 숫자만을 상대방에게 전달하였지만, NSData에 다른 데이터를 넣어 보냄으로써 채팅/게임 등에 블루투스 통신을 사용할 수 있습니다.

09 Chapter

Twitter Client 제작하기

---

01 Windows-based Application Template를 선택합니다.

02 Product에서는 iPhone을 선택합니다.

03 Choose…를 선택하고 Project 명을 입력합니다.

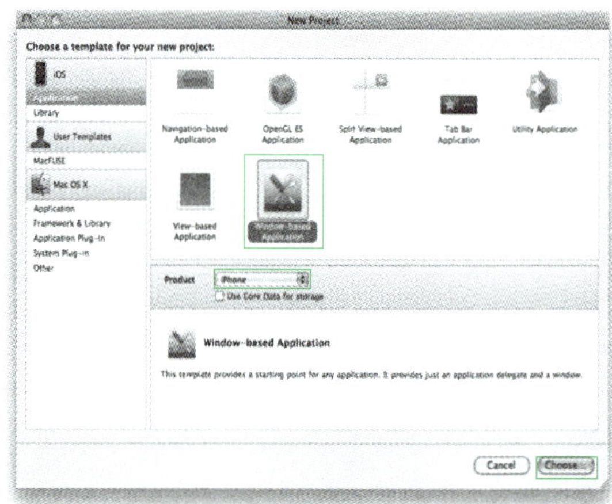

---

01 Twitter 클라이언트를 개발하려면 우선 트위터 개발 사이트에 애플리케이션 등록을 하고 Consumer Key와 Consumer Secret을 발급받아야 합니다. 트위터 개발자 사이트는 http://dev.twitter.com/입니다.

02 Twitter API는 기본적으로 Open Authentication을 사용합니다. 이를 위해서 http://oauth.org/code/에서 Objective-C용 OAuthConsumer를 다운로드 합니다. 물론 직접 구현도 가능하지만 현재 예제에서는 중요한 부분이 아니므로 라이브러리 다운로드로 대신하도록 하겠습니다.

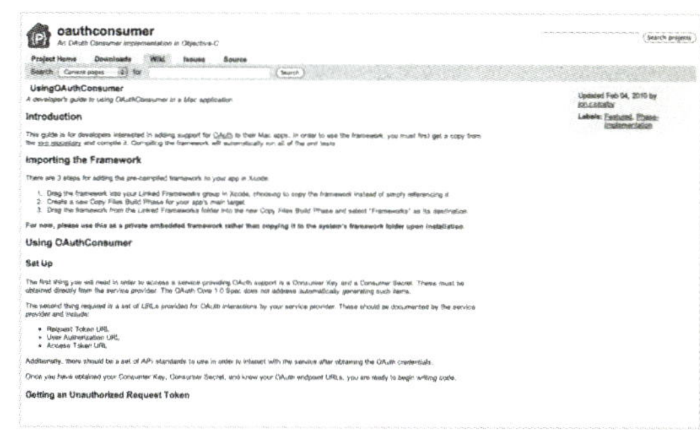

▲ oauthconsumer 라이브러리 사이트

03 OAuthConsumer 소스는 Google Code의 SVN 서버에 등록되어 있습니다. 전체 소스는 터미널(응용프로그램 〉 유틸리티에 있습니다)을 연 뒤

svn checkout http://oauth.googlecode.com/svn/code/ oauth-read-only

를 실행하면 oauth-read-only라는 디렉토리에 받아집니다.

Objective-C 소스만 받고자 한다면 아래처럼 받으면 됩니다.

svn checkout http://oauth.googlecode.com/svn/code/obj-c oauth-read-only

04 이제 Lesson 01에서 생성한 프로젝트에 내려 받은 소스를 추가해 봅시다.

먼저, Finder로 방금 내려 받은 oauth-read-only 디렉토리 안에 있는 OAuthConsumer 디렉토리를 앞서 생성한 우리 프로젝트 파일이 있는 곳의 Classes 디렉토리 안에 복사합니다.

다음으로 Xcode의 Class 폴더에서 마우스 오른쪽 버튼을 클릭한 후 Add 〉 New Group을 선택합니다. 새 그룹 이름은 OAuthConsumer로 하겠습니다.

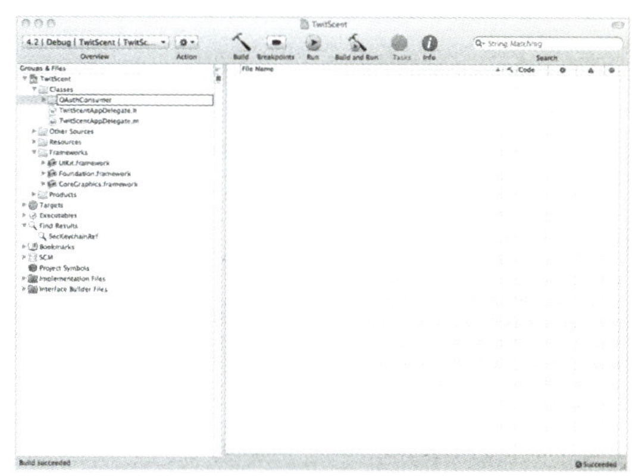

▲ AuthConsumer 그룹 추가

05 다음으로 생성한 OAuthConsumer 그룹에서 마우스 오른쪽 버튼을 클릭하고 Add 〉 Existing Files…를 선택합니다.

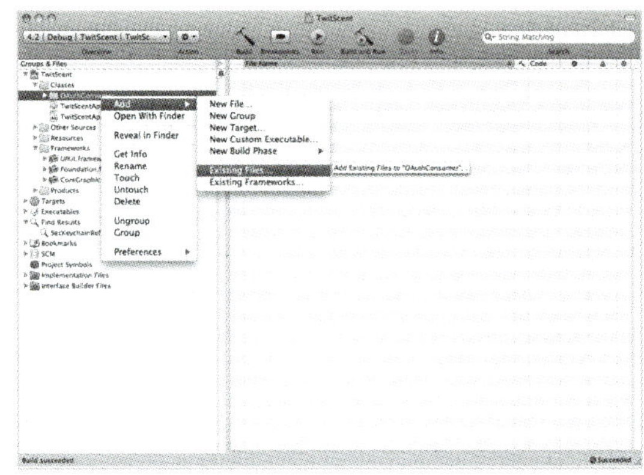

▲ 파일 추가

06 내려 받은 OAuthConsumer 소스는 OSX 기반의 소스이므로 전체를 추가하면 빌드 오류가 발생합니다. 따라서 소스들 중 컴파일에 필요한 소스만 프로젝트에 추가합니다. 프로젝트에 필요한 소스 목록은 아래 그림과 같습니다.

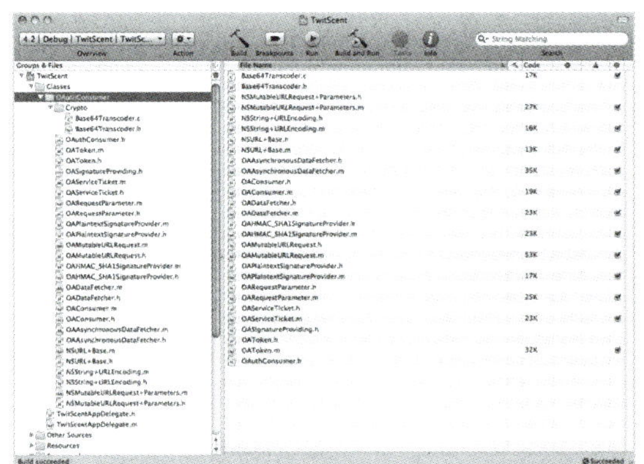

▲ 아이폰에서 사용할 파일들 추가

07 빌드가 잘 되는지 Xcode 메뉴의 Build 〉 Build 메뉴를 선택하거나 단축키 ⌘+B를 눌러 빌드해 봅시다. 빌드 오류가 발생하면 우측 하단에 빨간색으로 오류 개수가 출력되고 이곳을 클릭하면 오류가 발생한 부분을 확인할 수 있습니다.

08 Twitter에 데이터를 요청할 때 XML, JSON 두 종류의 데이터로 요청이 가능하며, 예제에서는 JSON 형태의 데이터로 요청을 하고 처리할 것입니다. 따라서 JSON Parser를 이용할 것입니다.
하지만 iPhone SDK에서는 기본적으로 JSON Parser는 지원하지 않고 있으므로 JSON Framework를 내려 받아 사용하도록 하겠습니다.(http://code.google.com/p/json-framework/에서 내려 받을 수 있습니다.)
오른쪽의 Downloads 버튼을 누릅니다.

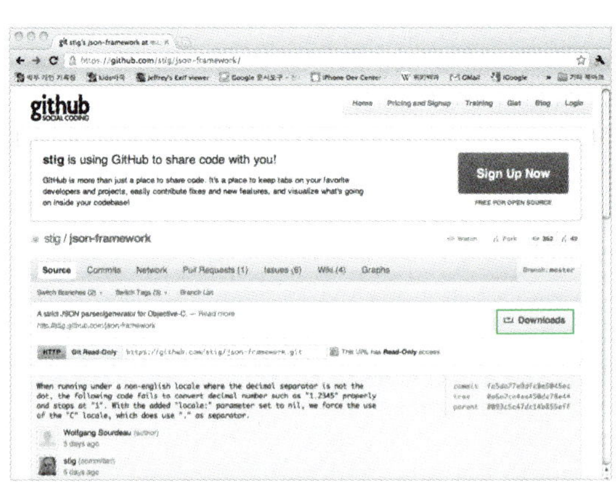

▲ json parser github 사이트

09 iPhone 버전 소스를 내려 받은 후 압축을 풉니다.
XCode의 Classes 폴더에 JSON 폴더를 생성합니다.
압축이 풀어진 소스들 중 Classes 디렉토리에 있는 파
일들을 이곳으로 복사합니다.
그리고 앞서 OAuthConsumer를 추가한 것과 유사하게
새로 복사한 파일들을 다음 그림처럼 추가합니다.

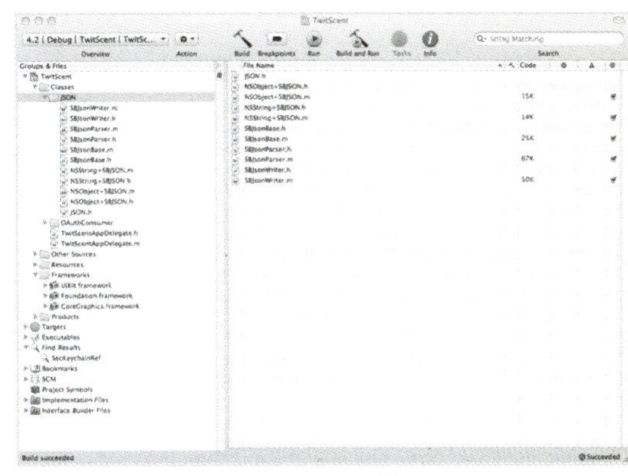

▲ json 소스 추가

10 빌드가 잘 되는지 확인합니다.
이로서 트위터 클라이언트 개발에 필요한 외부 라이브러리들 추가는 모두 완료되었습니다.

Root View Controller 추가

뷰 컨트롤러 기반의 애플리케이션은 최상위 루트 뷰 컨트롤러를 가지고 있어야 합니다. 초기에 Window
based로 개발을 시작하여 현재 뷰 컨트롤러가 없는 상태이므로 최상위 뷰 컨트롤러를 추가해 보도록 하겠
습니다.

01 Classes에서 마우스 오른쪽 버튼을 클릭하고 Add
〉 New File…을 선택합니다. UIViewController
subclass를 선택하고 Next를 누릅니다.

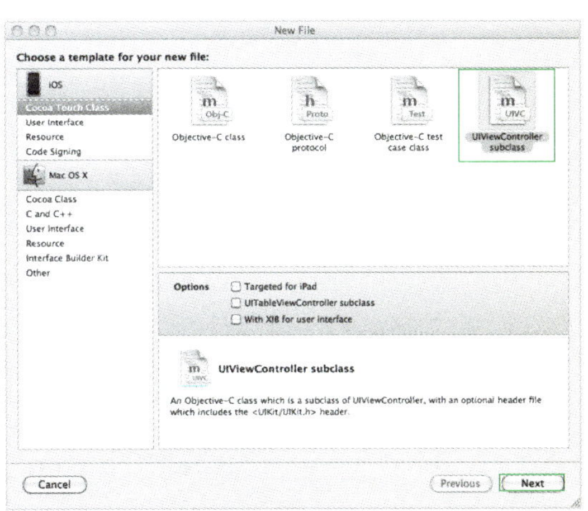

▲ 뷰 콘트롤러 추가

02 이름을 TwitScentMainViewController로 짓겠습니다.

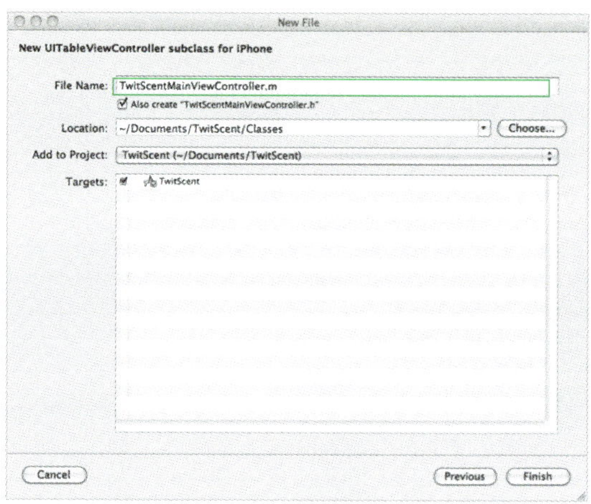

03 다음으로 AppDelegate에서 이 뷰 컨트롤러를 window에 얹도록 합니다.
애플리케이션이 실행되면 AppDelegate의

```
- (BOOL)application:(UIApplication *)application
didFinishLaunchingWithOptions:(NSDictionary *)launchOptions
```

메소드가 호출됩니다.

04 이곳에 아래와 같이 뷰 컨트롤러를 생성하고 네비게이션 바를 붙이는 작업을 해줍니다.

```objc
- (BOOL)application:(UIApplication *)application didFinishLaunchingWithOptions:(NSDictionary
*)launchOptions {

 // Override point for customization after application launch.
        _mainViewController = [[TwitScentMainViewController alloc] init];
        _mainViewNavigation = [[UINavigationController alloc]
initWithRootViewController:_mainViewController];

        [_mainViewNavigation.navigationBar setBarStyle:UIBarStyleBlack];
        [_mainViewController release];

        [window addSubview:_mainViewNavigation.view];

 [window makeKeyAndVisible];

 return YES;
}
```

05 헤더 파일도 작업을 해줍니다.

TwitScentAppDelegate.h

```objc
#import <UIKit/UIKit.h>
#import "TwitScentMainViewController.h"
#import "OAToken.h"

@interface TwitScentAppDelegate : NSObject <UIApplicationDelegate> {
    UIWindow *window;

        TwitScentMainViewController *_mainViewController;
        UINavigationController *_mainViewNavigation;
        OAToken *_twitterToken;
        id _currentViewController;
}

@property (nonatomic, retain) IBOutlet UIWindow *window;

@end
```

06 네비게이션 바에 타이틀이 없으면 허전하므로 타이틀을 넣어 봅시다.
TwitScentMainViewController.m 파일에 아래 코드를 추가합니다.

```objc
- (id)init {
        if (self = [super init]) {
                self.title = @"TwitScent";
        }

        return self;
}
```

07 타겟을 시뮬레이터로 설정하고 실행해 봅시다.

08 ⌘+R 또는 R+Enter 키를 누릅니다.

▲ 실행 결과

TwitScentAppDelegate.h

```objc
//
//  TwitScentAppDelegate.h
//  TwitScent
//
//  Created by YunBong Kim on 10. 9. 19..
//  Copyright 2010 __MyCompanyName__. All rights reserved.
//

#import <UIKit/UIKit.h>
#import "TwitScentMainViewController.h"

@interface TwitScentAppDelegate : NSObject <UIApplicationDelegate> {
    UIWindow *_window;
        TwitScentMainViewController *_mainViewController;
        UINavigationController *_mainViewNavigation;
        OAToken *_twitterToken;
        id _currentViewController;
}

@property (nonatomic, retain) UIWindow *window;
@property (nonatomic, retain) OAToken *twitterToken;
@property (nonatomic, assign) id currentViewController;


- (void)setTwitterToken;
```

```
@end
```

TwitScentAppDelegate.m

```objc
//
//  TwitScentAppDelegate.m
//  TwitScent
//
//  Created by YunBong Kim on 10. 9. 19..
//  Copyright 2010 __MyCompanyName__. All rights reserved.
//

#import "TwitScentAppDelegate.h"
#import "TwitScentDetailViewController.h"

@implementation UIApplication (Private)

- (BOOL)customOpenURL:(NSURL *)url {
    TwitScentAppDelegate *MyWatcher = [[UIApplication sharedApplication] delegate];
    if (MyWatcher.currentViewController) {

        [MyWatcher.currentViewController handleURL:url];

        return YES;
    }

        return NO;
    }

@end


@implementation TwitScentAppDelegate

@synthesize window = _window;
@synthesize twitterToken = _twitterToken;
@synthesize currentViewController = _currentViewController;

#pragma mark -
#pragma mark Application lifecycle

- (BOOL)application:(UIApplication *)application didFinishLaunchingWithOptions:(NSDictionary
```

```objc
*)launchOptions {
        _window = [[UIWindow alloc] initWithFrame:[[UIScreen mainScreen] bounds]];

        _mainViewController = [[TwitScentMainViewController alloc] init];
        _mainViewNavigation = [[UINavigationController alloc]
initWithRootViewController:_mainViewController];

        [_mainViewNavigation.navigationBar setBarStyle:UIBarStyleBlack];
        [_mainViewController release];

        [_window addSubview:_mainViewNavigation.view];
        [_window makeKeyAndVisible];

        return YES;
}


- (void)applicationWillResignActive:(UIApplication *)application {
    /*
     Sent when the application is about to move from active to inactive state. This can occur for
certain types of temporary interruptions (such as an incoming phone call or SMS message) or
when the
     user quits the application and it begins the transition to the background state.
Use this method to pause ongoing tasks, disable timers, and throttle down OpenGL ES frame
rates. Games should use this method to pause the game.
     */
}


- (void)applicationDidEnterBackground:(UIApplication *)application {
    /*
     Use this method to release shared resources, save user data, invalidate timers, and store
enough application state information to restore your application to its current state in case it is
terminated later.
     If your application supports background execution, called instead of applicationWillTerminate:
when the user quits.
     */
}


- (void)applicationWillEnterForeground:(UIApplication *)application {
    /*
     Called as part of transition from the background to the inactive state: here you can undo many
of the changes made on entering the background.
```

```objc
	*/
}


- (void)applicationDidBecomeActive:(UIApplication *)application {
	/*
	Restart any tasks that were paused (or not yet started) while the application was inactive. If
the application was previously in the background, optionally refresh the user interface.
	*/
}


- (void)applicationWillTerminate:(UIApplication *)application {
	/*
	Called when the application is about to terminate.
	See also applicationDidEnterBackground:.
	*/
}


#pragma mark -
#pragma mark Memory management

- (void)applicationDidReceiveMemoryWarning:(UIApplication *)application {
	/*
	Free up as much memory as possible by purging cached data objects that can be recreated
(or reloaded from disk) later.
	*/
}


- (void)dealloc {
		[_mainViewNavigation release];
		[_window release];
		[_twitterToken release];

		[super dealloc];
}


#pragma mark -
#pragma mark TwitterToken

- (void)setTwitterToken {
```

```objc
        NSDictionary *tokenDict = [TwitScentDefault getUserDefaultWithKey:kTwitScentUserKey];
        _twitterToken = [[OAToken alloc] initWithKey:[tokenDict objectForKey:@"oauth_token"]
secret:[tokenDict objectForKey:@"oauth_token_secret"]];
}


@end
```

Lesson 04　　User Default 관리 클래스 추가

애플리케이션의 각종 설정값을 저장하기 위해 NSUserDefaults 클래스를 사용합니다. 이 NSUserDefaults를 좀 더 사용하기 편하게 하기 위해, 그리고 애플리케이션에서 자주 사용할 몇 가지 메소드들을 모아 놓을 클래스를 미리 정의하도록 하겠습니다. 이름은 TwitScentDefault입니다.

TwitScentDefault.h

```objc
#import <Foundation/Foundation.h>


@interface TwitScentDefault : NSObject {

}

// Key
+ (void)setUserDefaultWithKey:(NSString *)key value:(NSDictionary *)value
overWrite:(BOOL)isOverWrite;
+ (id)getUserDefaultWithKey:(NSString *)key;
+ (void)removeDefaultWithKey:(NSString *)key;

// Font
+ (UIFont *)getTwitDefaultBoldFontWithSize:(CGFloat)fontSize;
+ (UIFont *)getTwitDefaultFontWithSize:(CGFloat)fontSize;
+ (UIFont *)getTwitAppleGothicBoldFontWithSize:(CGFloat)fontSize;
+ (UIFont *)getTwitAppleGothicFontWithSize:(CGFloat)fontSize;

// Datetime
+ (NSString *)calculateDatetime:(NSString *)comparedDateString;

// HTML to Plain
+ (NSString *)convertHTMLtoPlainText:(NSString *)HTMLString;

@end
```

TwitScentDefault.m

```objc
#import "TwitScentDefault.h"


@implementation TwitScentDefault

+ (void)setUserDefaultWithKey:(NSString *)key value:(NSDictionary *)value
overWrite:(BOOL)isOverWrite          {
        NSUserDefaults *userDefault = [NSUserDefaults standardUserDefaults];

        if ([userDefault objectForKey:kTwitScentUserKey]) {
                if (isOverWrite) {
                        [userDefault setObject:value forKey:key];
                }
        }
        else {
                [userDefault setObject:value forKey:key];
        }

        [userDefault synchronize];
}


+ (id)getUserDefaultWithKey:(NSString *)key {
        return [[NSUserDefaults standardUserDefaults] objectForKey:kTwitScentUserKey];
}


+ (void)removeDefaultWithKey:(NSString *)key          {
        [[NSUserDefaults standardUserDefaults] removeObjectForKey:key];
        [[NSUserDefaults standardUserDefaults] synchronize];
}


+ (UIFont *)getTwitDefaultBoldFontWithSize:(CGFloat)fontSize    {
        return [UIFont fontWithName:@"Helvetica-Bold" size:fontSize];
}


+ (UIFont *)getTwitDefaultFontWithSize:(CGFloat)fontSize         {
        return [UIFont fontWithName:@"Helvetica" size:fontSize];
}
```

```objc
+ (UIFont *)getTwitAppleGothicBoldFontWithSize:(CGFloat)fontSize {
        return [UIFont fontWithName:@"AppleGothic" size:fontSize];
}


+ (UIFont *)getTwitAppleGothicFontWithSize:(CGFloat)fontSize {
        return [UIFont fontWithName:@"AppleGothic" size:fontSize];
}


+ (NSString *)calculateDatetime:(NSString *)comparedDateString {
        NSDateFormatter *df = [[NSDateFormatter alloc] init];
        NSLocale *locale = [[NSLocale alloc] initWithLocaleIdentifier:@"en_US"];
        [df setTimeZone:[NSTimeZone timeZoneWithName:@"GMT"]];
        [df setDateFormat:@"EEE MMM dd HH:mm:ss +0000 yyyy"];
        [df setLocale:locale];
        [locale release];

        NSDate *noticedDate = [df dateFromString:comparedDateString];


        NSDateComponents *comp = [[NSCalendar currentCalendar] components:NSDayCalendarUnit
| NSHourCalendarUnit | NSMinuteCalendarUnit fromDate:noticedDate toDate:[NSDate date]
options:0];

        NSString *date;

        if ([comp day] == 0 && [comp hour] == 0 && [comp minute] <= 0 ) {
                date = [NSString stringWithString:@"just now"];
        }
        else if ([comp day] == 0 && [comp hour] == 0 && [comp minute] > 0) {
                date = [NSString stringWithFormat:@"%dm", [comp minute]];
        }
        else if([comp day] == 0 && [comp hour] > 0) {
                date = [NSString stringWithFormat:@"%dh", [comp hour]];
        }
        else {
                [df setLocale:[NSLocale currentLocale]];
                [df setDateFormat:@"MMM dd (EEE) hh:mm"];

                date = [NSString stringWithString:[df stringFromDate:noticedDate]];
        }
```

```objc
        [df release];
        return date;
}


+ (NSString *)convertHTMLtoPlainText:(NSString *)HTMLString {
        NSMutableString *convertedString = [[[NSMutableString alloc] init] autorelease];
        [convertedString setString:HTMLString];

        NSArray *htmlStringArray = [NSArray arrayWithObjects:@"&amp;", @"&lt;", @"&gt;",
@"&quot", nil];
        NSArray *plainStringArray = [NSArray arrayWithObjects:@"&", @"<", @">", @"""", nil];

        NSDictionary *characterDictionary = [NSDictionary
dictionaryWithObjects:plainStringArray forKeys:htmlStringArray];

        for (NSString *key in characterDictionary)    {
                NSString *sourceString = [NSString stringWithString:convertedString];
                [convertedString setString:[sourceString
stringByReplacingOccurrencesOfString:key withString:[characterDictionary
objectForKey:key]]];
        }

        return convertedString;
}

@end
```

또한 각종 설정값을 미리 정의할 헤더 파일도 정의하였습니다. 이름은 TwitScentCommon.h입니다.

TwitScentCommon.h

```objc
typedef enum    {
        TwitScentTimelinePublic = 0,
        TwitScentTimelineMention,
        TwitScentTimelineDirectMessage,
} TwitScentTimeline;


// Basic Information
#define kTwitScentVersion               @"0.1"
#define kTwitScentUserKey               @"YBTwitScentUserKey"
```

```
#define kTwitScentFont


// For Twitter Service Setting
#define kTwitScentConsumerKey              @"pMUcPSu9hhDEE7PcmkTEg"
#define kTwitScentConsumerSecret
        @"qCTyTZ4KB6K8aXC3pdp1vloY7rc1Fe9DZw6qi5dadg"


#define kTwitterRequestToken               @"https://api.twitter.com/oauth/request_token"
#define kTwitterRequestAuthorization       @"https://api.twitter.com/oauth/authorize"
#define kTwitterRequestAccessToken
        @"https://api.twitter.com/oauth/access_token"


#define kTwitterRequestUpdateTweet
        @"http://api.twitter.com/1/statuses/update.json"
#define kTwitterRequestPublicTimeline
        @"http://api.twitter.com/1/statuses/home_timeline.json"
#define kTwitterRequestMentionTimeline     @"http://api.twitter.com/1/statuses/mentions.json"
```

이 파일에서 kTwitScentConsumerKey와 kTwitScentConsumerSecret의 값은 여러분이 발급받은 키와 시크릿 값으로 대체하면 됩니다.

이 두 헤더 파일은 여러 파일에서 사용하게 되므로 .pch 파일에 넣어두는 게 편합니다.

TwitScent_Prefix.pch

```
#ifdef __OBJC__
    #import <Foundation/Foundation.h>
    #import <UIKit/UIKit.h>

        #import "TwitScentCommon.h"
        #import "TwitScentDefault.h"
#endif
```

<table><tr><td>**Lesson 05**</td><td>**Login View Controller 추가**</td></tr></table>

01 우선 사용자가 Twitter 서비스에 연결할 수 있도록 해줄 Login View Controller가 필요합니다. Login View Controller에는 Twitter를 사용중인 사용자가 바로 아이디와 비밀번호를 입력할 수 있는 Sign in과 처음 사용자가 가입을 할 수 있도록 Register 두 기능을 제공할 것입니다.

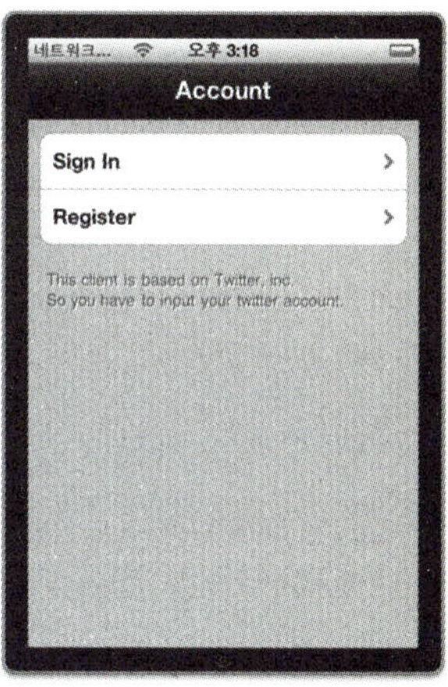

▲ 우리가 만들 로그인 화면

우선 새로운 뷰 컨트롤러를 생성하고 TwitScentLoginViewController로 이름 짓습니다. 테이블뷰 컨트롤러로 생성해도 좋으나 뷰 컨트롤러를 생성하고 테이블뷰를 따로 생성해서 사용하는 것이 여러 모로 편리합니다.

TwitScentLoginViewController.h

```
#import <UIKit/UIKit/h>


@interface TwitScentLoginViewController : UIViewController <UITableViewDataSource,
UITableViewDelegate, UITextFieldDelegate>   {
        NSArray *_loginTableData;
}

@end
```

02 Sign in과 Register는 Table View를 이용하여 배치하였으며 아래 Description은 Table View의 Footer로 배치하였습니다.

TwitScentLoginViewController.h

```
- (void)loadView {
        [super loadView];

        _loginTableData = [[NSArray alloc] initWithObjects:@"Sign In", @"Register", nil];
```

```
        UILabel *tableViewFooter = [[UILabel alloc] initWithFrame:CGRectMake(15.0f, 0.0f,
290.0f, 50.0f)];
        tableViewFooter.tag = kTableFooterView;
        tableViewFooter.numberOfLines = 0;
        tableViewFooter.font = [TwitScentDefault getTwitDefaultFontWithSize:13.0f];
        tableViewFooter.shadowOffset = CGSizeMake(1.0f, 1.0f);
        tableViewFooter.shadowColor = [UIColor whiteColor];
        tableViewFooter.textColor = [UIColor darkGrayColor];
        tableViewFooter.backgroundColor = [UIColor clearColor];
        tableViewFooter.text = @"This client is based on Twitter, inc.\nSo you have to input
your twitter account.";

UITableView *loginTableView = [[UITableView alloc] initWithFrame:CGRectMake(0.0f, 0.0f,
320.0f, 480.0f - 64.0f)
        style:UITableViewStyleGrouped];
        loginTableView.tag = kTextFieldTag;
        loginTableView.dataSource = self;
        loginTableView.delegate = self;
        loginTableView.tableFooterView = tableViewFooter;

        [tableViewFooter release];

        [self.view addSubview:loginTableView];
    [loginTableView release];
```

03 Table View의 Footer로 사용될 Label은 UILabel을 이용하였으며, 글자 길이에 따라 동적으로 줄(line) 수를 조정할 수 있도록 numberOfLines 값을 0으로 두고 font는 TwitScentDefault.m 파일의 getTwitDefaultFontWithSize 메소드에 지정된 Helvetica 13pt로 지정하였으며 흰색의 Offset 효과를 주었습니다.

04 Table View는 NSArray 형태의 _loginTableData 데이터를 이용하여 화면에 표현하였습니다. 기본적인 Table View 구조이며 _loginTableData에 포함된 NSString 형태의 데이터를 cell에 있는 textLabel에 배치하였으며, 더불어 AccessoryType을 DisclosureIndicator로 화면에 나타나게 하였습니다.

```
#pragma mark -
#pragma mark TableView Data Source Delegate

- (NSInteger) numberOfSectionsInTableView:(UITableView *)tableView   {
        return 1;
}
```

```objc
- (NSInteger) tableView:(UITableView *)table numberOfRowsInSection:(NSInteger)section   {
        return [_loginTableData count];
}


- (UITableViewCell *) tableView:(UITableView *)tableView cellForRowAtIndexPath:(NSIndexPath
 *)indexPath       {
        NSString *tableIdentifier = [NSString stringWithString:@"loginIdentifier"];
        UITableViewCell *cell = [tableView
dequeueReusableCellWithIdentifier:tableIdentifier];

        if (cell == nil) {
                cell = [[[UITableViewCell alloc] initWithStyle:UITableViewCellStyleDefault
reuseIdentifier:tableIdentifier]
                            autorelease];
        }


        [cell.textLabel setBackgroundColor:[UIColor clearColor]];
        [cell.textLabel setText:[_loginTableData objectAtIndex:indexPath.row]];
        [cell setAccessoryType:UITableViewCellAccessoryDisclosureIndicator];

        return cell;
}
```

05 UI 배치는 위와 같이하면 완료되고 이제는 각 셀을 터치시 어떤 기능을 수행할 것인지 정하도록 합니다.

```objc
- (void) tableView:(UITableView *)tableView didSelectRowAtIndexPath:(NSIndexPath *)indexPath
        {
        switch (indexPath.row) {
                case 0:
                        [self performSelector:@selector(openTwitterSignInPage)
withObject:nil];
                        break;
                case 1:
                        [self performSelector:@selector(openTwitterSignUpPage)];
                        break;
                default:
                        break;
        }
}
```

06 indexPath.row의 값에 따라 switch문으로 기능을 정의하였습니다. 우선 Twitter 가입을 유도하기 위한 openTwitterSiginUpPage 메소드를 살펴보겠습니다.

07 UIAlertView를 이용하여 Safari Application을 실행할 것인지 사용자에게 물어 보도록 합니다.

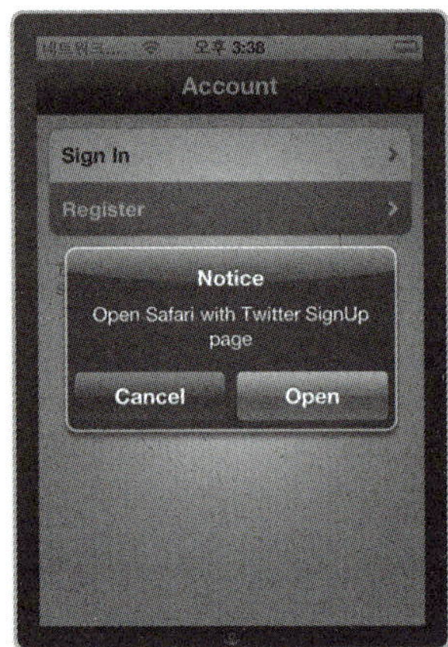
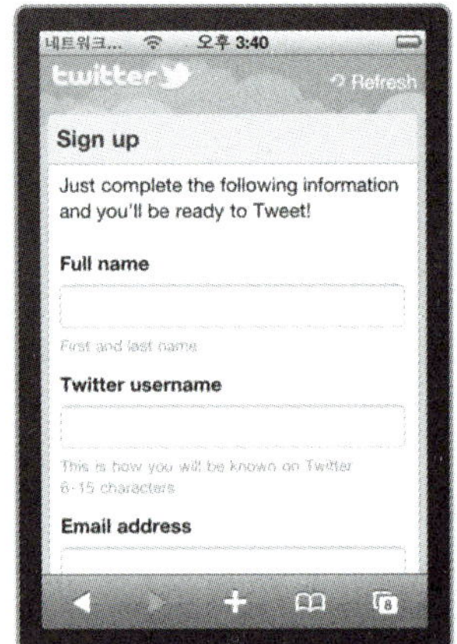

▲ 트위터 가입 페이지 연결

08 Cancel을 터치하면 Alert View는 단순히 사라지며, Open을 터치하면 Safari가 열리며 Twitter 가입 페이지가 나타납니다. 위 기능은 아래와 같이 구현합니다.

```objc
- (void)openTwitterSignInPage              {

        [[UIApplication sharedApplication] setNetworkActivityIndicatorVisible:YES];

        YBTwitterRequest  *request = [[YBTwitterRequest alloc] init];
        request.delegate = self;
        request.requestType = TwitterRequestGetToken;
        request.httpMethod = @"GET";
        [request requestWithURL:kTwitterRequestToken token:nil];
}
```

09 alertView의 delegate를 통해 Safari를 Open하며 아래와 같이 구현합니다.

```objc
#pragma mark -
#pragma mark AlertView Delegate

- (void) alertView:(UIAlertView *)alertView clickedButtonAtIndex:(NSInteger)buttonIndex        {
        switch (buttonIndex) {
                case 1:
                    [[UIApplication sharedApplication] openURL:[NSURL URLWithString:
@"https://twitter.com/signup"]];
```

```
                break;
            default:
                break;
        }
    }
```

10 다음으로 Sign in을 터치했을 때 기능 정의를 해보도록 하겠습니다.
우선 준비하기에서 내려 받아 둔 OAConsumer를 이용하여 Twitter에 여러 요청이 용이하도록 class를 하나 준비하도록 하겠습니다.

```objc
#import <Foundation/Foundation.h>
#import "YBTwitterRequestDelegate.h"

#import "OAConsumer.h"
#import "OARequestParameter.h"
#import "OAMutableURLRequest.h"
#import "OADataFetcher.h"
#import "SBJSON.h"

typedef enum {
        TwitterRequestGetToken = 0,
        TwitterRequestAuthorization,
        TwitterRequestHomeTimeline,
        TwitterRequestUpdateTweet,
} TwitterRequest;

@interface YBTwitterRequest : NSObject {
        id _delegate;

        NSString *_httpMethod;

        OAConsumer *_oAuthConsumer;
        OAMutableURLRequest *_oAuthRequest;
        NSArray *_oAuthParameters;
        TwitterRequest _requestType;
}

@property (nonatomic, assign) id <YBTwitterRequestDelegate> delegate;
@property (nonatomic, retain) NSString *httpMethod;
@property (nonatomic, retain) NSArray *oAuthParameters;
@property (nonatomic, assign) TwitterRequest requestType;
```

```
- (void)requestWithURL:(NSString *)URLString token:(OAToken *)token;

@end
```

11 TwitterRequest class의 header입니다. OAConsumer, OARequestParameter, OAMutableURLRequest, OADataFetcher, 그리고 SBJSON을 이용할 것입니다. 추가적으로 http method(GET/POST)를 정의할 수 있으며 한 컨트롤러 내부에서 여러 요청이 있을 경우 요청을 구분하기 위한 Type을 정하도록 하였습니다.

12 아래는 implementation 파일 내용 중 requestWithURL 메소드 구현 내용입니다. OAConsumer를 이용하여 Twitter에서 미리 부여받은 Consumer Key와 Secret를 입력하고 Request 할 내용에 대한 정의를 입력합니다. 정의된 http 메소드를 이용하여 최종적으로 OADataFetcher를 이용하여 connection 요청을 합니다.

```
- (void)requestWithURL:(NSString *)URLString token:(OAToken *)token  {
        _oAuthConsumer = [[OAConsumer alloc] initWithKey:kTwitScentConsumerKey
secret:kTwitScentConsumerSecret];
        _oAuthRequest = [[OAMutableURLRequest alloc] initWithURL:[NSURL
URLWithString:URLString] consumer:_oAuthConsumer token:token realm:nil
signatureProvider:nil];
        NSString *method = ([_httpMethod length] < 1) ? @"POST" : _httpMethod;[_oAuthRequest
setHTTPMethod:method];

        if ([_oAuthParameters count] > 0) {
                [_oAuthRequest setParameters:_oAuthParameters];
        }

        OADataFetcher *dataFetcher = [[OADataFetcher alloc] init];
        [dataFetcher fetchDataWithRequest:_oAuthRequest delegate:self
                                didFinishSelector:@selector(didConnectSucceed:withData:)

        didFailSelector:@selector(didConnectFailed:withError:)];

        [_oAuthRequest release];
        [_oAuthConsumer release];
}
```

13 해당 request에 대한 응답에 대한 처리를 할 차례입니다.
Twitter Server에서는 해당 요청이 유효할 경우 올바른 데이터를 보내주며, 유효하지 않을 경우 Error 메시지를 보냅니다. 이 두 경우에 대해서 처리할 수 있도록 fetcher시에 지정하며 각 메소드는 아래와 같습니다.

```objc
#pragma mark -
#pragma mark Selector Delegate

- (void)didConnectSucceed:(OAServiceTicket *)ticket withData:(NSData *)data {
	NSString *dataString = [[NSString alloc] initWithData:data
encoding:NSUTF8StringEncoding];

	if (_requestType == TwitterRequestGetToken || _requestType ==
TwitterRequestAuthorization) {
		NSArray *resultArray = [dataString componentsSeparatedByString:@"&"];

		NSMutableDictionary *tokenDictionary = [[NSMutableDictionary alloc] init];
		for (NSString *stringValue in resultArray) {
			NSArray *value = [stringValue componentsSeparatedByString:@"="];
			[tokenDictionary setObject:[value objectAtIndex:1] forKey:[value
objectAtIndex:0]];
		}

		if (self.delegate && [_delegate
respondsToSelector:@selector(didFinishedRequestWithDictionary:)]) {
			[_delegate didFinishedRequestWithDictionary:tokenDictionary];
		}

		[tokenDictionary release];
	}
	else {
		SBJsonParser *jsonParser = [[SBJsonParser alloc] init];
		NSArray *dataArray = (NSArray *)[jsonParser objectWithString:dataString];
		[jsonParser release];

		if (self.delegate && [_delegate
respondsToSelector:@selector(didFinishedRequestWithDictionary:)]) {
			[_delegate didFinishedRequestWithDictionary:dataArray];
		}
	}

	[dataString release];
}

- (void)didConnectFailed:(OAServiceTicket *)ticket withError:(NSError *)error {
	if (self.delegate && [_delegate respondsToSelector:@selector(didFailedRequest:)]) {
		[_delegate didFailedRequest:error];
	}
}
```

14 이렇게 처리된 데이터를 이제 데이터가 이용되는 곳으로 callback 해줘야 하는데 이럴 때는 delegate를 이용하며, 해당 delegate 메소드는 아래와 같이 구현하였습니다.

```objc
@protocol YBTwitterRequestDelegate

@optional

- (void)didFinishedRequestWithDictionary:(id)obj;
- (void)didFailedRequest:(NSError *)error;

@end
```

15 위에서 만들어진 class를 이용하여 Twitter에 인증을 요청하고 해당 요청이 성공했을 경우 사용자 인증을 받기 위한 Twitter 사용자 인증 화면을 WebView에 표현하도록 합니다. 또한 실패했을 경우는 TableView Footer에 붉은색 글자로 Error Message를 보여주도록 합니다.

```objc
#pragma mark -
#pragma mark YBTwitterRequest Delegate

- (void)didFinishedRequestWithDictionary:(id)obj                {
        [[UIApplication sharedApplication] setNetworkActivityIndicatorVisible:NO];

        UILabel *noticeLabel = (UILabel *)[self.view viewWithTag:kTableFooterView];
        noticeLabel.textColor = [UIColor blackColor];
        noticeLabel.text = @"This client is based on Twitter, inc.\nSo you have to input
your twitter account.";

        TwitScentOAuthWebViewCntrlr *webViewCntrlr = [[TwitScentOAuthWebViewCntrlr alloc]
initWithToken:obj];
        webViewCntrlr.delegate = self;

        [self.navigationController pushViewController:webViewCntrlr animated:YES];
}

- (void)didFailedRequest:(NSError *)error      {
        [[UIApplication sharedApplication] setNetworkActivityIndicatorVisible:NO];

        UILabel *noticeLabel = (UILabel *)[self.view viewWithTag:kTableFooterView];
        noticeLabel.textColor = [UIColor redColor];
        noticeLabel.text = [NSString stringWithFormat:@"%@", [error localizedDescription]];
}
```

Lesson 06　Twitter Access Token View Controller

01 Twitter Server에 Consumer Key와 Secret에 대한 확인을 마치게 되면 다음으로 Token Access 권한을 얻음으로써 인증과정은 모두 끝나게 됩니다. 사용자 인증을 받기 위해서는 Twitter에서 제공하는 URL에서 사용자의 아이디와 비밀번호를 입력하도록 해야 합니다.

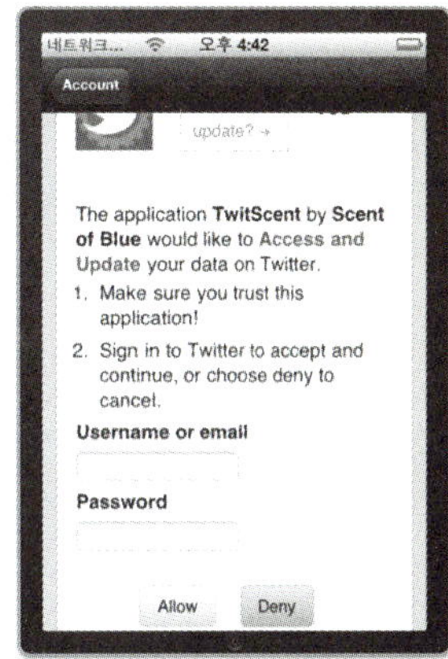

▲ 트위터 가입 페이지 연결

02 따라서 UIWebView를 이용하여 해당 URL을 로드하고 아이디와 비밀번호를 입력한 후 Allow와 Deny를 눌렀을 경우에 대한 처리를 해야 합니다. 이를 위해서는 UIWebView의 delegate를 이용해 Web Page가 모두 로드를 시작한 경우와 로드가 끝난 경우 그리고 요청을 받은 경우 처리를 해줘야 합니다.

03 올바른 사용자 아이디와 비밀번호가 입력된 경우에 Twitter Server에서는 PIN number를 사용자에게 보여주고 이를 Client에 입력하라고 지시합니다만 해당 View Controller에서는 Javascript를 이용하여 PIN number를 감지하고 바로바로 입력되도록 하겠습니다.

```objc
- (void) webViewDidFinishLoad:(UIWebView *)webView          {
        _isFirstLoad = NO;

        if (_isFirstLoad) {
                [_authWebView performSelector:
@selector(stringByEvaluatingJavaScriptFromString:)
                        withObject: @"window.scrollBy(0,200)" afterDelay: 0];
                _isFirstLoad = NO;
        }
        else {
                NSString *authPin = [self locateAuthPinInWebView: _authWebView];
                NSLog(@"auth pin : %@", authPin);

                if (authPin.length) {
                 [self gotPin: authPin];
                 return;
                }
```

```objc
                NSString *formCount = [_authWebView stringByEvaluatingJavaScriptFromString:
@"document.forms.length"];
                NSLog(@"%@", formCount);

                if ([formCount isEqualToString: @"0"]) {
                 NSLog(@"show pin copy prompt");
                 [self showPinCopyPrompt];
                }
        }

        [UIView beginAnimations: nil context: nil];
        _blockerView.alpha = 0.0;
        [UIView commitAnimations];

        if ([_authWebView isLoading]) {
                _authWebView.alpha = 0.0;
        } else {
                _authWebView.alpha = 1.0;
        }
}
```

04 locateAuthPinWebView 메소드를 이용하여 PIN number를 가로채고 이를 gotPin 메소드에 입력하여 인증을 마무리 짓도록 합니다.

```objc
- (NSString *) locateAuthPinInWebView: (UIWebView *) webView {
        NSString *js = @"var d = document.getElementById('oauth-pin'); if (d == null) d =
document.getElementById('oauth_pin'); if (d) d = d.innerHTML;if (d == null) {var r = new
RegExp('\\\\s[0-9]+\\\\s'); d = r.exec(document.body.innerHTML); if (d.length > 0) d =
d[0];} d.replace(/^\\s*/, '').replace(/\\s*$/, ''); d;";
        NSString *pin = [webView stringByEvaluatingJavaScriptFromString: js];
        NSString *html = [webView stringByEvaluatingJavaScriptFromString:
@"document.body.innerText"];

        if (html.length == 0) return nil;

        const char *rawHTML = (const char *) [html UTF8String];
        int length = strlen(rawHTML), chunkLength = 0;

        for (int i = 0; i < length; i++) {
                if (rawHTML[i] < '0' || rawHTML[i] > '9') {
                        if (chunkLength == 7) {
                                char *buffer = (char *) malloc(chunkLength + 1);
```

```
                                memmove(buffer, &rawHTML[i - chunkLength], chunkLength);
                                buffer[chunkLength] = 0;

                                pin = [NSString stringWithUTF8String: buffer];
                                free(buffer);
                                return pin;
                        }
                        chunkLength = 0;
                } else
                        chunkLength++;
        }

        return nil;
}
```

05 stringByEvaluatingJavaScriptFromString을 통해 javascript 실행이 가능하며 리턴 값도 받아올 수 있습니다.

```
- (void)gotPin:(NSString *) pin {
        NSLog(@"pin %@", pin);

        YBTwitterRequest *requestAccessToken = [[YBTwitterRequest alloc] init];
        requestAccessToken.delegate = self;
        requestAccessToken.requestType = TwitterRequestAuthorization;
        requestAccessToken.oAuthParameters = [NSArray arrayWithObjects:[OARequestParameter
requestParameterWithName:@"oauth_verifier" value:pin], nil];

        [requestAccessToken requestWithURL:kTwitterRequestAccessToken token:_token];
}
```

06 이렇게 Twitter 인증과정까지 마쳤습니다. 이제 부여받은 Twitter Access Token을 디바이스에 저장하고 해당
View Controller를 닫음으로 인증 과정은 모두 끝나게 됩니다.

```
- (void)didFinishedRequestWithDictionary:(id)obj                    {
        [TwitScentDefault setUserDefaultWithKey:kTwitScentUserKey value:obj overWrite:NO];
        [[UIApplication sharedApplication] setNetworkActivityIndicatorVisible:NO];

        NSLog(@"authorizied : %@", obj);

        if (self.delegate && [_delegate respondsToSelector:@selector(didFinishedOAuth)]) {
                [_delegate didFinishedOAuth];
```

```
        }

        [self dismissModalViewControllerAnimated:YES];
}
```

07 위 코드처럼 부여받은 Token은 NSUserDefault를 이용하여 NSDictionary 형태로 저장하였습니다.

08 이제 로그인 뷰 컨트롤러를 메인 뷰 컨트롤러가 로드될 때 Modal 형태로 보여주도록 합니다.

TwitScentMainViewController.m

```objc
- (void)loadView {
        [super loadView];

        self.view.backgroundColor = [UIColor whiteColor];

        NSLog(@"TwitScent User Key %@", [TwitScentDefault
getUserDefaultWithKey:kTwitScentUserKey]);

        [TwitScentDefault removeDefaultWithKey:kTwitScentUserKey];

        if ([TwitScentDefault getUserDefaultWithKey:kTwitScentUserKey] == nil) {
                [self performSelector:@selector(presentLoginViewController) withObject:nil
afterDelay:0.0f];
        }
        else {
                [(TwitScentAppDelegate *)[[UIApplication sharedApplication] delegate]
setTwitterToken];
        }

        UIButton *timelineBtn = [UIButton buttonWithType:UIButtonTypeRoundedRect];
        [timelineBtn setFrame:CGRectMake(15.0f, 10.0f, 90.0f, 100.0f)];
        [timelineBtn setTitle:@"Timeline" forState:UIControlStateNormal];

        [timelineBtn addTarget:self action:@selector(onTimeline)
forControlEvents:UIControlEventTouchUpInside];
        [self.view addSubview:timelineBtn];

}

...

#pragma mark -
```

```
#pragma mark Selector implementation

- (void)presentLoginViewController  {
        TwitScentOAuthViewController  *oAuthViewController = [[TwitScentOAuthViewController
alloc] init];
        oAuthViewController.delegate = self;
        UINavigationController  *oAuthNavigationController = [[UINavigationController alloc]
initWithRootViewController:oAuthViewController];
        [oAuthNavigationController.navigationBar setBarStyle:UIBarStyleBlack];
        [oAuthViewController release];

        [self presentModalViewController:oAuthNavigationController animated:YES];
        [oAuthNavigationController release];
}
```

 Tab Bar Controller

Twitter는 여러 다양한 기능을 제공하지만 그 중 following의 Tweet을 시
간 순으로 볼 수 있는 public timeline과 사용자의 아이디가 포함되어 있
는 Tweet만을 볼 수 있는 mention timeline으로 나눌 수 있습니다. 이 두
timeline은 Tab Bar Controller을 이용하여 각각 독립적인 View
Controller로 구성하겠습니다.

▶ Tab Bar로 Home과 Mention을 나눔

01 UITabBarController를 상속받는 View Controller class를 생성하겠습니다. Navigation Bar에는 Back 버튼과
New 버튼을 배치할 것이며 Back 버튼은 `popViewController`를 이용하여 홈으로 돌아가는 기능, New는
`presentModalViewController`를 이용하여 새로운 Tweet을 작성할 수 있도록 하는 View Controller를 보여줄 것입니다.

```
- (void)loadView {
        [super loadView];

        UIBarButtonItem  *backBtn = [[UIBarButtonItem alloc] initWithTitle:@"Back"
style:UIBarButtonItemStyleBordered target:self action:@selector(onHome)];
```

```
        [self.navigationItem setLeftBarButtonItem:backBtn];
        [backBtn release];

        UIBarButtonItem *newTweetBtn = [[UIBarButtonItem alloc] initWithTitle:@"New"
style:UIBarButtonItemStyleBordered target:self action:@selector(onNewTweet)];
        [self.navigationItem setRightBarButtonItem:newTweetBtn];
        [newTweetBtn release];
}


- (void)onHome   {
        [_refreshTimer invalidate];
        [self.navigationController popViewControllerAnimated:YES];
}


- (void)onNewTweet        {
        TwitScentNewTweetViewCntrlr *newTweetViewCntrlr = [[TwitScentNewTweetViewCntrlr
alloc] init];
        newTweetViewCntrlr.delegate = self;
        UINavigationController *newTweetNavigationCntrlr = [[UINavigationController alloc]
                initWithRootViewController:newTweetViewCntrlr];
        [newTweetViewCntrlr release];

        [self presentModalViewController:newTweetNavigationCntrlr animated:YES];
}
```

02 새로이 정의한 TabBarController에는 두 View Controller에서 나타낼 사용자 profile photo를 임시 저장할 NSMutableDictionary와 자동으로 새로 고침 할 수 있도록 하는 NSTimer, 그리고 각 View Controller가 초기화되었는지 유무를 판단할 BOOL 변수를 정의하였습니다. Profile photo를 담을 NSMutableDictionary의 경우 각 View Controller에 저장하면 되지만 각각의 View Controller에 중복데이터를 담지 않도록 상위 객체인 Tab Bar Controller에 배치하였습니다.

```
@interface TwitScentTabBarCntrlr : UITabBarController <TwitScentNewTweetViewCntrlrDelegate,
TwitScentForTabBarCntrlrDelegate> {
        NSMutableDictionary *_twitterUserPhotoDictionary;
        NSTimer *_refreshTimer;

        BOOL _isReadyForHomeTimeline;
        BOOL _isReadyForMentionTimeline;
        BOOL _isReadyForDirectMessage;
}
```

```
@property (nonatomic, retain) NSMutableDictionary  *twitterUserPhotoDictionary;
@property (nonatomic, retain) NSTimer  *refreshTimer;

@end
```

Lesson 08   Timeline View Controller

위에서 언급했듯이 예제에서는 Public Timeline과 Mention Timeline을 구현할 예정이며 이 두 timeline
은 데이터만 다르고 형태는 같기 때문에 하나의 View Controller를 이용하도록 하겠습니다.

01 Public Timeline인지 Mention Timeline인지 유무를 판단하기 위해서 init 함수와 더불어 해당 View Controller
의 타입을 지정할 수 있도록 합니다.

```
- (id)initWithType:(TwitScentTimeline)type    {
        if (self = [super init]) {
                _type = type;
                switch (type) {
                        case TwitScentTimelinePublic:
                                self.title = @"Home";
                                break;
                        case TwitScentTimelineMention:
                                self.title = @"Mention";
                                break;
                }
        }
        return self;
}
```

02 각 타입은 아래와 같이 enum으로 정의하였습니다.

```
typedef enum    {
        TwitScentTimelinePublic = 0,
        TwitScentTimelineMention,
        TwitScentTimelineDirectMessage,
} TwitScentTimeline
```

03 데이터는 Table View를 이용하여 사용자의 Profile Photo, User screen name, Tweet, Timestamp로 구성되며 각 셀에 아래와 같이 배치하도록 하였습니다.

▲ 타임라인 셀 배치

04 데이터를 가져오기 위해 Twitter API를 이용해 호출하는 과정은 아래와 같습니다. Public timeline과 Mention timeline을 구별하기 위해 제어문을 이용하였으며, 마지막으로 불러온 Tweet 데이터의 유무에 따라 최근 100개를 불러올 것인지 이전에 불러온 데이터 이후 모두 불러올 것인지를 제어하도록 합니다.

```
- (void)loadHomeTimeline  {
        NSAutoreleasePool  *pool = [[NSAutoreleasePool alloc] init];

        YBTwitterRequest  *homeTimeline = [[YBTwitterRequest alloc] init];
        homeTimeline.delegate = self;
        homeTimeline.httpMethod = @"GET";
        homeTimeline.requestType = TwitterRequestHomeTimeline;

        if ([_lastTweetId length] == 0) {
                homeTimeline.oAuthParameters = [NSArray arrayWithObjects:
                        [OARequestParameter  requestParameterWithName:@"count"  value:@"
100"],
nil];
        }
        else {
                homeTimeline.oAuthParameters = [NSArray arrayWithObjects:
                        [OARequestParameter  requestParameterWithName:@"since_id"
value:_lastTweetId], nil];
        }

        switch (_type) {
                case TwitScentTimelinePublic:
                        [homeTimeline requestWithURL:kTwitterRequestPublicTimeline
token:_twitterToken];
                        break;
                case TwitScentTimelineMention:
                        [homeTimeline requestWithURL:kTwitterRequestMentionTimeline
token:_twitterToken];
                        break;
        }
        [pool release];
}
```

05 Twitter Server로부터 올바른 데이터를 가져왔을 경우 아래와 같이 NSMutableArray에 계속적으로 데이터를 담고 Table View를 Reload 하도록 합니다.

```
- (void)refreshData:(id)obj  {
        NSArray *previousDataArray = [NSArray arrayWithArray:_timelineDataArray];
        NSArray *presentDataArray = [NSArray arrayWithArray:obj];

        if ([presentDataArray count] > 0) {
                [_timelineDataArray setArray:presentDataArray];
                [_lastTweetId setString:[NSString stringWithFormat:@"%@", [[obj
objectAtIndex:0] objectForKey:@"id"]]];
                [_timelineDataArray addObjectsFromArray:previousDataArray];
        }
        else {
                [_timelineDataArray setArray:previousDataArray];
        }

        _isFirstLoad = NO;

        [_timelineTableView reloadData];
}
```

06 이렇게 처리된 데이터는 Table View에 뿌려지게 되는데 아래와 같이 Table View를 정의하도록 합니다. 데이터가 불려오기 전에는 UIActivityIndicator를 이용해 데이터가 처리중인 것을 사용자에게 보이도록 하며,

```
- (UITableViewCell *) tableView:(UITableView *)tableView cellForRowAtIndexPath:(NSIndexPath
*)indexPath       {
        NSString *placeholderIdentifier = [NSString
stringWithString:@"placeholderTableView"];
        NSString *timelineIdentifier = [NSString stringWithString:@"timelineIdentifier"];

        if ([_timelineDataArray count] == 0 && indexPath.row == 0) {
                UITableViewCell *cell = [tableView
dequeueReusableCellWithIdentifier:placeholderIdentifier];

                if (cell == nil) {
                        cell = [[[UITableViewCell alloc]
initWithStyle:UITableViewCellStyleDefault
                                                reuseIdentifier:placeholderIdentifier]
autorelease];

                        UIActivityIndicatorView *loadingIndicator =
```

```
[[UIActivityIndicatorView alloc]

            initWithActivityIndicatorStyle:UIActivityIndicatorViewStyleGray];
                            loadingIndicator.frame = CGRectMake(0.0f, 0.0f, 20.0f, 20.0f);
                            loadingIndicator.center = CGPointMake(cell.frame.size.width / 2,
cell.frame.size.height / 2);
                            [loadingIndicator startAnimating];

                            [cell.contentView addSubview:loadingIndicator];
                            [loadingIndicator release];
                }

                [cell setSelectionStyle:UITableViewCellSelectionStyleNone];

                return cell;
        }

        ...
```

07 데이터 처리가 완료된 이후에는 아래와 같이 각 셀에 뿌려질 데이터에 따른 View를 배치합니다.

```
UITableViewCell *cell = [tableView dequeueReusableCellWithIdentifier:timelineIdentifier];

        if (cell == nil) {
                cell = [[[UITableViewCell alloc] initWithStyle:UITableViewCellStyleDefault
reuseIdentifier:timelineIdentifier]
                        autorelease];

                UIButton *photoBtn = [UIButton buttonWithType:UIButtonTypeCustom];
                [photoBtn setTag:kPhotoBtn];
                [photoBtn setImage:[UIImage imageNamed:@"default_user_photo.png"]
forState:UIControlStateNormal];
                [photoBtn setImage:[UIImage imageNamed:@"default_user_photo.png"]
forState:UIControlStateHighlighted];
                [photoBtn setFrame:CGRectMake(5.0f, 10.0f, 50.0f, 50.0f)];

                [cell.contentView addSubview:photoBtn];

                UILabel *usernameLabel = [[UILabel alloc] initWithFrame:CGRectMake(60.0f,
5.0f, 150.0f, 13.0f)];
                [usernameLabel setTag:kUsernameLabel];
                [usernameLabel setFont:[TwitScentDefault
```

```
getTwitDefaultBoldFontWithSize:13.0f]];
                [usernameLabel setTextColor:[UIColor blackColor]];


                [cell.contentView addSubview:usernameLabel];
                [usernameLabel release];


                UILabel *twittedTimeLabel = [[UILabel alloc]
initWithFrame:CGRectMake(215.0f, 5.0f, 100.0f, 13.0f)];
                [twittedTimeLabel setTag:kDateTime];
                [twittedTimeLabel setFont:[TwitScentDefault
getTwitDefaultBoldFontWithSize:10.0f]];
                [twittedTimeLabel setTextColor:[UIColor blueColor]];
                [twittedTimeLabel setTextAlignment:UITextAlignmentRight];


                [cell.contentView addSubview:twittedTimeLabel];
                [twittedTimeLabel release];


                UILabel *twitText = [[UILabel alloc] initWithFrame:CGRectMake(60.0f, 23.0f,
kTwitContentMaxWidth, 13.0f)];
                [twitText setBackgroundColor:[UIColor clearColor]];
                [twitText setTextColor:[UIColor darkGrayColor]];
                [twitText setTag:kTwitText];
                [twitText setLineBreakMode:UILineBreakModeWordWrap];
                [twitText setFont:[TwitScentDefault getTwitDefaultFontWithSize:13.0f]];
                [twitText setNumberOfLines:0];
                [cell.contentView addSubview:twitText];
                [twitText release];
        }

        ...
```

08 마지막으로 데이터 array에 데이터가 있을 경우 화면에 나타나도록 합니다.

```
if ([_timelineDataArray count] > 0) {
                NSDictionary *tweetDataDict = [_timelineDataArray
objectAtIndex:indexPath.row];


                UIButton *photoBtn = (UIButton *)[cell.contentView viewWithTag:kPhotoBtn];


                if(![_twitterUserPhotoDictionary objectForKey:[[tweetDataDict
objectForKey:@"user"] objectForKey:@"id"]]) {
                        [photoBtn setImage:[UIImage imageNamed:@"default_user_photo.png"]
```

```
forState:UIControlStateNormal];
                    [photoBtn setImage:[UIImage imageNamed:@"default_user_photo.png"]
forState:UIControlStateHighlighted];

                        if (!_timelineTableView.dragging
&& !_timelineTableView.decelerating) {
                            [self startIconDownload:tweetDataDict targetView:photoBtn];
                    }
                }
                else {
                    [photoBtn setImage:[_twitterUserPhotoDictionary
objectForKey:[[tweetDataDict objectForKey:@"user"]
                        objectForKey:@"id"]] forState:UIControlStateNormal];
                    [photoBtn setImage:[_twitterUserPhotoDictionary
objectForKey:[[tweetDataDict objectForKey:@"user"]
                        objectForKey:@"id"]] forState:UIControlStateHighlighted];
                }


                UILabel *usernameLabel = (UILabel *)[cell.contentView
viewWithTag:kUsernameLabel];
                [usernameLabel setText:[[tweetDataDict objectForKey:@"user"]
objectForKey:@"screen_name"]];


                UILabel *timestampLabel = (UILabel *)[cell.contentView
viewWithTag:kDateTime];
                NSString *timestamp = [TwitScentDefault calculateDatetime:[tweetDataDict
objectForKey:@"created_at"]];
                [timestampLabel setText:timestamp];


                UILabel *twitText = (UILabel *)[cell.contentView viewWithTag:kTwitText];
                CGSize textLabelSize = [[tweetDataDict objectForKey:@"text"]

                    sizeWithFont:[TwitScentDefault getTwitDefaultFontWithSize:13.0f]

                    constrainedToSize:CGSizeMake(kTwitContentMaxWidth,
kTwitContentMaxHeight)];
                [twitText setFrame:CGRectMake(60.0f, 23.0f, kTwitContentMaxWidth,
textLabelSize.height)];
                [twitText setText:[TwitScentDefault convertHTMLtoPlainText:[tweetDataDict
objectForKey:@"text"]]];
        }

        return cell;
}
```

09 기본 TableViewCell의 높이는 44.0을 가지는데 이를 변경하기 위해서는 heightForRowAtIndexPath 메소드를 이용하며 아래와 같이 구현하였습니다.

```
- (CGFloat) tableView:(UITableView *)tableView heightForRowAtIndexPath:(NSIndexPath
*)indexPath        {
        CGFloat height = 65.0f;

        if (!_isFirstLoad) {
                NSDictionary *tweetDataDict = [_timelineDataArray
objectAtIndex:indexPath.row];
                NSString *tweet = [TwitScentDefault convertHTMLtoPlainText:[tweetDataDict
objectForKey:@"text"]];
                CGSize size = [tweet sizeWithFont:[TwitScentDefault
getTwitDefaultFontWithSize:13.0f]
                                        constrainedToSize:CGSizeMake(kTwitContentMaxWidth,
kTwitContentMaxHeight)
                                        lineBreakMode:UILineBreakModeWordWrap];

                height = (size.height < 47.0f) ? 65.0f : size.height + 30.0f;
        }
        return height;
}
```

10 해당 데이터를 자세히 보기 위해서는 셀을 터치하였을 때 각 Tweet의 데이터와 함께 Detail View Controller를 호출하고 Navigation Controller를 Push 하도록 합니다.

```
- (void) tableView:(UITableView *)tableView didSelectRowAtIndexPath:(NSIndexPath *)indexPath
        {
        TwitScentDetailViewCntrlr *detailViewCntrlr = [[TwitScentDetailViewCntrlr alloc]

                initWithTweetData:[_timelineDataArray objectAtIndex:indexPath.row]];
        detailViewCntrlr.profileImage = [_twitterUserPhotoDictionary objectForKey:
                                [[[_timelineDataArray objectAtIndex:indexPath.row]
objectForKey:@"user"]

        objectForKey:@"id"]];
        [self.navigationController pushViewController:detailViewCntrlr animated:YES];
}
```

Lesson 09   Tweet Detail View Controller

Twitter는 기본적으로 Web based Service로 각종 URL들이 포함되어 있습니다. 이 URL들을 처리하기 위해서는 WebView를 사용하거나 TextView를 이용하되 dataDetectorType을 지정하여 URL이 Hyperlink 화 되도록 하여야 합니다. 예제에서는 TextView를 이용한 예를 구현하도록 하겠습니다.

▲ 구현한 디테일 화면

01 loadView에 TextView를 배치하기 위해 UIScrollView의 구조를 가지는 BackView를 하나 구현하였습니다. 이는 사용자의 경험을 고려하기 위한 구조로 위, 아래로 bounce가 되도록 하기 위함입니다. 또한 dataDetectorTypes를 All로 하여 http://를 비롯한 전화번호, 이벤트 등을 자동으로 추출 가능하도록 하고 Hyperlink를 줌으로써 iPhone의 Safari, 전화, Calender를 호출하여 줍니다.

```
UIScrollView *contentBackView = [[UIScrollView alloc] initWithFrame:CGRectMake(0.0f, 60.0f,
320.0f, 480.0f - 168.0f)];
contentBackView.alwaysBounceVertical = YES;
contentBackView.bounces = YES;
contentBackView.backgroundColor = [UIColor clearColor];
contentBackView.showsVerticalScrollIndicator = YES;


UIFont *commonFont = [TwitScentDefault getTwitDefaultFontWithSize:15.0f];
NSString *contentString = [_tweetDataDictionary objectForKey:@"text"];
CGSize contentTextSize = [contentString sizeWithFont:commonFont
constrainedToSize:CGSizeMake(300.0f, 200.0f)];


UITextView *contentTextView = [[UITextView alloc] initWithFrame:CGRectMake(10.0f, 10.0f,
300.0f,
                                            contentTextSize.height + 20)];
contentTextView.text = contentString;
contentTextView.textColor = [UIColor lightGrayColor];
contentTextView.scrollEnabled = NO;
contentTextView.contentSize = CGSizeMake(300.0f, contentTextSize.height);
contentTextView.font = commonFont;
contentTextView.backgroundColor = [UIColor clearColor];
```

```
contentTextView.editable = NO;
contentTextView.dataDetectorTypes = UIDataDetectorTypeAll;

[contentBackView addSubview:contentTextView];
[contentTextView release];

[self.view addSubview:contentBackView];
[contentBackView release];
```

Lesson 10 New Tweet View Controller

새로운 트윗을 게시하기 위한 View Controller로써 UITextView와 함께 입력한 글자를 셀 수 있는 UILabel, confirm 버튼이 배치되며 navigation title 에는 사용자의 Twitter 아이디를 표현하며, 키보드가 나타나도록 합니다.

▶ New Tweet 화면

01 loadView에 TextView를 배치하기 위해 UIScrollView의 구조를 가지는 BackView를 하나 구현하였습니다. 이 는 사용자의 경험을 고려하기 위한 구조로 위, 아래로 bounce가 되도록 하기 위함입니다. 또한 dataDetectorTypes를 All로 하여 http://를 비롯한 전화번호, 이벤트 등을 자동으로 추출 가능하도록 하고 Hyperlink를 줌으로써 iPhone의 Safari, 전화, Calender를 호출하여 줍니다.

```
UITextView *textView = [[UITextView alloc] initWithFrame:CGRectMake(0.0f, 0.0f, 320.0f,
180.0f)];
[textView setDelegate:self];
[textView setTag:kTweetTextView];
[textView setEditable:YES];
[textView setShowsVerticalScrollIndicator:YES];
[textView setEnablesReturnKeyAutomatically:YES];
[textView setFont:[TwitScentDefault getTwitDefaultFontWithSize:13.0f]];
[textView setReturnKeyType:UIReturnKeyDone];
[textView becomeFirstResponder];
```

```
UILabel *textCountLabel = [[UILabel alloc] initWithFrame:CGRectMake(0.0f,180.0f, 320.0f,
20.0f)];
[textCountLabel setTag:kTweetLimitationLabel];
[textCountLabel setFont:[TwitScentDefault getTwitDefaultFontWithSize:17.0f]];
[textCountLabel setTextColor:[UIColor darkGrayColor]];
[textCountLabel setTextAlignment:UITextAlignmentRight];
[textCountLabel setText:@"140"];


[self.view addSubview:textCountLabel];
[textCountLabel release];


[self.view addSubview:textView];
[textView release];
```

02 TextView의 delegate를 이용하여 사용자의 입력에 따라 최대 문자수를 나타내는 Label의 text가 변경되도록 합니다.

```
#pragma mark -
#pragma mark TextView Delegate

- (void) textViewDidChange:(UITextView *)textView                {
        UILabel *limitationLabel = (UILabel *)[self.view viewWithTag:kTweetLimitationLabel];
        [limitationLabel setText:[NSString stringWithFormat:@"%d", 140 - [textView.text
length]]];
}

- (BOOL) textView:(UITextView *)textView shouldChangeTextInRange:(NSRange)range
replacementText:(NSString *)text     {
        if ([text length] == 0) {
                return YES;
        }

        if ([textView.text length] > 139) {
                return NO;
        }

        return YES;
}
```

03 'Confirm' 버튼을 터치할 경우에는 사용자가 TextView에 입력한 text를 Twitter API에 parameter로 함께 보내면 됩니다.

```objc
- (void)onConfirm {
        NSString *tweetText = [(UITextView *)[self.view viewWithTag:kTweetTextView] text];

        YBTwitterRequest *updateTweet = [[YBTwitterRequest alloc] init];
        updateTweet.delegate = self;
        updateTweet.requestType = TwitterRequestUpdateTweet;
        updateTweet.httpMethod = @"POST";
        updateTweet.oAuthParameters = [NSArray arrayWithObjects:
                                [OARequestParameter requestParameterWithName:@"status"
value:tweetText], nil];

        NSDictionary *tokenDict = [TwitScentDefault
getUserDefaultWithKey:kTwitScentUserKey];
        OAToken *token = [[OAToken alloc] initWithKey:
                                [tokenDict objectForKey:@"oauth_token"] secret:[tokenDict
objectForKey:@"oauth_token_secret"]];

        [updateTweet requestWithURL:kTwitterRequestUpdateTweet token:token];
        [token release];
}
```

본 트위터 클라이언트 소스는 홈페이지(http://truemobile.com/wordpress/?cat=52)에서 내려 받으실 수 있습니다.

10 Chapter

아이폰 개발 팁 모음

본 장에서는 아이폰 개발시 유용하게 사용할 수 있는 팁들을 모았습니다.

아이폰 애플리케이션을 만들 때 가끔 알 수 없는 이유로 애플리케이션이 종료되는 경우가 있습니다. 대부분의 오류는 디버거 창이나 콘솔 창(⌘+Shift+A)으로 확인되지만 가끔 어느 부분에서 오류가 났는지 보여주지 않은 채 EXE_BAD_ACCESS 등의 메시지만 출력하고 종료되는 경우가 있습니다. 이런 경우에는 대부분 release한 객체를 참조하려는 경우 자주 발생하는데 아래와 같은 방법으로 어느 부분에서 크래쉬가 발생하는지 알 수 있습니다.

01 Xcode 네비게이션 트리에서 Executables를 열고 실행 파일을 더블클릭합니다.

02 위쪽 네 개의 탭에서 Arguments를 선택합니다.

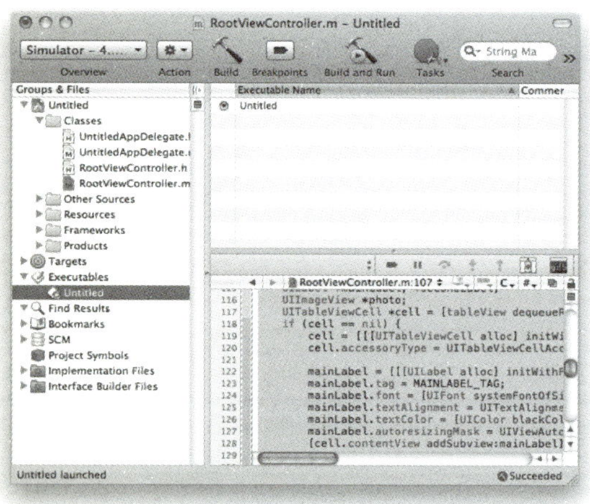

03 아래쪽 Variables to be set in the environment: 에 있는 + 버튼을 누르고 NSZombieEnabled라고 입력한 후 Value에 YES라고 입력합니다.

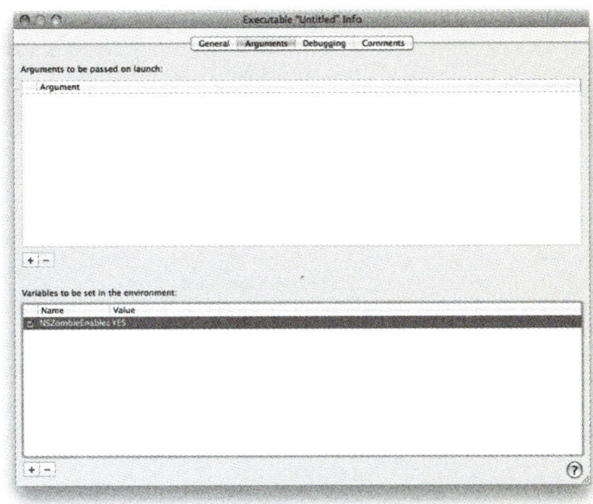

04 Clean 후 빌드하여 실행합니다.

위와 같이 설정하면 메모리를 alloc으로 할당 후 release 할 때에 실제 메모리를 해제하지 않고 좀비 상태로 만들어 두어 이후에 참조하려 할 경우 어디에서 오류가 발생했는지 아래처럼 출력할 수 있게 해줍니다.

```
2010-11-11 12:30:36.212 twitScent[3997:a058d400] * * * -[twitLoginViewController release]:
message sent to deallocated instance 0x59bf440
```

NSZombieEnabled가 설정되어 있으면 메모리가 해제되지 않고 계속 쌓이게 되므로 디버깅이 끝나면 반드시 위 항목은 제거를 해주어야 합니다.

Lesson 02 Singleton의 사용

아이폰 프로그래밍을 하다 보면 종종 여러 클래스에서 특정한 클래스의 변수값에 접근할 필요성이 있습니다. 물론 전역변수를 사용해서 해결할 수도 있지만 전역변수는 가급적이면 사용하지 않는 것이 좋기 때문에 이런 경우에는 singleton을 사용하여 해결합니다. Singleton이란 객체지향 언어 이론에서는 singleton pattern이라고 하여 인스턴스(객체)의 수를 단 하나로 제한하는 디자인 패턴을 말합니다.

여러 클래스에서 접근할 데이터는 하나의 클래스에 몰아넣고 이 클래스의 singleton 인스턴스를 사용하여 여러 클래스에서 접근하도록 합니다. Singleton 클래스는 별도의 클래스를 생성하여 사용하여도 무방하고, RootViewController는 두 개 이상 생성해서 사용하는 일이 거의 없고 대부분의 아이폰 애플리케이션에서 만들어 사용하기 때문에 RootViewController를 singleton으로 사용하기도 합니다.

Singleton의 사용 방법은 아래와 같습니다.
myClass라는 클래스의 singleton을 사용하려고 한다면 우선 myClass.h에 다음을 추가합니다.

```
+ (myClass *)sharedInstance;
```

다음, myClass.m 파일은 아래처럼 추가합니다.

```
@implemetation myClass

static myClass *instance;
...

+ (myClass *)sharedInstance
{
        if( !instance )
        {
                        instance = [[myClass alloc] init];
        }

        return instance;
}
```

사용 방법은 아래와 같습니다.

```
myClass *singleton = [myClass sharedInstance];
```

위의 예는 가장 간단하게 사용하는 경우이고, 멀티쓰레드 환경을 고려하면 @synchronized 지시자를 사용하여 좀 더 안전한 코드를 작성할 필요가 있습니다.

Lesson 03   로그 메시지 출력하기

디버깅을 할 때 콘솔 화면에 메시지(로그)를 출력하는 방법은 NSLog() 함수를 사용하면 됩니다. 사용방법은 printf 함수와 유사합니다.

```
NSLog(@"%@", myString);
```

콘솔 화면은 ⌘+Shift+A 단축키로 열 수 있습니다.

Lesson 04 　로그 메시지 자동으로 제거하기

NSLog 함수를 사용하여 메시지를 자주 출력하게 되면 앱 실행 속도가 급격하게 느려질 수 있습니다. 그래서 실제 앱스토어에 배포할 바이너리 파일에서는 NSLog 메시지 출력 부분을 모두 제거하는 것이 좋은데, 매번 손으로 제거할 수는 없는 노릇이니 자동으로 제거하는 방법을 알아보겠습니다.

우선 실제 디바이스(아이폰, 아이패드)를 타겟으로 빌드하는 경우에 제거하는 방법입니다.
시뮬레이터를 타겟으로 빌드를 하면 자동으로 TARGET_IPHONE_SIMULATOR 값이 1로 정의됩니다. 아래의 코드를 프로젝트명_Prefix.pch 파일(프로젝트명은 여러분이 생성한 프로젝트의 실제 이름)에 추가하면 디바이스를 타겟으로 빌드시 자동으로 로그가 제거됩니다.

```
#if TARGET_IPHONE_SIMULATOR
#    define NSLog(...) NSLog(_VA_ARGS_)
#else
#    define NSLog(...) {}
#endif
```

하지만 디바이스에서 로그를 찍어봐야 할 필요도 많으므로 Debug 모드로 빌드시에는 로그가 출력되고 Release 모드로 빌드시 로그를 제거하는 방법도 많이 사용됩니다.

다음은 Release 모드로 빌드시 제거하는 방법입니다.
Release 모드로 빌드할 때는 __OPTIMIZE__ 가 자동으로 정의됩니다. 따라서 아래 코드를 .pch 파일에 추가하면 됩니다.

```
#ifndef __OPTIMIZE__
#    define NSLog(...) NSLog(_VA_ARGS_)
#else
#    define NSLog(...) {}
#endif
```

Lesson 05 　여러 줄을 한꺼번에 주석 처리하기

디버깅을 하다 보면 여러 줄을 주석 처리했다 풀었다 하는 경우가 자주 발생합니다. 고전적인 C언어 형식 주석인 / * … * / 블록을 사용해도 되지만 더욱 간단한 방법이 있습니다.

주석 처리하려는 소스를 마우스로 드래그하여 블록으로 지정한 후 ⌘+/ 단축키를 누르면 됩니다. 주석을 다시 푸는 방법도 똑같이 하면 자동으로 주석이 풀어집니다.

Lesson 06 블록 들여쓰기/내어쓰기

블록 지정 후 ⌘+[, ⌘+] 단축키를 사용합니다.

Lesson 07 뷰 캡쳐하기

UIView 화면을 캡쳐하여 UIImage 개체로 돌려주는 방법입니다.

```objc
+ (UIImage *)captureView:(UIView *)view :(CGRect)rect
{
    CGRect screenRect = rect;
    UIGraphicsBeginImageContext(screenRect.size);

    CGContextRef ctx = UIGraphicsGetCurrentContext();
    [[UIColor blackColor] set];
    CGContextFillRect(ctx, screenRect);

    [view.layer renderInContext:ctx];
    UIImage *newImage = UIGraphicsGetImageFromCurrentImageContext();

    UIGraphicsEndImageContext();

    return newImage;
}
```

rect에는 캡쳐할 영역의 크기를 CGRect 형식으로 넘깁니다.

Lesson 08 Document 경로 가져오기

각 애플리케이션에서 독립적으로 사용할 수 있는 저장 공간이 있는데 이는 애플리케이션 설치 경로 아래에
Document라는 디렉토리로 지정되어 있습니다. 이 경로를 가져오는 방법은 아래와 같습니다.

```objc
        NSArray *paths;
        paths = NSSearchPathForDirectoriesInDomains(NSDocumentDirectory, NSUserDomainMask,
    YES);

        return [paths objectAtIndex:0];
```

Lesson 09   이미지 리사이징

UIImage 객체의 크기를 조절하여 리사이징된 새로운 UIImage 객체를 돌려주는 방법입니다.

```
+ (UIImage *)resizeImage:(UIImage *)orgImage:(CGSize)newSize
{
        UIGraphicsBeginImageContext(newSize);
        [orgImage drawInRect:CGRectMake(0, 0, newSize.width, newSize.height)];
        UIImage * newImage = UIGraphicsGetImageFromCurrentImageContext();
        UIGraphicsEndImageContext();
        return newImage;
}
```

Lesson 10   내장 글꼴 목록 확인하기

아이폰에 내장되어 있는 글꼴 목록은 아래의 방법으로 확인할 수 있습니다.

한글은 기본적으로 AppleGothic 폰트를 사용하며, AppleGothic 폰트는 굵은 글꼴(bold)이 지원되지 않습니다.

```
for (NSString *family in [UIFont familyNames])
{
    NSLog(@"%@", family);
    for (NSString *font in [UIFont fontNamesForFamilyName:family])
    {
        NSLog(@"\t%@", font);
    }
}
```

Lesson 11   아이콘 Glossing 효과 없애기

아이폰 애플리케이션의 아이콘은 기본적으로 Glossing(광택) 효과가 들어가는데 이 효과를 제거하는 방법입니다. 애플리케이션의 info.plist 파일을 열고 아래 그림처럼 Icon already includes gloss effects 항목을 추가해 주고 체크해주면 됩니다.

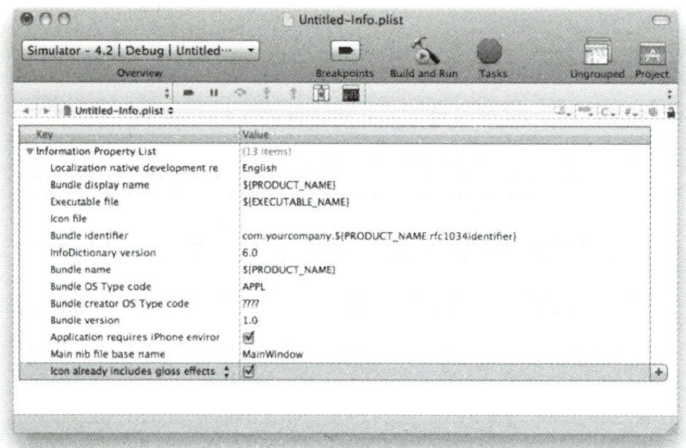

또는 info.plist 파일을 텍스트 편집기로 열어 아래를 추가해도 됩니다.

〈key〉UIPrerenderedIcon〈/key〉
〈string〉YES〈/string〉

Lesson 12 애플리케이션 이름 지역화하기

애플리케이션 이름을 언어 설정에 따라 다르게 보여주려면 Resources에 InfoPlist.strings 파일을 하나 생성합니다. 시뮬레이터에서는 대소문자 구별을 하지 않지만 디바이스는 대소문자 구별을 하므로 반드시 대소문자를 구별해서 이름을 설정해 주어야 디바이스에서 제대로 동작합니다.

다음으로 InfoPlist.strings 파일에서 마우스 오른쪽 버튼을 클릭한 후 Get Info를 선택한 다음 General 탭에서 Make File Localizable을 선택합니다.

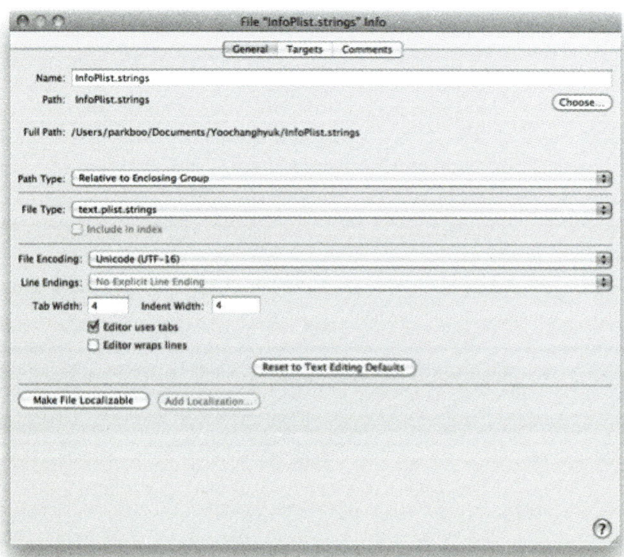

다시 General 탭을 선택하고 Add Localization을 선택합니다. 한국어를 추가하려면 Korean을 입력합니다.

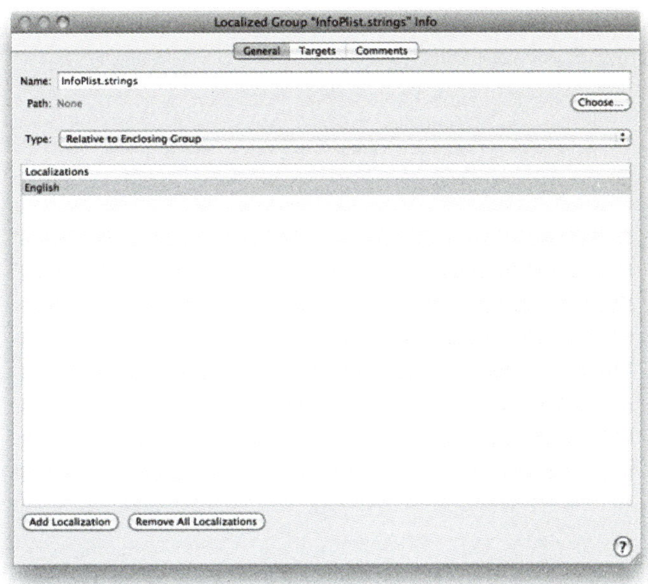

프로젝트 화면으로 돌아와서 InfoPlist.strings를 확장하면 아래로 English와 Korean이 있습니다. Korean을 선택하고 소스 입력 창에

```
CFBundleDisplayName = "한글이름";
```

이라고 입력하고 빌드를 하면 애플리케이션 이름이 한국어 설정인 경우 "한글이름"으로 보이게 됩니다.

Lesson 13 iPhone 4 고해상도 이미지 지원하기

iOS는 다양한 해상도를 쉽게 지원하게 합니다. 다른 해상도를 다루는 대부분의 작업들은 시스템 프레임워크를 통해 수행됩니다. iOS4는 두 종류의 파일로 나누어져 포함되어야 합니다. 첫 번째는 표준 해상도의 이미지이며, 두 번째는 고해상도의 같은 이미지입니다.

파일이름 부여는 아래와 같이

표준해상도 : ⟨imageName⟩⟨device_modifier⟩.⟨filename_extension⟩
고해상도 : ⟨imageName⟩@2x⟨device_modifier⟩.⟨filename_extension⟩

즉, 예를 들어 표준 파일의 이름이 Button.png라면 고해상도용 파일은 이름을 Button@2x.png라고 부여합니다. 이렇게 하면 imageNamed:, imageWithContentsOfFile:, initWithContentsOfFile: 메소드

모두 자동적으로 표준/고해상도 파일을 로드합니다. 메소드에 입력인자로는 Button.png라고만 넣으면 됩니다.

Device_modifier는 ~ipad 또는 ~iphone와 같이 단말기 구분용으로 사용하며 꼭 넣지 않아도 됩니다.

Lesson 14　숨겨진 뷰 찾기

Cocoa 프레임워크에서 제공하는 많은 컨트롤들은 문서에 기술되어 있지 않은 서브 뷰들을 포함하고 있습니다. 그래서 컨트롤들을 커스터마이징 할 때 숨겨져 있는 서브 뷰들을 찾아내서 해당 서브 뷰의 속성을 바꿔주는 방법을 많이 사용하고 있습니다.

한 뷰의 서브 뷰들을 모두 찾아내는 방법은 아래 메소드처럼 사용하면 됩니다.

```
- (void)dumpView:(UIView * )view
{
        static int depth;
        for( UIView  * aView in [view subviews] )
        {
                NSLog(@"%d %@", depth, [aView description] );

                depth++;
                [self dumpView: aView];
        }
        depth --;
}
```

Lesson 15　Xcode 주석 부분의 Company Name 바꾸기

Xcode에서 새 파일을 생성시 포함되는 회사 이름을 변경하려면 터미널에서 아래 명령을 실행시키면 됩니다. 물론 your company name 부분을 원하는 이름으로 변경해야 합니다.

```
defaults write com.apple.Xcode PBXCustomTemplateMacroDefinitions  '{"ORGANIZATIONNAME" =
"your company name";}'
```

Lesson 16   CGRect, CGPoint 등을 NSString으로 변환

디버깅을 위해 CGRect, CGPoint, CGSize 등을 NSLog로 출력하려는 경우가 있습니다. 이때에는 아래 함수들을 사용하면 편리합니다.

- NSStringFromCGRect
- NSStringFromCGPoint
- NSStringFromCGSize

반대로 NSString에서 CGRect, CGPoint, CGSize를 구하는 방법은 아래 함수들을 사용합니다.

- CGRectFromString
- CGPointFromString
- CGSizeFromString

Lesson 17   NSDate에서 년/월/일/시/분/초 구하기

```
void parseNSDateToYearMonthDayHourMinuteSecond(NSDate *date, int *year, int *month, int
*day, int *hour, int *minute, int *second)
{
        NSDateComponents *com;

            com = [[NSCalendar currentCalendar] components:(NSYearCalendarUnit |
NSMonthCalendarUnit | NSDayCalendarUnit | NSHourCalendarUnit | NSMinuteCalendarUnit |
NSSecondCalendarUnit) fromDate:date];

        if(year != NULL)
        {
                *year = [com year];
        }

        if(month != NULL)
        {
                *month = [com month];
        }

        if(day != NULL)
        {
```

```
                    *day = [com day];
        }


        if(hour != NULL)
        {
                *hour = [com hour];
        }


        if(minute != NULL)
        {
                *minute = [com minute];
        }


        if(second != NULL)
        {
                *second = [com second];
        }
}
```

Lesson 18 RSS에서 사용되는 "Wed, 26 May 2010 10:59:54 +0900"와 같은 문자열에서 NSDate 구해오기

```
NSDate *NSDateFromRSSPubDate(NSString *pubdate)
{
        NSDateFormatter *formatter;
        NSDate *date;

        formatter = [[NSDateFormatter alloc] init];

          [formatter setLocale:[[[NSLocale alloc] initWithLocaleIdentifier:@"en_US"]
autorelease]];

        [formatter setDateFormat:@"EEE, d MMM yyyy HH:mm:ss Z"];

        date = [formatter dateFromString:pubdate];

        [formatter release];

        return date;
}
```

Lesson 19 년/월/일/시/분/초로부터 NSDate 구해오기

```
NSDate  *NSDateFromYearMonthDayHourMinuteSecond(int year, int month, int day, int hour, int
minute, int second)
{
        NSDate  *date;
        NSDateComponents  *com;

        com = [[NSDateComponents alloc] init];

        [com setYear:year];
        [com setMonth:month];
        [com setDay:day];
        [com setHour:hour];
        [com setMinute:minute];
        [com setSecond:second];

        date = [[NSCalendar currentCalendar] dateFromComponents:com];
        [com release];

        return date;
}
```

Lesson 20 View 테두리 Round 처리하기

UIView 기반 클래스의 모서리 부분을 둥글게 표현하려면 아래처럼 처리하면 됩니다.

```
#import 〈QuartzCore/QuartzCore.h〉

...

self.layer.cornerRaius = 5.0;
```

가끔 위 방법이 잘 안 되는 경우도 있는데 이런 경우에는 UIView 객체를 하나 생성한 후 clipsToBounds를
YES로 설정하고 위와 같이 한 후 이 뷰의 서브 뷰로 집어넣으면 됩니다.

Lesson 21　nib 없이 코딩하기

Interface build를 전혀 사용하지 않고 MainWindow.xib 파일도 사용하지 않게 코딩하는 방법입니다. UIWindow 객체를 직접 생성하거나 UIWindow를 상속받은 window 객체를 사용할 때 주로 사용합니다.

우선 새 프로젝트를 Window-based로 생성합니다.

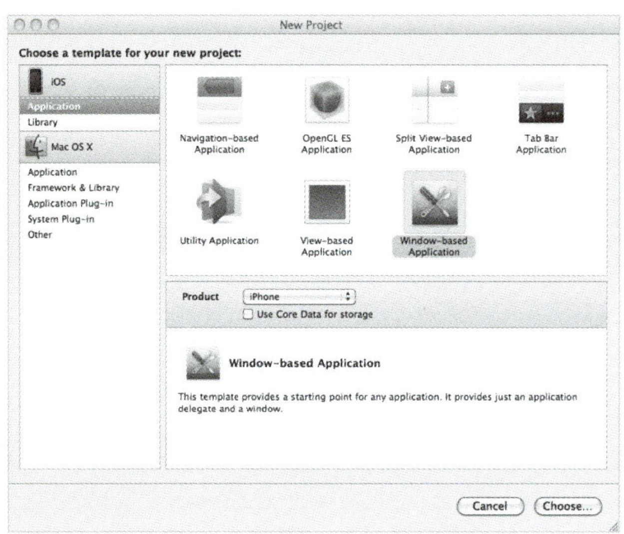

main.m의 main 함수를 아래처럼 수정합니다.

UIApplicationMain 함수의 마지막 인자로 AppDelegate의 클래스 명을 써줍니다.

```
int main(int argc, char *argv[ ]) {

    NSAutoreleasePool * pool = [[NSAutoreleasePoolalloc] init];
    int retVal = UIApplicationMain(argc, argv, nil, @"Untitled1AppDelegate");
    [pool release];
    return retVal;
}
```

info.plist에서 Main nib file base name 항목을 삭제합니다.

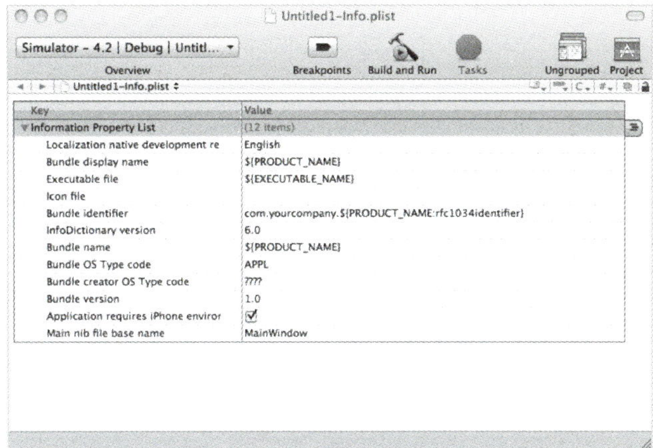

AppDelegate에서 window를 생성해 줍니다.

```objc
- (BOOL)application:(UIApplication *)application didFinishLaunchingWithOptions:(NSDictionary *)launchOptions {

    // Override point for customization after application launch.
    window = [[UIWindowalloc] initWithFrame:[[UIScreenmainScreen] bounds]];

    [self.windowmakeKeyAndVisible];

    returnYES
}
```

부록 1 아이패드 애플리케이션 개발

iPad 애플리케이션 개발 방법은 기본적으로 iPhone 애플리케이션 개발과 동일하나 몇 가지 주의해야 할 점이 있습니다.

1 화면 크기

iPad는 768×1024의 화면 크기를 가지고 있으므로 iPhone과 iPad 모두를 지원하는 Universal binary 를 생성하기 위해서는 화면 크기를 UIScreen 클래스에서 가져오도록 코드를 작성해야 합니다.

또한 화면이 커진 만큼 배경이미지 등을 사용할 때 아이폰에 비해 메모리를 많이 사용하게 되므로 메모리 관리도 또한 염두에 두어야 합니다.

2 가로세로 모드 전환

iPad는 아이폰과 달리 가로 모드를 사용하는 경우가 매우 많으므로 앱 개발시 이를 고려해야 합니다.

3 아이콘 크기

iPad의 기본 아이콘 크기는 72×72입니다.

4 Popover와 Split View

iPad에서만 동작하는 새로운 두 가지 클래스가 있는데, UIPopoverController와 UISplitViewController 입니다. 이 두 클래스에 대해서는 뒤에 다시 자세히 다루겠습니다.

Lesson 02   UIPopoverController

UIPopoverController는 iPad의 가장 특징적인 컨트롤인 팝오버를 출력해 주는 컨트롤입니다.

팝오버는 뷰컨트롤러의 화면을 전체화면이 아닌 화면의 일부분에 풍선도움말과 같은 형태로 띄워서 보여주는 기능을 합니다. 팝오버의 활용예는 무수히 많지만 특히 저장된 사진을 불러오는 UIImagePicker Controller나 날짜 등을 선택해 주는 Picker view 화면을 표시할 때 팝오버를 사용하여 출력할 것을 애플에서는 권장하고 있습니다.

그럼 팝오버를 사용하는 예제를 살펴 보겠습니다.

다음 그림과 같이 화면 가운데에 버튼이 있고, 버튼을 누르면 이미지 픽커를 팝오버로 출력해 주는 애플리케이션입니다.

▲ 연락처 애플리케이션에 사용된 팝오버컨트롤러

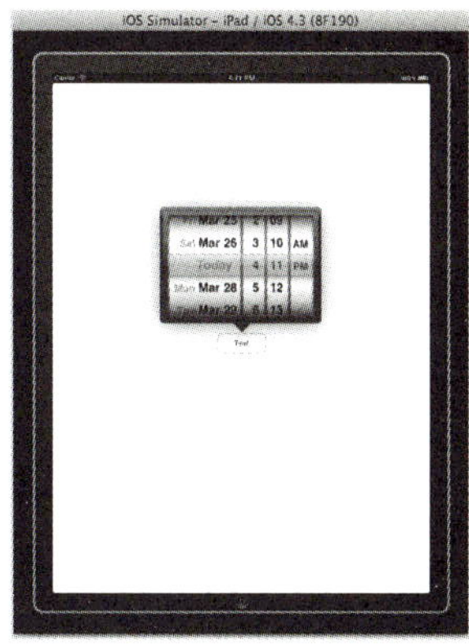

▲ 만들어 볼 예제의 실행화면

우선 View-based 로 프로젝트를 생성한 후, 아래처럼 코드를 뷰컨트롤러에 작성해 보겠습니다.

```objc
- (void)viewDidLoad {
    [super viewDidLoad];

        CGRect bounds = [[UIScreen mainScreen] bounds];
        UIButton *button = [UIButton buttonWithType:UIButtonTypeRoundedRect];
        [button setFrame:CGRectMake(bounds.size.width/2 - 50, bounds.size.height/2 - 20,
100, 40)];
        [button setTitle:@"Test" forState:UIControlStateNormal];
        [button addTarget:self action:@selector(showPopover:)
forControlEvents:UIControlEventTouchUpInside];
        [self.view addSubview:button];
}


- (void)showPopover:(id)sender
{
        const CGSize sizePicker = CGSizeMake(320, 216);

        UIButton *button = (UIButton *)sender;

        //date picker 생성
        UIViewController *pickerController = [[UIViewController alloc] init];
        UIDatePicker *picker = [[UIDatePicker alloc] initWithFrame:CGRectMake(0, 0,
sizePicker.width, sizePicker.height)];
        [pickerController.view addSubview:picker];
        [picker release];
```

```objc
    //popover 생성
    UIPopoverController *popover = [[UIPopoverController alloc]
initWithContentViewController:pickerController];
    popover.popoverContentSize = sizePicker;
    [popover setDelegate:self];
    [pickerController release];
    [popover presentPopoverFromRect:button.frame inView:self.view
permittedArrowDirections:UIPopoverArrowDirectionAny animated:YES];
}
```

UIPopoverController는 initWithContentViewController:라는 메소드가 있으며 인자로는 UIViewController를 받습니다. 인자로 받은 뷰컨트롤러의 뷰는 팝오버 컨트롤러의 presentPopverFrom Rect:inView:permittedArrowDirections:animated:메소드가 호출되면 팝오버 안에 출력됩니다.

빌드후 테스트해보면 팝오버가 훌륭하게 출력됨을 볼 수 있습니다.

그런데 이 예제에는 아직 한 가지 문제가 있는데 UIPopoverController의 객체를 생성한 후 release하는 부분이 없습니다.

그러면 객체 생성시 autorelease를 한 번 넣어보겠습니다.

```objc
UIPopoverController *popover = [[[UIPopoverController alloc] initWithContentViewController:
pickerController] autorelease];
```

한 번 실행해 봅시다.

```
[Session started at 2010-12-30 15:28:23 +0900.]
GNU gdb 6.3.50-20050815 (Apple version gdb-1510) (Wed Sep 22 02:45:02 UTC 2010)
Copyright 2004 Free Software Foundation, Inc.
GDB is free software, covered by the GNU General Public License, and you are
welcome to change it and/or distribute copies of it under certain conditions.
Type "show copying" to see the conditions.
There is absolutely no warranty for GDB.  Type "show warranty" for details.
This GDB was configured as "x86_64-apple-darwin".sharedlibrary apply-load-rules all
Attaching to process 41386.
2010-12-30 15:28:25.434 PopoverTest[41386:207] *** Terminating app due to uncaught exception
    'NSGenericException', reason: '-[UIPopoverController dealloc] reached while popover is still visible.'
*** Call stack at first throw:
(
    0   CoreFoundation                      0x00da7be9 __exceptionPreprocess + 185
    1   libobjc.A.dylib                     0x00efc5c2 objc_exception_throw + 47
    2   CoreFoundation                      0x00d60628 +[NSException raise:format:arguments:] + 136
    3   CoreFoundation                      0x00d6059a +[NSException raise:format:] + 58
    4   UIKit                               0x005f2f9b -[UIPopoverController dealloc] + 86
    5   PopoverTest                         0x0000235d -[PopoverTestViewController showPopover:] + 624
    6   UIKit                               0x002b0a6e -[UIApplication sendAction:to:from:forEvent:] + 119
    7   UIKit                               0x0033f1b5 -[UIControl sendAction:to:forEvent:] + 67
    8   UIKit                               0x00341647 -[UIControl(Internal)
        _sendActionsForEvents:withEvent:] + 527
    9   UIKit                               0x003401f4 -[UIControl touchesEnded:withEvent:] + 458
    10  UIKit                               0x002d50d1 -[UIWindow _sendTouchesForEvent:] + 567
    11  UIKit                               0x002b637a -[UIApplication sendEvent:] + 447
    12  UIKit                               0x002bb732 _UIApplicationHandleEvent + 7576
    13  GraphicsServices                    0x016dda36 PurpleEventCallback + 1550
    14  CoreFoundation                      0x00d89064
        __CFRUNLOOP_IS_CALLING_OUT_TO_A_SOURCE1_PERFORM_FUNCTION__ + 52
    15  CoreFoundation                      0x00ce96f7 __CFRunLoopDoSource1 + 215
    16  CoreFoundation                      0x00ce6983 __CFRunLoopRun + 979
    17  CoreFoundation                      0x00ce6240 CFRunLoopRunSpecific + 208
    18  CoreFoundation                      0x00ce6161 CFRunLoopRunInMode + 97
    19  GraphicsServices                    0x016dc268 GSEventRunModal + 217
    20  GraphicsServices                    0x016dc32d GSEventRun + 115
    21  UIKit                               0x002bf42e UIApplicationMain + 1160
    22  PopoverTest                         0x00001c78 main + 102
    23  PopoverTest                         0x00001c09 start + 53
)
terminate called after throwing an instance of 'NSException'
Program received signal:  "SIGABRT".
(gdb) |
```

autorelease를 넣으면 위와 같은 에러를 디버그 콘솔창에 출력하면서 종료됩니다. 이유는 팝오버가 현재 출력중인데 dealloc을 호출하려고 하여 예외가 발생했기 때문입니다.

UIPopoverController는 일견 UIViewController의 서브클래스일 것 같지만 사실은 NSObject의 서브 클래스입니다. 따라서 UIView나 UIViewController를 release 할 때와는 조금 다른 방법을 사용합니다. 애플에서 권고하는 팝오버컨트롤러의 생성 방법은 아래와 같습니다.

01 UIPopoverController 클래스 멤버변수를 헤더 파일에서 선언하고 이를 retain 하는 property로 설정합니다. 또한 UIPopoverControllerDelegate 프로토콜을 지정합니다.

```
@interface TestViewController : UIViewController 〈UIPopoverControllerDelegate〉 {
        UIPopoverController *_popover;
}

@property (nonatomic, retain) UIPopoverController *_popover;

@end
```

02 .m 파일에서 앞서 선언한 프로퍼티를 synthesize 해줍니다.

```
@synthesize _popover;
```

03 생성한 팝오버 객체를 선언한 프로퍼티에 대입하여 팝오버 컨트롤러가 메모리에서 바로 제거되지 않게 해줍니다.

```
self._popover = popover;
[popover release];
```

위 과정을 모두 포함한 수정된 소스는 아래와 같습니다.

PopoverTestViewController.h

```
#import 〈UIKit/UIKit.h〉

@interface PopoverTestViewController : UIViewController 〈UIPopoverControllerDelegate〉{
        UIPopoverController *_popover;
}

@property (nonatomic, retain) UIPopoverController *_popover;

@
```

PopoverTestViewController.m

```objc
#import "PopoverTestViewController.h"

@implementation PopoverTestViewController

@synthesize _popover;


// Implement viewDidLoad to do additional setup after loading the view, typically from a nib.
- (void)viewDidLoad {
    [super viewDidLoad];

        CGRect bounds = [[UIScreen mainScreen] bounds];
        UIButton *button = [UIButton buttonWithType:UIButtonTypeRoundedRect];
        [button setFrame:CGRectMake(bounds.size.width/2 - 50, bounds.size.height/2 - 20,
100, 40)];
        [button setTitle:@"Test" forState:UIControlStateNormal];
        [button addTarget:self action:@selector(showPopover:)
forControlEvents:UIControlEventTouchUpInside];
        [self.view addSubview:button];

}

- (void)showPopover:(id)sender
{
        const CGSize sizePicker = CGSizeMake(320, 216);

        UIButton *button = (UIButton *)sender;

        //date picker 생성
        UIViewController *pickerController = [[UIViewController alloc] init];
        UIDatePicker *picker = [[UIDatePicker alloc] initWithFrame:CGRectMake(0, 0,
sizePicker.width, sizePicker.height)];
        [pickerController.view addSubview:picker];
        [picker release];

        //popover 생성
        UIPopoverController *popover = [[UIPopoverController alloc]
initWithContentViewController:pickerController];
        popover.popoverContentSize = sizePicker;
        [popover setDelegate:self];
        [pickerController release];
```

```objc
        self._popover = popover;
        [popover release];
        [popover presentPopoverFromRect:button.frame inView:self.view
permittedArrowDirections:UIPopoverArrowDirectionAny animated:YES];
}


- (void)didReceiveMemoryWarning {
        // Releases the view if it doesn't have a superview.
    [super didReceiveMemoryWarning];


        // Release any cached data, images, etc that aren't in use.
}


- (void)viewDidUnload {
        // Release any retained subviews of the main view.
        // e.g. self.myOutlet = nil;
}


- (void)dealloc {
        self._popover = nil;


    [super dealloc];
}


@end
```

Lesson 03 UISplitViewController

UISplitViewController는 아래 그림처럼 두 개의 뷰컨트롤러를 가로 모드에서는 한 화면에 좌우로 나누어
표시해 주고, 세로 모
드에서는 좌측에 있
던 뷰컨트롤러를 팝
오버로 볼 수 있게 해
주는 컨테이너 뷰컨
트롤러입니다.

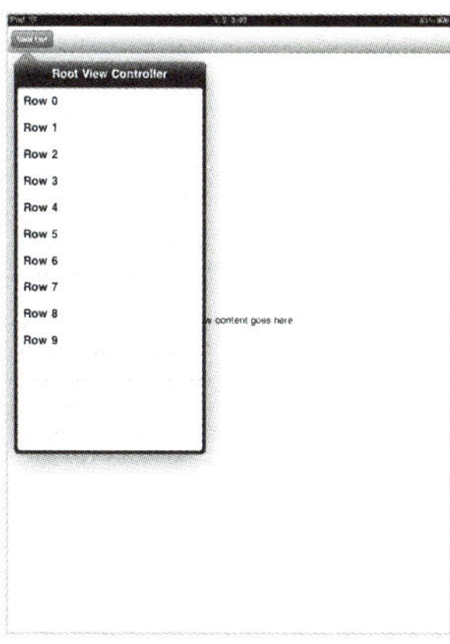

UISplitViewController는 새 프로젝트 생성시 Split-view based 템플릿을 사용할 수 있지만 여기에서는 코드로만 작성하는 방법을 알아보도록 하겠습니다.

01 Window-based Application으로 새 프로젝트를 시작합니다. Product는 iPad를 선택합니다.

02 프로젝트 이름은 SplitTest로 하겠습니다.

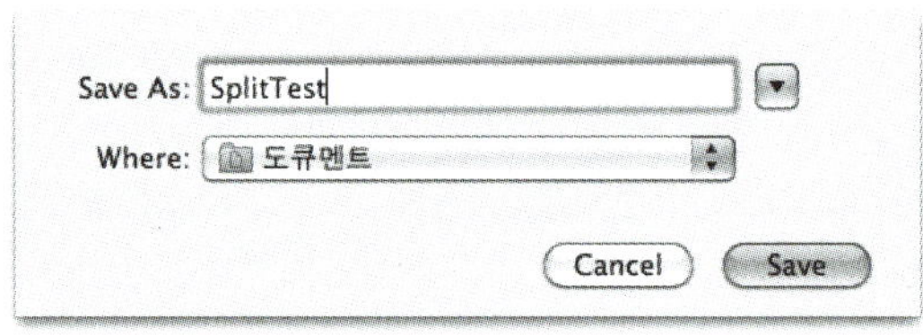

03 왼쪽에 보여줄 LeftViewController와 RightView Controllerf를 각각 생성합니다.

04 UISplitViewController는 다른 뷰컨트롤러들의 루트 뷰컨트롤러가 되어야 하므로 SplitTestAppDelegate의 didFinishLaunchingWithOptions:에 아래와 같이 입력합니다.

SplitTestAppDelegate.m

```objc
#import "SplitTestAppDelegate.h"
#import "LeftViewController.h"
#import "RightViewController.h"
...
- (BOOL)application:(UIApplication *)application didFinishLaunchingWithOptions:(NSDictionary *)launchOptions {

        // Override point for customization after application launch.
        UISplitViewController *split = [[UISplitViewController alloc] init];
        LeftViewController *left = [[LeftViewController alloc] init];
        RightViewController *right = [[RightViewController alloc] init];

        UINavigationController *leftNav = [[UINavigationController alloc]
initWithRootViewController:left];
        UINavigationController *rightNav = [[UINavigationController alloc]
initWithRootViewController:right];

        [split setViewControllers:[NSArray arrayWithObjects:leftNav, rightNav, nil]];
```

```objectivec
        split.delegate = right;

        [window addSubview:split.view];

        [self.window makeKeyAndVisible];

        return YES;
}
```

05 LeftViewController의 타이틀은 "Left"로 설정하고 배경색은 밝은 회색으로 설정해 보겠습니다.

LeftViewController.m

```objectivec
- (void)loadView {
        [super loadView];

        self.title = @"Left";
        [self.view setBackgroundColor:[UIColor lightGrayColor]];
}
```

06 RightViewController의 타이틀은 "Right"로 설정하고 배경색은 흰색으로 설정해 보겠습니다.

RightViewController.m

```objectivec
- (void)loadView {
        [super loadView];

        self.title = @"Right";
        [self.view setBackgroundColor:[UIColor whiteColor]];
}
```

07 화면을 세로방향으로 돌리면 RightViewController가 전체 화면을 차지하게 되므로 RightViewController를 UISplitViewControllerDelegate로 설정하고 화면이 돌아가서 LeftViewController를 숨기거나 보이게 될 경우에 대한 처리를 해줍니다.

RightViewController.h

```objectivec
#import <UIKit/UIKit.h>
```

```
@interface RightViewController : UIViewController 〈UISplitViewControllerDelegate〉 {


}


@end
```

RightViewController.m

```
- (void)splitViewController:(UISplitViewController * )svc
        willHideViewController:(UIViewController  * )aViewController
          withBarButtonItem:(UIBarButtonItem * )barButtonItem
       forPopoverController:(UIPopoverController * )pc
{
   [barButtonItem setTitle:@"menu"];
   self.navigationItem.leftBarButtonItem = barButtonItem;
}


- (void)splitViewController:(UISplitViewController * )svc
      willShowViewController:(UIViewController  * )aViewController
   invalidatingBarButtonItem:(UIBarButtonItem  * )barButtonItem
{
      self.navigationItem.leftBarButtonItem = nil;
}
```

08 시뮬레이터서 실행시켜 본 결과는 아래와 같습니다.

부록 2   XCode 4

XCode 4는 애플에서 약 1년간의 기간을 거쳐 개발된 XCode의 최신 버전입니다. 2011년 3월 iOS SDK 4.3의 발표와 함께 기존 XCode 3 버전을 밀어 내고 등록된 개발자들의 기본 개발 도구로 배포되기 시작했습니다. 개발자로 등록된 사용자에게는 무료로 배포되지만 일반 사용자들은 2011년 3월 현재 맥 앱스토어에서 $4.99의 비용을 지불해야 내려 받을 수 있습니다.

XCode 4에서 달라진 점들은 알아보도록 하겠습니다.

1 하나의 창으로 화면들이 통합됨

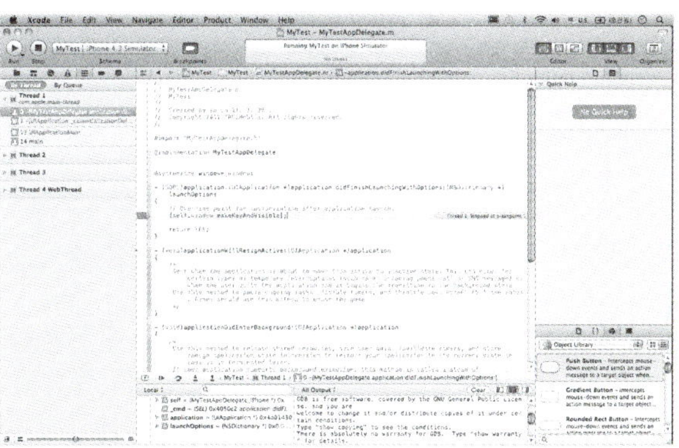

기존 XCode 3는 디버거, 디버거 콘솔, 빌드 결과, 검색 등의 화면이 모두 각각의 창으로 관리되었으나 XCode 4에서는 모두 하나의 화면 안에서 관리됩니다. 그동안 많이 열려 있는 창들을 이동하는 것이 불편했던 것을 생각하면 매우 편리하게 바뀌었습니다.

화면 구성을 살펴 보면 좌측은 기존과 유사한 네비게이션 영역이며, 가운데 부분이 편집 영역, 하단은 디버거 영역으로 새롭게 구성되었으며, 또한 우측도 유틸리티 영역으로 각종 파일 정보와 코드 스닙펫(Code Snippet) 등의 기능을 제공합니다.

단, Organizer 화면은 여전히 별개의 창으로 동작합니다.

❷ 통합된 인터페이스 빌더

XCode 3에서는 별개의 애플리케이션으로 분리되어 있던 인터페이스 빌더 또한 XCode 4에서는 XCode 화면 안으로 흡수되어 창들 사이를 이동할 필요가 없어졌습니다.

인터페이스 빌드 파일인 xib 파일의 위치도 소스 파일들과 같은 레벨에 위치하도록 바뀌었습니다.

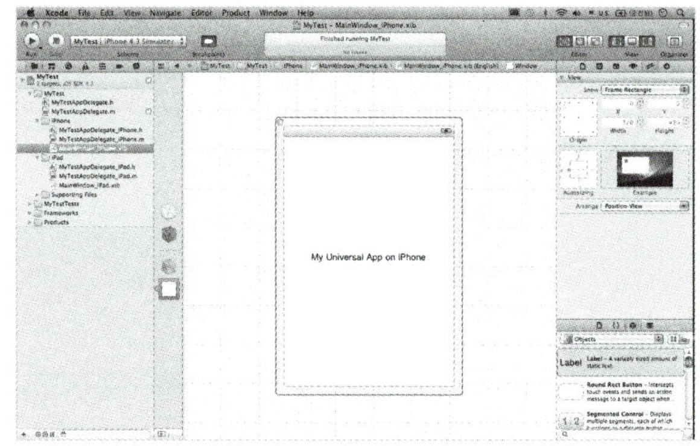

❸ 어시스턴트 (Assistant)

어시스턴트는 편집 화면을 두 개 이상으로 나누어 클래스들간의 상속관계나 관련된 파일들을 쉽게 열어볼 수 있게 해주며 인터페이스 빌드 사용시 UI와 코드를 동시에 작성할 수 있도록 해줍니다.

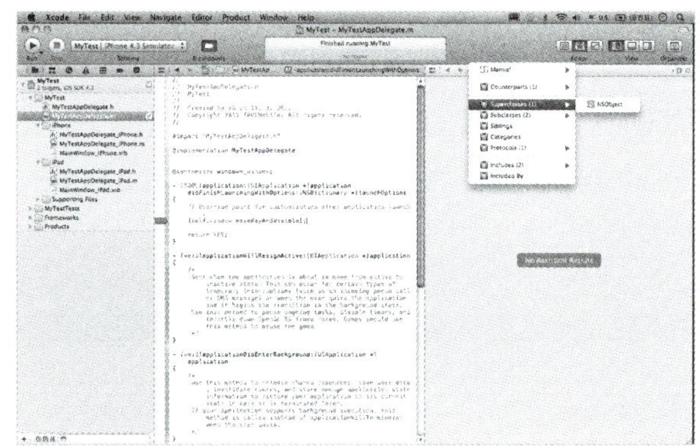

❹ LLVM

LLVM은 Low Level Virtual Machine의 약자로 iOS나 맥OS 애플리케이션 개발에 사용하던 기존의 GCC 컴파일러를 대체할 목적으로 애플에서 전폭적으로 지원하고 있는 오픈소스 프로젝트 컴파일러 컴포넌트입니다. 자바와 같은 다른 가상머신과 유사하게 자체적인 중간 코드를 가지고 있습니다.

또한 LLDB라는 디버거를 사용하여 빠르고 편리하게 디버그할 수 있습니다. 다음 ❺번의 실시간 오류 자동 검사가 이 LLDB 디버거 엔진을 사용한 것입니다.

LLVM 사용시의 장점은 아래와 같습니다.
- 컴파일된 코드의 성능 향상
- 빌드 시간의 단축
- 보다 정확한 에러 메시지
- 보다 적은 메모리 사용량

XCode 4에서는 LLVM 및 GCC 모두 컴파일러로 사용할 수 있습니다.

5 실시. 오류 검사 및 자동 수정

XCode4는 소스에 일반적인 오류가 있을 경우 마치 워드프로세서에서 문법 오류를 바로 알려주는 것처럼 해당 오류를 즉각 표시해 줍니다. 또한 해당 오류를 지능적으로 판단하여 적당한 수정안을 제시해 줍니다. 위 그림과 같이 변수명을 잘못 쓴 경우 올바른 변수명을 제시하여 줍니다.

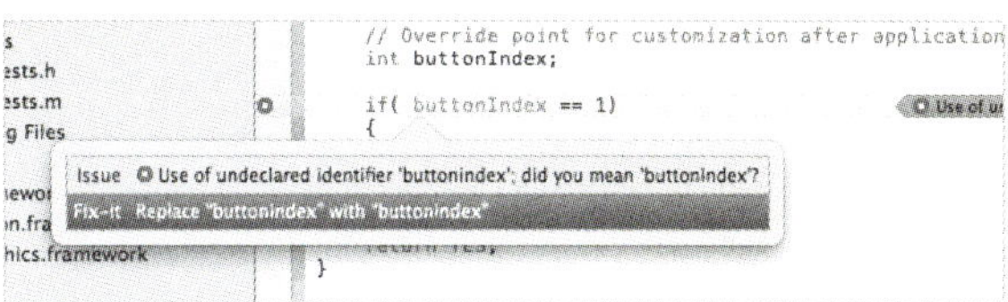

6 버전 편집기

XCode 4의 버전 편집기는 subversion이나 git와 같은 버전 관리 도구를 사용할 때 서로 다른 두 버전간의 소스를 비교하고 쉽게 편집, 병합할 수 있게 해줍니다. 버전 관리 도구의 복잡한 명령들은 모두 백그라운드로 동작하여 개발자는 어려운 명령어를 알지 못해도 공동 프로젝트의 진행을 쉽게 할 수 있습니다.

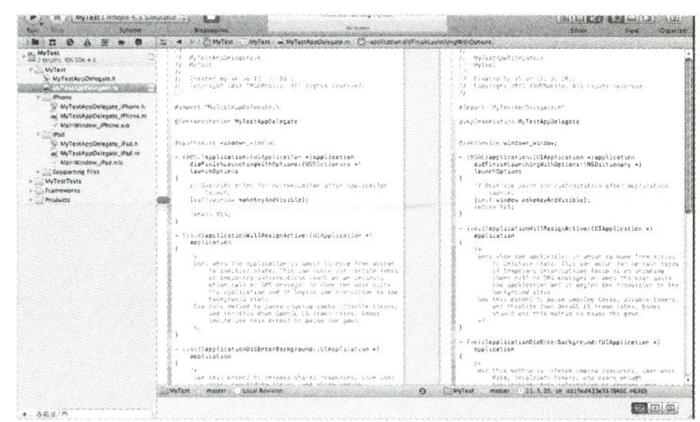

Lesson 02   XCode 4로 프로젝트 만들기

그러면 XCode 4를 사용하여 프로젝트를 생성하고 애플리케이션을 제작하는 방법을 알아보겠습니다.

01 XCode의 File 〉 New 〉 New Project… 를 선택합니다.

02 Window-based Application을 선택하고 Next 버튼을 클릭합니다.

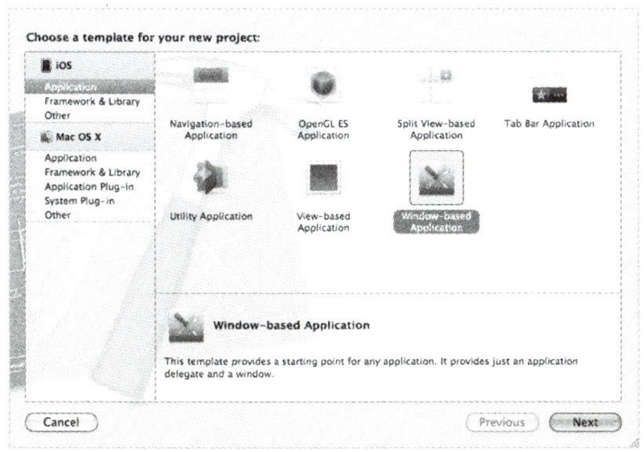

03 XCode 3와는 약간 다른 프로젝트 옵션 설정 화면입니다. 개발할 애플리케이션의 이름과 Company Identifier를 입력하고 'Next' 버튼을 클릭합니다. 여기서는 애플리케이션 이름을 MyTest로 해보겠습니다. 번들 아이디는 방금 입력한 값을 바탕으로 자동으로 생성됩니다.

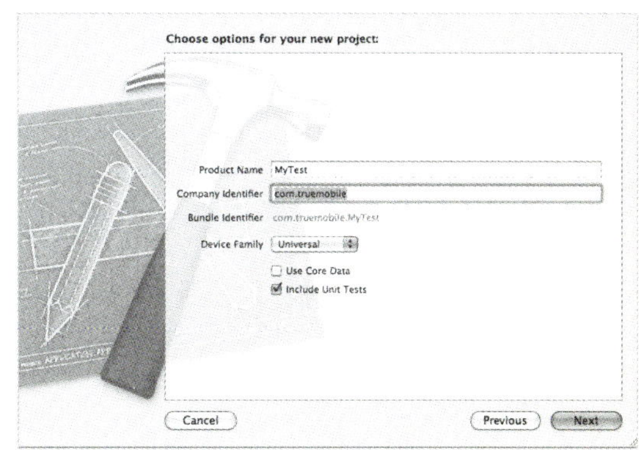

04 저장할 디렉토리를 지정하고 Create 버튼을 클릭합니다.

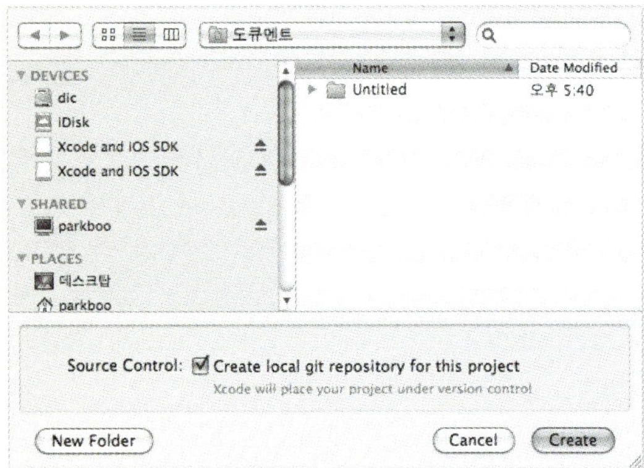

06 XCode 좌상단의 Stop 버튼 오른쪽에 있는 스킴을 확인해 보겠습니다.

스킴 설정은 XCode 3에 비해 상당히 간결해 졌습니다. XCode 3에서는 Debug/Release, Destination(아이폰 혹은 시뮬레이터), Target 등 여러 번 선택해야 하는 경우가 많이 있었는데 XCode 4에서는 스킴을 생성해서 간단히 클릭 한 번으로 처리할 수 있게 바뀌었습니다.

스킴을 누르고 Edit Scheme… 을 클릭합니다.

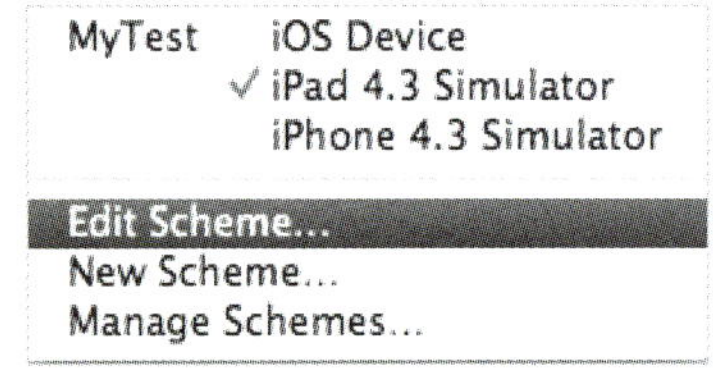

08 빌드 명령은 메뉴의 Product 〉 Build 또는 ⌘ +B 단축키로 실행합니다. ⌘+B를 눌러 빌드를 하고 완료되면 빌드 성공 메시지가 출력됩니다.

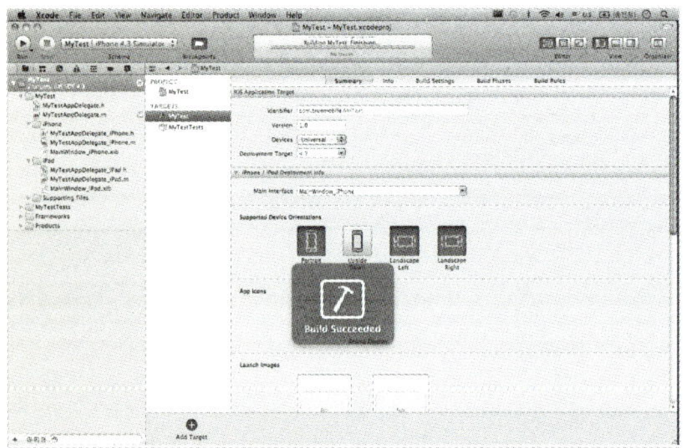

05 프로젝트 등록정보 화면입니다. XCode 3에서 프로젝트 이름을 더블클릭하거나 마우스 오른쪽 버튼 클릭 후 Get Info로 보았던 화면에 해당합니다. XCode 3에서는 plist 파일을 직접 수정하는 등 여러모로 번거로운 작업이었습니다.

XCode 4에서는 애플리케이션 아이콘, 애플리케이션 시작시 이미지 등을 직관적으로 변경할 수 있습니다.

여기서는 특별한 변경 없이 이대로 빌드를 해볼 예정입니다.

07 시뮬레이터/장비 선택 및 Debug/Release 선택을 여기서 할 수 있습니다. 일단 여기서는 어떤 기능이 있는지만 확인하고 OK 버튼을 클릭합니다.

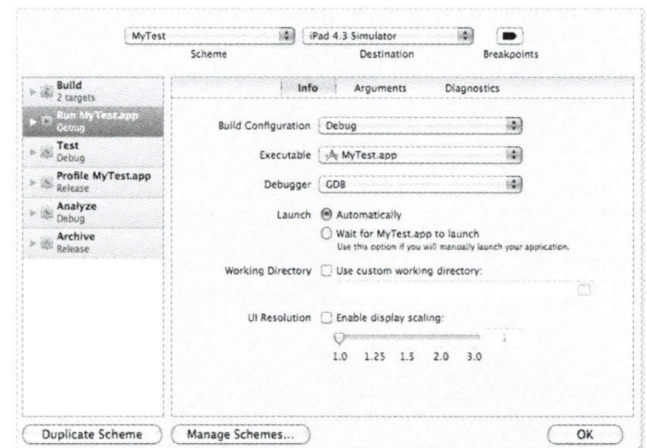

09 실행 단축키는 기존의 ⌘+Enter 단축키가 없어지고 ⌘+R로 변경되었습니다.

또는 XCode 좌상단의 'Run' 버튼을 눌러도 됩니다.

Lesson 03 　빌드 오류 확인하기

빌드 오류 발생시 XCode 3에서는 화면 우측 아래에 빨간색으로 빌드 오류가 표시되었으나 XCode 4에서는 상단 중앙에 표시됩니다.

그러면 임의로 오류를 발생시켜서 오류가 생긴 곳을 어떻게 확인하는지 알아보겠습니다.

01 Lession 02에서 생성한 프로젝트의 MyTest AppDelegate.m 파일을 왼쪽 네비게이션 바에서 선택하고 임의로 세미콜론(;)을 지워 보겠습니다.

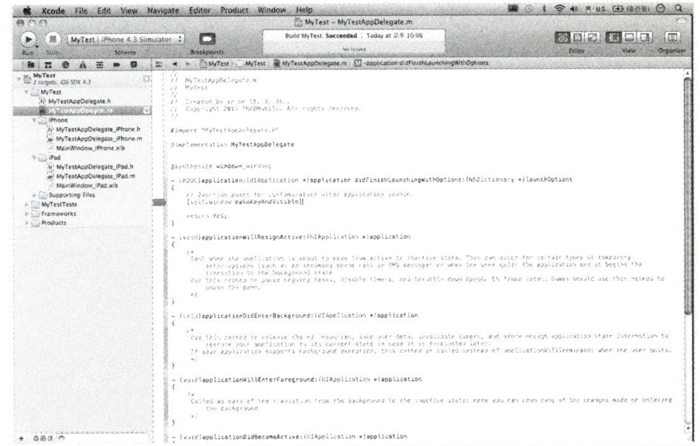

02 세미콜론을 삭제한 후 잠시 기다리면 상단에 오류 개수가 빨간색 느낌표와 함께 표시됩니다.
빨간색 느낌표를 클릭합니다.

03 화면 왼쪽이 이슈 리스트로 전환되면서 경고나 오류가 발생한 곳을 알려줍니다. 오류가 발생한 곳을 클릭하여 오류를 수정합니다.

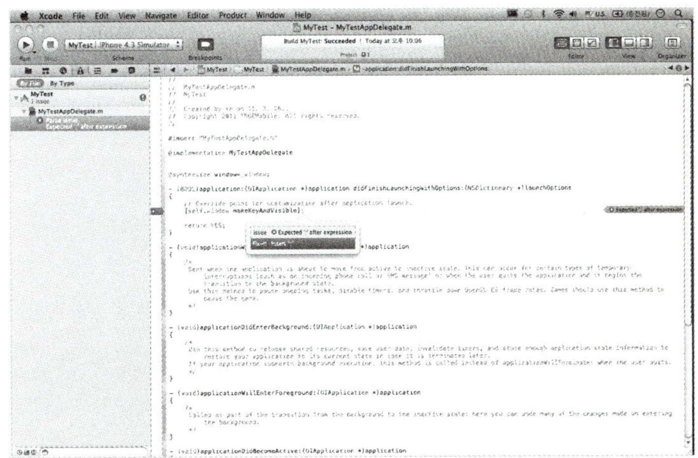

Lesson 04 　디버그

XCode 3에서는 디버거 창과 디버거 콘솔 화면이 따로 존재하였으나 XCode 4에서는 한 화면에 모두 통합이 되어 있어서 XCode 4를 처음 접하는 혼란을 많이 겪을 수 있습니다.

01 편집 화면에서 임의의 장소에 브레이크 포인트를 설정합니다.

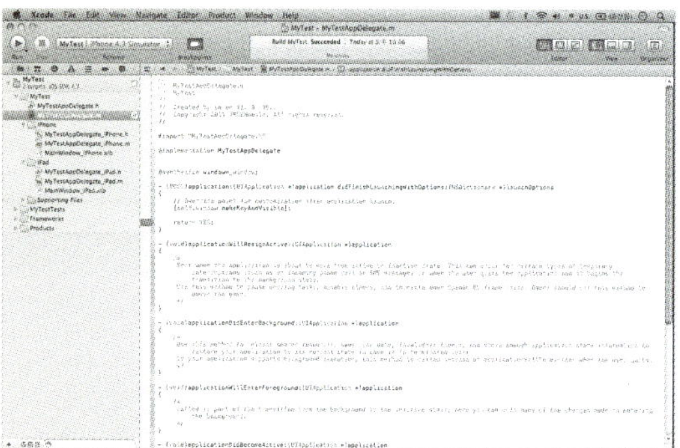

02 스킴은 iPhone 4.3 Simulator로 선택하고 Run 버튼을 눌러 실행합니다. 그러면 시뮬레이터가 실행되고 잠시 후 브레이크 포인트에 도달하면 화면이 디버깅 화면으로 전환됩니다.

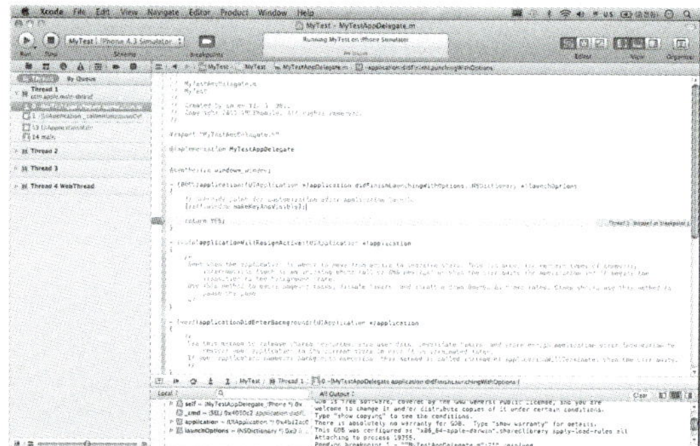

03 Step Into, Step Over, Step Out 단축키는 각각 F7, F6, F8 펑션키로 지정되어 XCode 3보다 알기 쉬워졌습니다.

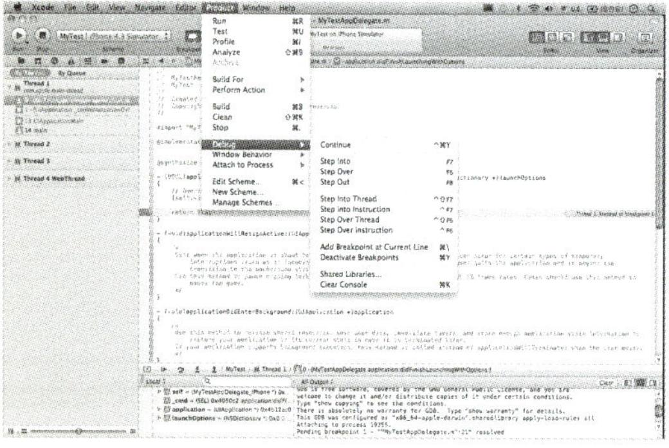

04 디버그 콘솔 화면이 아래쪽에 너무 작게 나와서 불만이신 분들은 네비게이션 화면에서 Log를 선택(메뉴의 View 〉 Navigators 〉 Log 또는 ⌘+7)한 후 Debug MyTest를 선택하시면 그림과 같이 큼지막하게 표시가 됩니다.

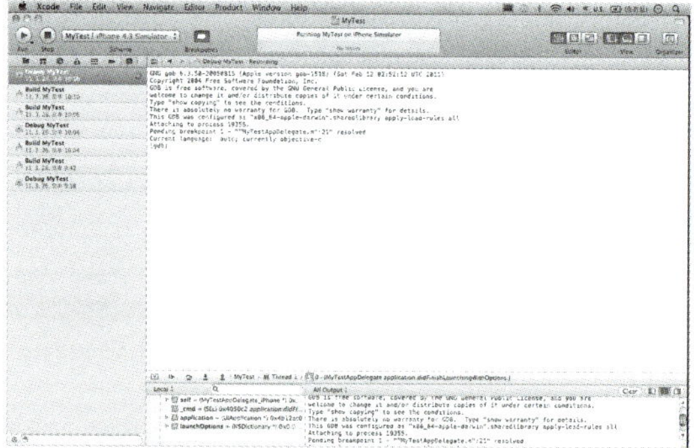

Lesson 05 Instruments 실행하기

맥OS 애플리케이션이나 아이폰/아이패드 애플리케이션의 메모리 누수, 메모리 사용량, CPU 점유율 등을 조사하기 위한 도구인 Instruments는 XCode 3에서는 메뉴에서 직접 실행할 수 있었으나 XCode 4에서는 스킴으로 통합되었습니다.

01 스킴에서 Edit Scheme…을 클릭합니다.

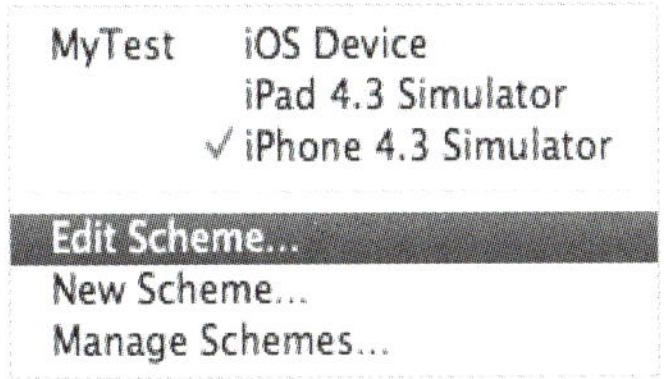

02 왼쪽에서 Profile MyTest.app을 클릭하면 오른쪽에 Instrument를 선택할 수 있는 화면이 출력됩니다. Ask on Launch를 선택하면 실행할 때 어떤 도구를 선택할지 물어오게 됩니다. 이제 OK 버튼을 클릭합니다.

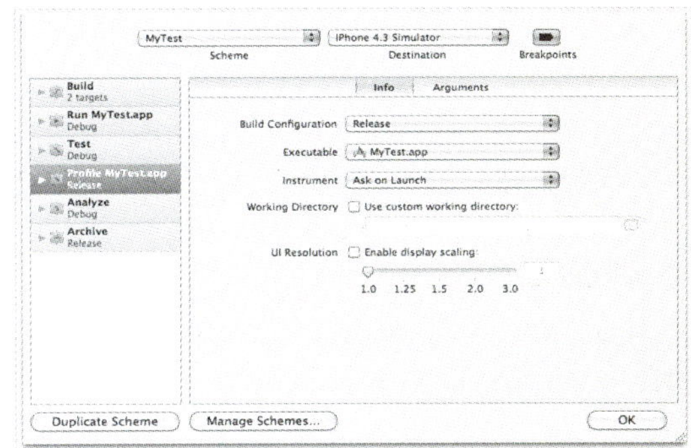

03 XCode 좌상단의 'Run' 버튼을 클릭하는데 버튼을 누른 채로 손을 떼지 말고 1초 정도 기다리면 Run, Test, Profile, Analyze 중에 선택하여 실행할 수 있습니다. 여기서는 Profile을 선택해 보도록 하겠습니다. 또는 메뉴의 Product > Profile을 선택해도 됩니다.

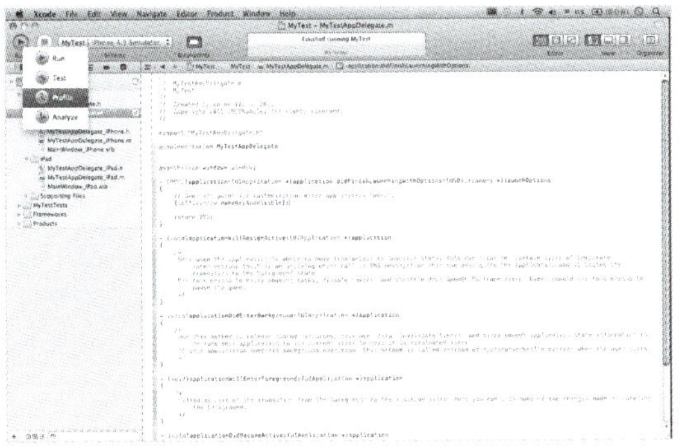

04 Instruments가 실행되며 테스트할 준비가 완료됩니다.

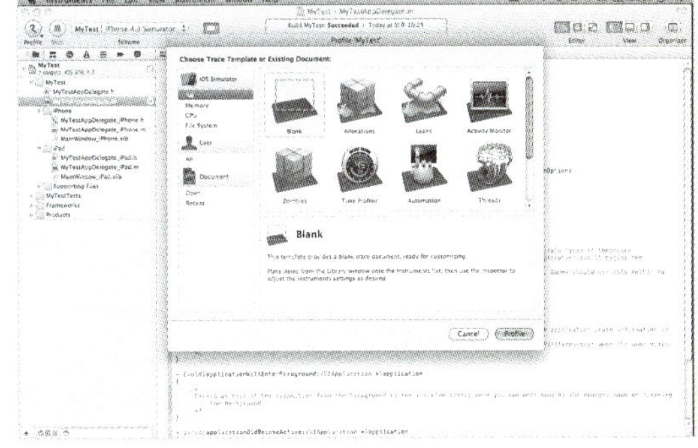

Lesson 06   기타 XCode 4 팁

01 iOS SDK 도움말 문서는 기본으로 설치되지 않습니다. 도움말을 설치하려면 메뉴의 XCode 〉 Preferences…를 선택한 후 iOS 4.3 Library 항목의 'GET' 버튼을 클릭하면 됩니다.

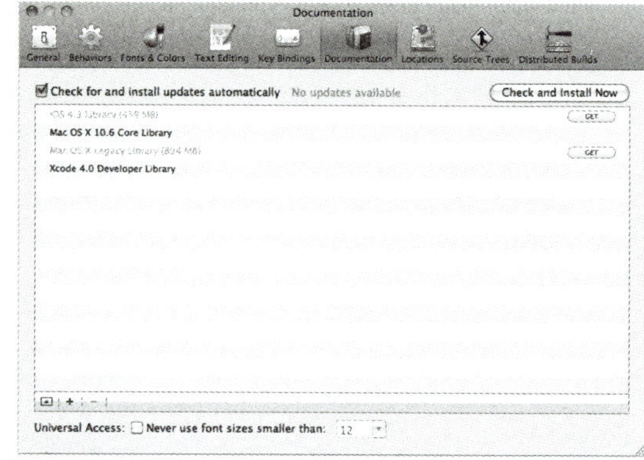

02 Subversion이나 git와 같은 버전 관리 시스템과 관련된 메뉴는 이제 File 메뉴의 Source Control 메뉴로 이동하였습니다.

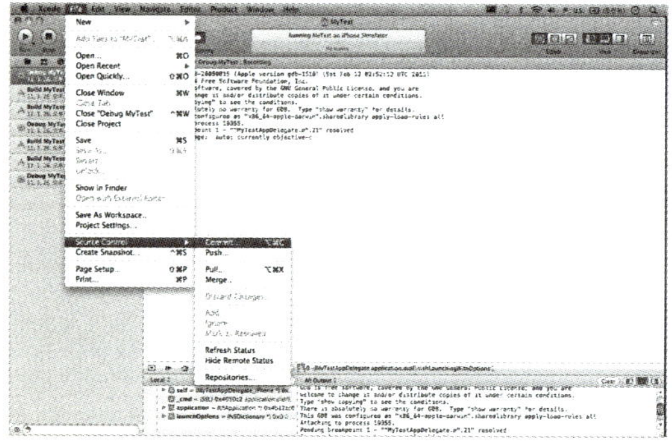

03 버전 관리 시스템의 저장소 브라우저는 Organizer로 통합되었습니다.

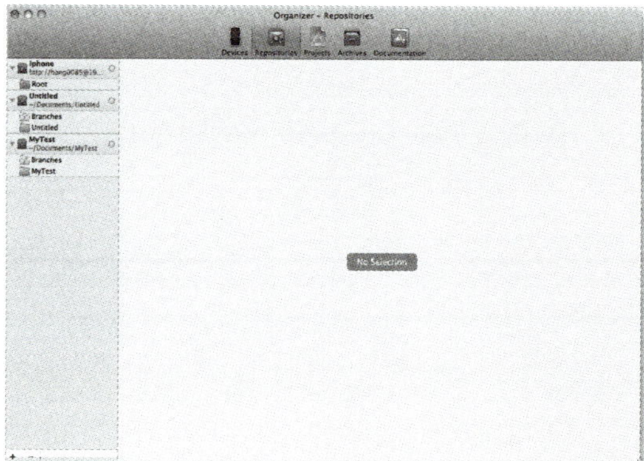

실무 개발자가 풀어 쓴 iPhone Programming

아이폰 프로그래밍

1판 1쇄 인쇄 2011년 04월 20일
1판 1쇄 발행 2011년 04월 25일

저   자 (주)트루모바일 아이폰 개발팀
발 행 인 이 미 옥
발 행 처 디지털북스
정   가 15,000원

등 록 일 1999년 9월 3일
등록번호 220-90-18139
주   소 서울 광진구 능동 253-21 (우편번호 143-849)
전화번호 (02) 447-3157~8
팩스번호 (02) 447-3159

www.digitalbooks.co.kr

Copyright ⓒ 2011 Digital Books Publishing Co.,Ltd
ISBN 978-89-6088-081-8(13000)   D-11-04